果断放下的马云
大佬的江湖

张笑恒 ◎ 著

台海出版社

图书在版编目(CIP)数据

果断放下的马云 / 张笑恒著. ——北京:台海
出版社,2013.6

ISBN 978-7-5168-0170-3

Ⅰ.①果… Ⅱ.①张… Ⅲ.①马云-生平事迹 Ⅳ.
①K825.38

中国版本图书馆 CIP 数据核字(2013)第 126076号

果断放下的马云

著　　者:张笑恒

责任编辑:俞滟荣

装帧设计:吴小敏　　　　版式设计:通联图文

责任校对:吴　康　　　·责任印制:蔡　旭

出版发行:台海出版社

地　　址:北京市朝阳区劲松南路1号，邮政编码:100021

电　话:010-64041652(发行,邮购)

传　真:010-84045799(总编室)

网　址:www.taimeng.org.cn/thcbs/default.htm

E-mail:thcbs@126.com

经　销:全国各地新华书店

印　刷:北京高岭印刷有限公司

本书如有破损、缺页、装订错误,请与本社联系调换

开　本:710×1000　　1/16

字　数:246 千字　　　　印　张:18.5

版　次:2013 年 7 月第 1 版　　印　次:2013 年 7 月第 1 次印刷

书　号:ISBN 978-7-5168-0170-3

定　价:36.00 元

序

2013年5月10日,叱咤商界的耀眼巨星马云,正式卸任阿里巴巴集团董事会CEO一职,不少人对他的退出感到惋惜。

一路走来,马云所取得的成功总是被无数人当做话题来讨论,有人说是他的商业模式独特,走了一条别人没有走过的路;也有人说是因为马云的天才领导力,可以让身边的人死心塌地地跟随他……其实,马云的成功,恰恰是尝试的结果。他敢于尝试梦想,尝试创意,尝试行动……

马云曾在中央电视台举办的《赢在中国》中说:"作为一个创业者,首先要给自己一个梦想。"如果你不给梦想一个机会,那么成功凭什么给你机会呢?在当时国人对"互联网"这一闻所未闻的事物充满着戒备之心的时候,满怀互联网创业梦想的马云创办了中国黄页。

马云说:"我觉得做一件事,无论失败与成功,经历就是一种成功,你去闯一闯,不行你还可以掉头;但是你如果不做,就像晚上想想千条路,早上起来走原路,一样的道理。"可见,任何一个有成就的人,都有勇于尝试的经历。

马云是个不安分的人,更是个敢于尝试冒险的人,他成立翻译社的时候,为了维持翻译社的运转,他曾背着麻袋去义乌贩卖诸如内衣、礼品、医药等小商品。到后来他接触到了互联网,敏锐地意识到:互联网必将改变世界!于是,在24个人中23人都反对的情况下,他决定进军当时根本就没多少人知道,连他自己都说不清的互联网领域。

在孜孜不倦的尝试下,这位"不懂电脑"的外行马云成了中国互联网大亨。2012年《财富》关于中国最具影响力的50位商界领袖排行榜,马云榜上有名,排名第八……他改变了中国互联网,也改变了世界看待中国互联网的眼光,更改变了我们的生活方式。现在的网上一族,还有几个人不知道阿里巴巴,还有几个人没在淘宝上逛过?谁还没用过支付宝?

但就在阿里巴巴和淘宝创造了举世瞩目的成就之后,马云却潇洒转身说："说真心话，我是觉得自己对互联网来说有点老了……我和朋友开玩笑说，如果有一天我和员工说话的时候垂头瞌睡，他们肯定不好意思说我；但我还死守着位置对大家都不好。你爱自己的孩子，就要让他独立起来。爱自己的公司，就让比你更懂这家公司的人去驾驭。今天我对这家公司还是正能量，但我总在变老，我不想明天变成负能量。"

《道德经》有云："持而盈之，不如其已；揣而锐之，不可长保；金玉满堂，莫之能守；富贵而骄，自遗其咎。功遂身退，天之道也。"这种历尽万苦打下江山，却坦然放下荣耀，真正功成身退者，历史上又有几人？

至于马云，也不只在这最美的时刻懂得放下，他一路走来，一直都在放下。正因为不断放下，他才能走得更远。

他懂得放下人言。所谓"人言可畏"，阿里巴巴从成立以来一直备受质疑，但是马云却说，新生事物都是在非议中成长的。放下人言，不在乎别人说什么，宁愿做一只耳聋的青蛙，也不做没脑子的人。一件事，不管它看起来有多么匪夷所思，只要你能够做到心无旁骛，哪怕只有微弱的希望，你都能义无反顾地走下去，一步一步接近道路那头的成功。

他懂得放下贪婪。马云曾参加美国知名主持人查理·罗斯（Charlie Rose）的脱口秀节目，查理问他："这是一个日新月异的世界，那么有哪些变化让你感到担忧，而哪些又让你觉得欣慰？"马云答："贪婪和拜金主义让我感到担忧，其实造成金融危机的其中一个原因就是贪婪。公司想的是收入、赢利、上市，人们事事以金钱为先。我们来到这个世界是为了体验生命，而不是刚刚讲到的这些。"

放下贪念，也就看淡了名利、少却了抱怨，唯有如此，才能时刻保持着清醒的头脑与"望远镜"般的眼光，也才能因此一步步走向属于自己的成功。

敢于尝试与放下，让走到今天的马云不仅是一位高高在上的企业家，更是扮演着榜样的角色，给所有崇拜者带来披荆斩棘的力量。

本书结合马云的亲身经历、创业经典语录，以及其他创业成功者们的真实事例与详实分析等，展示了一个更有生活气息，更具亲和力的马云。我们眼前的他，不只是仅仅会做生意的商人，更是一个懂生活的普通人。

目 录

CONTENTS

第一章

尝试想法,经历就是一种成功

1. 即便失败了,经历也是一笔财富

马云曾经说:"阿里巴巴最大的财富不是我们取得了什么成绩,而是我们经历了这么多失败,犯了这么多错误,我说阿里巴巴一定要写一本书,这里是阿里巴巴曾经的错误。这些错误,你听了会笑着说,那时候(我)也犯过。所以有一天如果有重要项目就不要派常胜将军上去。要派失败过的人上去。失败过的人,会把握每一次机会。"

失败的滋味是苦涩的,但它所包含的道理却是甘甜的。失败与成功各有各的价值,而在大多数的情况下,失败的价值还要更大一些。因为成功了,一般人会疏于思索,易于自满;而失败则会逼着他们去思考,逼着他们去面对挑战,总结经验,跨过困难与失败,从而得以攀上完美和成功的顶峰。

马云说:"阿里巴巴曾犯下一千零一个错误。"阿里巴巴创立之初,那时候正是互联网泡沫盛行之时,在巨大的利益面前,阿里巴巴也有些迷失方向,开始急速地扩张,以至于在互联网泡沫破裂后,他们不得不进

行裁员。

到了2002年,阿里巴巴的资金链出现了问题,所拥有的资金只够维持18个月。当时,阿里巴巴网站的许多用户都在免费使用服务,并没有什么盈利能力。而马云等阿里巴巴的高层也不知道该如何获利。正巧那时候,他们开发了一款产品,为中国的出口商和美国的买家牵线,正是这项业务拯救了阿里巴巴。

到2002年年底,阿里巴巴终于实现了盈利,跨过了盈亏平衡点。自那以后,公司的经营业绩每年都在提高。

爱尔兰文学家萧伯纳说:"一个尝试错误的人生,不但比无所事事的人生更荣耀,并且更有意义。"一个人的成长过程,本身就是一个不断在失败中寻找与把握机会的过程,没有失败就无所谓成功,就像腐朽的土壤中可以生长鲜活的植物那样。只有当我们能够以平和的心态面对失败,我们才能够成熟,才能有收获。而那些失败的经历,也将成为我们生命中的一笔财富。

美国有一个名为道密尔的企业家,他专门收购一些濒临破产的企业,而这些企业到他的手中则会"起死回生"。曾经有人问他,为什么会对这些失败过的企业"情有独钟"。道密尔说:"正是因为失败过,我知道了它失败的地方,那样我就不会犯同样的错误了,这不是要比自己一切从头开始要容易得多吗?"将别人失败的经历变成自己的财富,这大概就是道密尔成功的秘诀了。

一代枭雄曹操一生中曾经历过六次重大失败:濮阳攻吕布,宛城战张秀,赤壁遇周郎,华容逢关羽,割须弃袍于潼关,夺船避箭于渭水。但他依旧秉持着"周公吐哺,天下归心"的雄心壮志,也正是这些失败,奠定了他后来的成功。失败也是一笔财富——不经历风雨怎能见彩虹;没有失败的痛苦,哪里会有成功的喜悦。

　　和田一夫是日本著名的企业家，他1929年3月2日出生于日本静冈县热海市一个以经营蔬菜为生的家庭。他凭着一己之力，将一家乡下蔬菜店，建设成为在世界各地拥有400家百货店和超市，员工总数达28000人，鼎盛期年销售总额突破5000亿日元的国际流通集团。在20世纪80年代到90年代初期，他的八佰伴集团在16个国家，拥有400多家百货公司。

　　但是在1997年的时候，由于过度扩张和市场定位不准，八佰伴集团宣布破产。一夜间，和田一夫变成一个连累八佰伴股东和员工的罪人。他交出所有财物，向企业界告别，搬到一套租来的两房一厅居室。

　　但是和田一夫并未就此倒下，在经历了最初的痛苦、伤心、绝望之后，他在书本之中寻找慰藉。他非常喜欢看《邓小平传》，他还说："邓小平最后一次从失败中站起来时是74岁。之后，他提倡改革开放，留下丰功伟业。而当八佰伴倒闭时，我才68岁，我深信还有机会东山再起。"

　　1998年，年届古稀的和田一夫设立了经营顾问公司，并开办国际经营塾，决心将自己的经营经验和教训传授给年轻的经营者们，NHK电视台等日本传媒称其为"不屈之人"。和田一夫说："火凤凰必将重生，在燃烧自己后，会再创新天地，大不了从零开始。"

　　中国有一句老话：老马识途。正因为老马走过无数的道路，经过无数的坎坷，才能在每个坎坷之上留下心底的记号，下一次从此经过时，便可以一跃而过，才能识途！而失败不正是小马驹们走上成长道路的小坎坷吗？抓住那些可遇而不可求的失败机会，认识失败，承认失败，利用失败，从中总结出经验教训，从而走向更广阔的天地。这又何尝不是一种成功呢？

　　大家都知道诺贝尔，他的成功可是来之不易的，之前经历了无数次的失败。他的一生都在失败、总结教训、改进、再失败、再反省、再改进的循环之中，但他从没有放弃，不断努力，寻找失败的原因，让失败成为通向成功的"垫脚石"，从而取得了一般人难以企及的成就。

所以，我们不要被失败的痛苦压垮，要鼓起勇气抓住当下的机会和未来的成功，失败一次不代表一生失败。想要取得成功，就要不断努力。不要畏惧失败，要勇敢地去尝试，通过自己的努力实现长久以来的梦想。

2. 从宏观思考问题，不做井底之蛙

马云曾说："宇宙是多么浩瀚，地球像个灰尘根本找不到。地球都找不到，人更别说啦。你要想到这些，你就有了远见。"在如今经济全球化的大背景下，竞争已经成为全球化的竞争，任何企业都要把眼光放远一点，以宏观的角度看世界。作为一个卓越的商界领袖，一定要放眼全球，从大局出发，这样才能够在竞争中胜出。

1997年，马云应国家外经贸部的邀请，带着自己的创业班子挥师北上，建立了外经贸部官方网站、网上中国商品交易市场、网上中国技术出口交易会、中国招商、网上广交会、中国外经贸等一系列国家级站点。马云曾说："在这之前，我只是一个杭州的小商人。在外经贸部的工作经历，让我知道了国家未来的发展方向，学会了从宏观上思考问题，我不再是井底之蛙。"

回到杭州之后，已经具备了宏观眼光的马云看上了电子商务。他曾说十年之后，70%的商务都会变成电子商务。于是他决定独辟蹊径，建立一个B2B平台，撮合商人之间的交易，而不是先从针对个体消费者的B2C和C2C做起。

马云起初的想法很简单，做一个网上交流平台，让那些中小企业在

同一个网络平台上发布信息，以促成买卖双方的交易。而到了如今，马云的阿里巴巴已经成为全球电子商务的风向标，它正在改变着很多人的消费习惯。

在一只蚂蚁的眼中，一颗小草就是一棵高大的绿树。在小草的眼中，蒲公英能够自由飞翔，而且还能够飞得很远。在井底之蛙的眼中，世界只有井口那么大，永远都只有井口那么大。但是蚂蚁没有错，小草没有错，井底之蛙也没有错，因为在它们的眼中，世界就是这样的，就只有那一小片天空。这正如《庄子·秋水》中说的那样："井蛙不可以语于海者，拘于虚也；夏虫不可以语于冰者，笃于时也；曲士不可以语于道者，束于教也。"

《庄子·秋水》中的河伯，由于雨季到来，各个支流迅速汇集到自己的河中，河水暴涨，终于达到了"泾流之大，两涘渚崖之间，不辩牛马"的浩大场景。于是河伯洋洋自得起来了，"欣然自喜，以天下之美为尽在于己"了。

可是等到河伯顺流而到达大海之后，见到了大海的辽阔景象，不由惊呆了！这才明白先前自己的自满是多么可笑。于是河伯羞愧地对海神说："今我睹子之难穷也……吾长见笑于大方之家。"

每个人都会受自己所处地位、环境、精神境界的限制，如果一个人自己的偏见太深，你和他讲道理，就是白费口舌，甚至还有可能遭到嘲笑乃至痛骂。所以就连圣人也说："六合之外，圣人存而不论；六合之内，圣人论而不议。"

《经济学人》是英国一家以报道新闻与国际关系为主的刊物，在经济领域，可以说比《金融时报》、《华尔街日报》更有影响力。他们的眼界一流，稿件质量一流。不过他们的文章从来都不给作者署名，因为他们相信编辑思想比单个作者重要。

就是这样一份权威报纸，对于奥朗德上台竟旗帜鲜明地反对，表示"奥朗德当选对法国和欧洲很危险"。而在奥朗德当上总统之后，《经济学人》在最新的封面文章上，又给出了一幅极富创意的漫画。画中的庄园已经失火了，但身着法国贵族服装的奥朗德还怀揣着猎枪，带着两只猎狗在林子里悠然自得，标题为《危机？什么危机？》很显然，《经济学人》是在嘲笑奥朗德既不知道危机的严重性，也不清楚如何化解危机。

难道奥朗德真的这么无能吗？当然不是，答案其实很简单，《经济学人》历来推崇"自由主义"，在经济层面就是市场经济至上。这样一个媒体，怎么会支持一个政府为了拯救经济更多地动用政府支出而不是让市场自己去慢慢恢复元气呢？在他们的思维当中，紧缩便是好的，支出就是错的。所以无论奥朗德是否做出成绩，他总是"错"的。

曾经有经济学家这样说："正确理解政府和市场的关系，不惟市场，也不依赖政府。不能看到市场的好，就是市场那片天，也不能看到政府的作用，就是政府那片天。"不做井底之蛙，简单说就是不能太"偏狭"。

也有人说其实从宏观的角度看，我们每个人都有"井底之蛙"的一面，就某个问题的认识上，我们每个人都常常坐井观天。就像是爱因斯坦说的，你的知识是一个圆圈，里面是你知道的，外面的是你不知道的，结果是你的圈半径越大，你知道的越多，同时你知道你所不知道的范围就越大。其实我们看到的"天空"和真正的天空比起来都只有那么一点点而已。

在1973年爱尔兰加入欧盟之后，曾经有人问爱尔兰的一位官员加入欧盟对爱尔兰的影响时，这位官员回答最大的影响就是我们的眼睛能够看到更多的地方了，不再局限于紧挨在自己身边的英国，而是放到辽阔的欧洲大陆。

做井底之蛙、去坐井观天并不奇怪，也不可笑。因为这是认识过程中的局限性，每个人都一样。而假如这只蛙故步自封顽固不化，根本不愿意跳出井，那才是真的可笑。许多人每天只局限于自己重复走过的路，做同样的事情，周而复始，而不愿意接受外面更大的舞台。而当有一天，不得不走出去的时候，却往往会发现自己已经无力在外面生存了。

3. 正视失败，在失败中寻找成功的方法

在谈及创业之初的时候，马云曾这样说："那时候知道有一点是肯定的，那就是我失败的概率很大，但是我跟自己讲了这句话，即使我失败了，我回到大学教那些失败的经历，我还是最好的老师，我真是这么跟自己讲的。"

其实失败本身并不可怕，可怕的是失败得没有价值。一个人虽然失败了，但如果他能总结失败的教训，知道自己为什么失败，从失败中寻找出成功的方法，那么，失败对他来说就是无价之宝，比成功的经验还重要。

马云从来都不喜欢看成功的书。他只看失败的，从失败中分析怎么去做，从成功中去反思一个人为什么成功，学他的成功还是学他的精神。罗马哲学家席内卡说："你若是一个人，就应该崇拜那些尝试过伟大事业的人；即使他们失败了，也值得赞美。"任何人都会遭遇或大或小的失败，有的时候，不能够光以成败论英雄。

巨人集团前总裁史玉柱，曾经是中国最有名的富豪之一，但是他在1993年犯下了战略性错误，史玉柱意气风发地决心要盖中国第一高楼，虽然当时他手里揣着的钱仅仅能为这栋楼打桩。

要盖70层的高楼、涉及资金12亿的巨人大厦,从1994年2月动工到1996年7月,史玉柱竟未申请银行贷款,全凭自有资金和卖楼花的钱支撑,而这个自有资金,就是巨人的生物工程和电脑软件产业。但以巨人在保健品和电脑软件方面的产业实力根本不足以支撑70层巨人大厦的建设,当史玉柱把本该用于生产和广告促销的资金全部投入到大厦时,巨人大厦便抽干了巨人产业的血。他变得一无所有,身上还背负了2亿多元的债务。

但是史玉柱并没有因此一蹶不振。在朋友的好心帮助下,他很快就开始东山再起,这一次他正视自己的失败,吸取经验教训,从头再来,从零开始,另起炉灶。结果,在短短的3年里就创造了年销售10亿元的脑白金奇迹,远远超过了昔日的辉煌。

马云说:"创业就是与失败、困难为伍,所以必须正视失败,同时要有忍耐去接受失败,分析失败的原因,寻找走出失败的途径,反败为胜。"在竞争日趋激烈和残酷的现代商业社会,创业者要想取得成功,就一定要有承受失败的勇气,敢于正视失败,并从中寻找成功的方法,否则,便笑不到最后。反之,一个人一旦有了敢于接受"返回到原处"的心态,继而有了积极进取的精神,离成功就不会太远了。即使一时失败,也会有"东山再起"之日。

美国著名证券交易大师迈克尔·马科斯刚入期货市场时,由于是新手,对市场不够了解,缺乏交易经验,他先后遭到多次全军覆没。他曾经说过自己的前8次交易全部都是以失败而告终。直到后来,他遇到了一位名叫艾德·西柯塔的良师,教他如何顺势而为,如何止损,如何赚足利润等方法。同时他认真总结了过去失败的经验,彻底改掉了逆势交易、过量交易的习惯。这样才渐渐扭亏为盈。

成功的人就是正视失败的人,只要能够在每次失败后,客观地分析自身失败的原因,不断地提炼自我,完善自我,从缺乏经验逐渐积累起丰富的经验,就能从开始的失败逐步走到成功的彼岸。

时任美国科学院院长的布鲁斯·艾尔伯兹在访华期间曾应邀为《科技日报》撰文。他在文中这样写道:"有很多人都问我,为什么美国的科学能够取得如此辉煌的成就。这个因素其实有很多,但是中国往往容易忽视这样一个影响因素,那就是在美国,人们尊重失败,尊重那些渴望成功、努力挑战困难的人,即使他们碰得头破血流。对于那些优秀而雄心勃勃的计划,即使偶尔失败了,也不以为耻。科学要探索,就会有失败。"

人的一生谁也避免不了失败,只是有的人跟头栽得多些或少些,有些人栽得重些或轻些罢了。而人就是在不断栽跟头,而又不断爬起来的曲折过程中成长起来的。失败不是人生的陷阱,而是上天赐给我们的礼物。正是因为有了失败,我们才多了一份向成功冲刺的纪录!

失败很多时候就像是一把尺子,它能使你从中发现自己的不足和弱点。当你把造成失败的沟壑填平后,成功便会奇迹般地出现在你面前。它就是一剂苦口的良药,让你从幼稚变成熟,由轻浮变踏实,由急躁变冷静,由狂热变清醒。

失败是通向成功的阶梯,它缩小了我们通向成功的距离,只要你锲而不舍地踏着失败搭成的阶梯不停攀登,成功会意外地拥抱你。因此,要正视你的失败,因为那会让你终身都受益无穷。

4. 成功源自尝试

马云说:"我觉得做一件事,无论失败与成功,经历就是一种成功,你去闯一闯,不行你还可以掉头;但是你如果不做,就像晚上想想千条路,早上起来走原路一样的道理。"任何一个有成就的人,都有勇于尝试的经历。尝试也就是探索,没有探索就没有创新,没有创新就不会有成就。所以说,成功人生其实是从尝试开始的。

屈原有云:"路漫漫其修远兮,吾将上下而求索。"大胆的尝试相当于成功的一半,不敢尝试的人永远不可能成就一番大事业。许多人都想追求成功,虽然他们能力和条件都很不错,但是他们却都与成功擦肩而过,根本原因就是他们不愿意尝试,也不敢尝试。

1995年年初,马云在美国首次接触到互联网。对电脑一窍不通的马云,在朋友的帮助和介绍下开始认识互联网。当时网上没有任何关于中国的资料,出于好奇的马云请人做了一个自己翻译社的网页,没想到,3个小时就收到了4封邮件。敏感的马云立马就意识到:互联网必将改变世界!于是他便萌生了一个想法:要做一个网站,把国内的企业资料收集起来放到网上向全世界发布。

20世纪90年代中期,互联网对于中国人来说,还是一种非常陌生的东西,即便是在全球范围内,互联网也刚刚开始发展。在这样的情形下,远在尚未开通拨号上网业务的杭州,马云就已经梦想着要用互联网来开公司、下海、营利。这个想法立即遭到了亲朋好友的强烈反对。

马云回忆说:"当时我请了24个朋友来我家商量。我整整讲了两个小时,他们听得稀里糊涂,我也讲得糊里糊涂。最后说到底怎么样?其中23个人说算了吧,只有一个人说你可以试试看,不行赶紧逃回来。我想了一个晚上,第二天早上决定还是干,哪怕24个人全反对我也要干。"

1995年4月,马云和妻子再加上一个朋友,凑了两万块钱,专门给企业做主页的"海博网络"公司就这样开张了,网站取名"中国黄页",成为中国最早的互联网公司之一。也正是这个公司,为他的人生聚集了第一桶金。

创业不仅仅需要智慧,更需要迈出第一步的勇气。当机会来临时,你再有智慧,再有经验,再聪明,你要是不敢迈出第一步,不去尝试,那么这次机会也会离你而去的。

莎士比亚曾说:"本来无望的事,大胆去尝试,往往能成功。"中国有句俗话说:撑死胆大的饿死胆小的。虽是俗语却道破成功的天机:要想成功就要敢于尝试,那就是大胆地去做!

佛经上有这么一个故事:有两个和尚,一穷一富,都想去南海朝圣。富和尚很早就开始存钱。穷和尚带着一个钵盂就上路了。过了一年,穷和尚从南海朝圣回来,富和尚的准备工作还没完成。富和尚问:"你那么贫困,怎么能去南海?"穷和尚答:"我不去南海,就心里难受。我每走一步,觉得距离南海就近一分,心里就安宁一点。你这个人个性稳重,不做没有把握的事情,所以,我回来了,你却还没有出发……"

现任美国迪士尼公司台湾分公司企划经理王文华写过一篇文章叫《只做没把握的事》,里面介绍了他从小学到中学再到大学,一直都在做没把握的事,当班干部、写小说、改剧本、跳西洋舞蹈、参加辩论、申请到MBA、在华尔街做见习操盘手、还进了微软、戴尔和通用汽车,现在出版了十来本书,成了著名的畅销书作家。王文华说在自己做之前,这些事都是没有把握的,但也正是这些没把握成就了他,引爆了他的潜能,让他重新认识了自己。

在文章的末尾,他写道:"所谓十拿九稳的事情,往往是获得回报最少的事情。要做,就去做那些没把握的事儿——你觉得没把握,别人同样觉得没把握。但是你做了,就有成功的可能。"

凡事不去试一试,又怎么知道自己能不能做?

巨人集团总裁史玉柱曾经是很多年轻人无比崇拜的创业天才,短短几年时间内跻身财富榜第八位;也曾是无数企业家引以为戒的失败典型,一夜之间负债2.5亿。这个商业奇才创造了一个又一个商业奇迹。而他跌宕起伏的创业经历无疑都是敢于尝试的结果。

1989年1月，毕业于深圳大学研究生院的史玉柱，尝试创业。他觉得自己开发的M-6401桌面文字处理系统作为产品已经成熟，便用几千元承包下天津大学深圳电脑部。但电脑部没电脑，那时候的电脑是个稀奇的东西，最便宜的一台在深圳也要卖8500元。于是，他以加价1000元的代价，从销售商手中获得推迟付款半个月的"优惠"，赊得一台电脑。

1989年8月，敢于尝试的史玉柱又以软件版权做抵押，在《计算机世界》上先做广告后付款。在他打出广告"M-6401，历史性的突破"的第13天，就收到数笔汇款单，仅仅一个月，销售额就突破了10万元。他付清广告欠账，将余钱再次投向广告，4个月后，M-6401销售额突破100万元。此后，他又陆续开发出M-6402，直到M-6405汉卡。

史玉柱的第二次创业是在1994年8月。当时国外软件大举占领中国市场，认识到软件市场越来越残酷的他尝试把目光转向自己完全陌生的保健品领域，斥资1.2亿元开发全新产品——脑黄金。一旦选准新的目标，史玉柱强烈的冒险精神再次显现。

从巨人汉卡到巨人大厦，从脑白金到黄金搭档，再到目前的网游，每走一步他都没有十足的把握，但就是敢于尝试，成就了史玉柱成为目前中国最具有传奇色彩的创业者之一。

尝试是一种开拓，契诃夫曾说过："路是人的脚走成的，为了多辟几条路，必须多向没有人的地方走。"只有在别人没有探索过的领域，大胆的尝试，才会取得前所未有的巨大的成功。鲁迅先生也说过："其实世上本没有路，走的人多了，也便成了路。"所以他十分赞赏那些"第一个吃螃蟹"的人，那些在人类前进道路上披荆斩棘的人。

就像不敢下水，害怕呛水的人，永远也学不会游泳一样，如果我们凡事都因为害怕而举步不前，那也永远只能站在原地看别人享受收获的果实。

很多人都把别人的成功归结于运气、机遇等因素，却忽略了重要的一点，那就是冒险精神。当一个人已经功成名就的时候，当然是稳定压倒一切，但大多数人还都处于一无所有的状态，甚至是不知道自己能干什么、应该做什么的迷茫状态，这时，不如激励自己大胆尝试，即便是没把握的事，也敢去一搏。

5. 错误犯得越早越好

马云说："顺风顺水成就的是我们的事业，而逆风逆水成就的则是我们的人。不管做任何事情，有些错误是必须犯的，而且越早越好。"犯错误就像是摔跤，孩童摔跤只是屁股痛一痛，成年人可就不仅仅痛屁股了，老了简直经不起一摔。所以说，犯错误其实与成名一样越早越好。

马云从大学时代就痴迷于太极拳，2010年4月，他还专门千里迢迢从杭州赶到了太极"圣地"河南陈家沟。在那里他见到了陈氏太极的第十九代传人，有极具传奇的经历，在太极界有"实战王"之美誉的王西安先生。

马云向王西安先生请教道："您与您的儿子，在太极上的造诣谁更高？"王西安说："我虽然功夫很好，但是由于文化水平不高，表达不清楚，所以练习时走过很多弯路，是犯了无数次的错误后，才逐渐地感悟出来了。而我的两个儿子却很幸运，在我零距离的教导下，几乎没走过任何弯路，所以十几岁时就开始打遍天下无敌手了。"

听了这句话，身为企业家的马云马上就联想到了企业上，在他看来其实两种经历都是不可或缺的,如果之前是靠拍脑袋选对了方向,事业是发展了,人却没有成长。那么,总有一天还是会出错,而且你越晚出错,你的损失就越大。

一个人要成长,首先要有犯错误的机会,将那些低级的、普遍性的错误都尽早犯过,这就像接种天花疫苗一样,越早越好。在当你还正年轻,经得起风浪和挫折的时候,在当你的"骨骼"还很柔软的时候,这样的挫折对你是有好处的,德国有句俗语,只有痛在你身上,你才会真正明白。其实每个人都是通过犯错来成长的。

现实中,似乎人人都害怕犯错,在美国曾有人做过这样一个调查,显示说美国人心中最恐惧的事情,第一个是死亡,第二个竟然是演讲。这让人觉得很不可思议,演讲真的那么难吗?很多人在私下里口若悬河,一开口就没完没了,但是一到演讲的时候就哑了。

其实归根结底是因为他们害怕犯错,怕下不了台,怕伤了尊严。那些自尊心太强的人,一旦在公众场合犯了错,就感觉是世界末日一般,事实上,犯错并不像我们想象中那么可怕。对于一般人来说,在演讲中讲错话是难以避免的,就算是那些名动一时的演讲家们,也不敢保证自己不犯错。因此我们应当正视自己会犯错误的事实。

而且正是因为犯错了,体会到了犯错时的尴尬滋味,当我们遇到别人犯错时,才会多一份宽容,人都是会犯错误的,自律甚严,不允许自己犯错的人,通常对于别人也都是求全责备。自己犯过错误,就能够以平和的心态去对待别人,这也是犯错的好处,它使我们有了气度。

现在有许多人都抱着"多做多错"思想,遇事止步不前,畏畏缩缩,不敢有丝毫出格的举动,久而久之就变得没有丝毫的闯劲,胆气也渐渐消磨没了。的确,人可以少做少错,但却会因此失去了许多历练的机会,当有一天你"不得不错"的时候,你就会缺少应急能力,那后果就会很难看。

年轻的时候不要怕犯错误，不要怕失败，多接受一些挑战，多用积极的心态面对失败挫折，那就一定能够得到很多的收获。犯错误有时候也是成长的一个重要渠道。从某种意义上来说，越早犯错你的人生可能越保险。

首先，在你力量还很小的时候犯错，那样即便是错了也不会造成太大的影响和破坏。相反，如果你已经有了一定的权力和地位，那时候，你再犯错，可能就会造成无法挽回的后果了。

就比如说你是一个普通的小职员，一般情况下，就算你再怎么不敬业，再怎么玩忽职守，或者出再大的错误，那对于一个公司来说，也伤不了筋动不了骨。而如果你是这家企业的CEO，那么即便只是一个决策上的小失误，都可能给公司带来毁灭性的打击。

况且如果你是在20岁的时候犯错，那么你还有大把的时间来改正，而且这时候，即便你变得一无所有了，也没有什么大不了，反正还可以从头开始。而如果是在50岁的时候犯错，那还有几个人能够有从头开始的勇气呢？

因此，如果你现在还是小角色，请尽量多做事情，不要害怕犯错误，因为年轻时候的错误，不过是你人生的一份宝贵的经验，也会磨练你，并且给你更多的机会。

6. 把80%的人都说"好"的决定扔进垃圾桶

阿里巴巴最初建立的时候，一共只有18个人，这18个人后来被称为阿里巴巴十八罗汉。他们全是马云做教师时认识的同事、学生，或者好朋友。当初马云离开外经贸部决定南下回杭州创业的时候,他对这些人说:"我要回杭州创办一家自己的公司,从零开始。大家愿意同去的,每月只有500块钱的工资,愿意留在北京的,我可以推荐你们去收入很高的其他公司上班。"出乎他意料的是,这些人竟然没有一个人离开,都愿意跟他一起回杭州创业。

于是在1999年春节之前,马云带着原班人马从北京回到杭州,为即将到来的新事业做前期准备,他们准备做一个电子商务的网站。但是工作刚开始,大家便有了不同的想法。有人主张做B2C,有人提出做C2C。最后,马云做出决定,他说:"我们就做B2B。"

当时大家都觉得这个想法不太可能实现,因为当时互联网上还没有这种模式,至少中国的互联网上还没有。但是马云却说:"如果一个想法80%的人都说好,那么你可以直接将它扔进垃圾桶。如果大家都想得到,别人能比你做得更好,你还做什么?"他当即拍板就做B2B。事实的确如此,马云是对的,阿里巴巴空前成功。

前些年有一则广告词叫做"不走寻常路"。不走寻常路,顾名思义就是不走一般人都走的路。不走寻常路也意味着另辟蹊径,很多时候,走寻常路,跟在别人身后亦步亦趋的人往往碌碌无为,而不走寻常路的则能够走向成功。在寻常的道路上,你只能欣赏路边的花花绿绿;而只有当你走上了不一样的道路,你才有可能领略到和别人不一样的风景。

不走寻常路就是自己开辟一条只属于自己的路,只要自己肯努力,肯付出,能坚持不懈地走下去,总会有所收获。每个人都希望自己可以闯出一番事业,可以实现自己的梦想,但如果大家都走同一条道路,那就是千军万马过独木桥,总会有人掉下河的。不走寻常路,就是要我们创新,只有创新,才能引领潮流,才能在日益激烈的竞争中立于不败之地。

纪晓岚云:"天下之势,辗转相胜;天下之巧,层出不穷。"时代需要创新,需要开拓者,生活在这个竞争激烈的社会里人们需要有自己独特的思维和创造力。这正如法国思想家蒙田所说："我不愿有一个塞满东西的头脑，而宁愿有一个思想开阔的头脑。"如今的社会，没有独树一帜，就不会有伟大出众的事业，吃别人嚼过的馍是没有味道的。

比尔·盖茨1973年进入哈佛大学求学，在常人看来，进入了这样的高等学府，必然会万分的珍惜，但是比尔·盖茨却在两年后退学了，因为他要创业。于是在一片惊愕之中，微软诞生了。正是因为不走寻常路的风格，成就了后来的微软帝国。

诚然，走和别人不同的道路一定会遭遇前所未有的困难，但是只有经历风雨，才能看到美丽的彩虹，所以即便是一片荆棘，也要勇敢地走下去，即便失败了，那也会是一种难得的经验，一笔宝贵的财富。

齐白石说："学我者生，似我者死。"跟随着别人势必会失去了自我，失去梦想，失去与成功拥抱的机会。只有走自己的道路，才可能走进一块属于自己的天空里，只有走与众不同的道路，才能够成就不一样的辉煌。

第二章

尝试目标,不要让梦想睡着

1. 不给梦想机会,你永远没有机会

马云说:"不给梦想一个机会,你就永远没有机会。"梦想,这个词对于每个人来说都不陌生,每个人从小都会有一个梦想,无论大小。梦想可以说是年幼的时候,上天赐给我们每一个人的礼物。这份礼物每个人都有,但却不是每个人都能让它开花结果。

相信很多人在面对梦想的时候,都曾经想过要去尝试,但现实是残酷的,就像是大浪淘沙。在现实面前,很多人退缩,于是就像沙子一样被海浪淘去了。人的一生说短也短,说长也长,关键是看你怎么样把握。不敢去付出行动,不给梦想一个机会,又怎么可能让梦想开花呢?

在1995年的时候,马云第一次接触了互联网,当时他就觉得互联网有一天会改变人类,可以影响人类的方方面面。但是它到底怎么样来影响人类,这个问题当时的马云并不清楚,但是他很明确一点:这是他想要做的事。

于是他决定从大学辞职,去做一个网站。当时他请了几个朋友到家

里来商议，结果大多数人都持反对的意见，但是马云经过一个晚上的思考，到了第二天早上，他还是决定辞职去实现自己的梦想。

马云说："今天我回过来想，我看见很多游学的年轻人是晚上想想千条路，早上起来走原路。晚上出门之前说明天我将干这个事，第二天早上仍旧走自己原来的路线。如果你不去采取行动，不给自己梦想一个实践的机会，你永远没有机会。所以我稀里糊涂走上了创业之路。"

马云将自己形容成一个盲人骑在一个瞎的老虎上面，所以根本不明白将来会怎么样，但是他始终都坚持自己的梦想，始终相信，互联网将会对人类社会有很大的贡献。

有人说："脚步在地上磨磨蹭蹭，画出的却是一个圆，找不到出发点和终点。"止步在原地，永远都到不了成功的彼岸，而在这个圆里面不知道扼杀了多少美好的梦想。在许多人看来，梦想就像是秋天的野草，尽管在春天舍命生长，但是只要一团野火就可以将它随意燎尽。

于是许多人不再信奉梦想，他们害怕残酷的现实将它变成妄想。他们放弃了有梦想的生活，因为他们觉得放弃梦想的生活更有生命力，更容易存活，并且不需要很努力地去实现。在别人为了梦想而起早贪黑、废寝忘食的时候，他在颓废享乐；在别人为了梦想而左右两难，却仍坚持不懈的时候，他在得过且过。他们觉得既然梦想不能开花，那又何必费尽精力去给它浇水，让它发芽呢。

然而苏格拉底说："世界上最快乐的事，莫过于为理想而奋斗。"一个人只有背负明天的希望，在每一个痛并快乐的日子里，才能走得更加坚强；只有怀揣未来的梦想，在每一个平凡而不平淡的日子里，才会笑得更加灿烂。

一个人若没有了追求，没有了梦想，那么他的一生又有什么意思呢？给梦想一个机会，不管结果如何，那样到老的时候才不会因为自己的碌碌无为而抱憾终生。

毛姆在小说《月亮和六便士》中描写了一个追梦人：主人翁查理斯是一个成功的证券经纪人，他有一个令人羡慕的家庭，妻子温和优雅、招人喜爱，还有两个健康活泼的孩子。查理斯的前半生一直过得平淡而温馨。

但是直到有一天，对艺术的追求让它离开了这个他曾经熟悉的家庭与城市，他要画画，于是在人们的不解与谩骂声中离开了现实生活，进入了艺术之门。为了画画，他去了巴黎，过上了穷困潦倒的生活；为了画画，他甚至舍弃文明生活，来到了南太平洋群岛的塔希提岛，与土著人一起生活。最终，他终于创作出许多艺术杰作。

俞敏洪说："一个人要实现自己的梦想，最重要的是要具备以下两个条件：勇气和行动。"比尔·盖茨的梦想是在信息技术领域开创一片自己的天地。于是，他放弃了大学生活，专心于实现自己的梦想。最终，世界上出现了"微软"，盖茨收获了成功与满足。

现在许多人都说每个人最大的敌人就是自己，最大的困难则是自困。自己把自己困在自己的想法里面，无法自拔，那才是困难。把梦想捆绑在心中，而不去实现，梦想就算再完美，始终也只是个念想罢了。

寻梦的路不会太平，两边总有坑坑洼洼。有谁能够一劳永逸？有谁能够一蹴而就？播种结束，耕耘便开始，温室里的花朵长不大，寒冬中的傲雪腊梅更芬芳。君不见孔圣人纵使周游列国，奔波一生终究得不到各国君王的青睐，但为了传播自己的学说，依然坚持"知其不能为而为之"。而曹雪芹纵使重病缠身，心力交瘁，也依然坚持泣血谱《红楼梦》（原名《石头记》）。梦想绝不是朝夕可成，它需要我们挥洒泪和汗，苦心耕耘。

现在我们已经很难想象海伦·凯勒的世界，那是怎样漫长的黑夜，也难以窥探贝多芬被剥夺聆听权利时最初的心境，更不知道霍金被病魔束缚的躯体中，藏着怎样的无奈与悲哀。但是凯勒用她的爱感动了整个世界，贝多芬的《命运交响曲》成为千古绝唱，而霍金——整个宇宙中都弥漫着这位科学巨匠睿智的思绪。

大漠孤烟，骆驼用坚持的汗水实现了横穿的梦；汪洋巨浪，鱼群用不懈的前进实现了遨游的梦；悬崖峭壁，白猿用坚毅的攀爬实现了登越的梦。梦想实现与否，在于你是否敢于尝试和努力付出。所以，请给梦想一个机会，那同时也是在给自己机会。

2. 年轻人要做梦还要追梦

马云说："真正着手去做的人很少，遇到困难就躲回来的人很多，埋怨社会的人很多，抱怨没钱的人很多。"在马云看来，创业中最重要的就是赶紧着手去做，因为很多机会，不去踏踏实实做，是看不出来，也做不出来的。

拿破仑说过："不想当将军的士兵不是好士兵。"阿姆斯特朗则在很小的时候，就对母亲说："我要跳到月亮上去。"这些梦想有的是个人的梦想，有的是人类的梦想，但要实现这些梦想，需要我们志向远大，需要我们持之以恒，更需要我们脚踏实地去追求。

康拉德·希尔顿曾经对他的母亲说："要集资100万美元，盖一座以我的姓氏命名的新旅馆。"然后他还指了指报纸上一大堆地名说："我要在这些地方都建起旅馆，一年开一家。"说这句话的时候，他20岁，也就在那一年，他在美国新墨西哥州圣安东尼奥镇，一间堆满杂货的土坯房里,开办了自己的第一家家庭式旅馆。

希尔顿从来都没有忘记过自己的梦想,从开起第一家旅馆开始,他就一直在为梦想坚持不懈地努力着。就这样一直过了20多年。1928年,希尔顿41岁生日这一天,所有这些梦想都一一实现了,并且速度大大超过预期。在达拉斯阿比林、韦科、马林、普莱恩维尤、圣安吉诺和拉伯克都相继建起了以他的姓氏命名的饭店——希尔顿饭店。

马云说:"在中国我找不到一个没有理想的人,但很多人只是空想空谈。"许多人看过很多成功人士的书,听过许多成功人士的讲座,也看他们的传记,但是他们为什么没有成功呢? 其实成功人士告诉你一大堆道理,你早就知道,之所以没有成功,只是因为梦想不仅仅是要构想,更要去行动。

就像是那副对联一样:"仰望星空,脚踏实地。"2010年"五四"青年节时,温总理去北大看望大学生,学生书画社社长、哲学系学生李丹琳想到了温总理那首著名的诗歌《仰望星空》,随即为温总理书写了"仰望星空"四个大字,但温总理看完后,却挥毫写下了"脚踏实地"。

人应当懂得仰望星空,否则就会缺少梦想,变得目光短浅,同时我们也应当不忘"脚踏实地",若不然就会缺少把梦想付诸实践的力量,从而变得一无所有。

仰望星空是我们捕捉梦想的开始,脚踏实地则是我们让梦想成真的途径。我们需要用一颗孩童般的心灵去找寻梦的光芒,更需要用成熟和坚忍完成我们实现梦想的征程。既然目标在远方,便只顾风雨兼程,向着天际最亮的星座出发,一步一步,才能摘取梦想。

马云认为现在的年轻人应该脚踏实地,不应好高骛远,他说:"最早的时候我也以比尔·盖茨、巴菲特为榜样,但是以他们为榜样,我真的不知道怎么做,后来我才明白,一个人创业其实应该以隔壁卖馄饨做理发的小李小王为榜样,只有那样你才知道怎么干,才有操作性。"

正所谓"万丈高楼平地起"，如果我们做不到脚踏实地，就如同是刚出生的婴儿，没学会走路就想跑一样，结果自然只能是跌倒。一个人要走得远，就必须由近及远，要登得高必须从底层一步步往上攀登。

东汉太傅陈蕃，字仲举，是汝南平舆人。他的祖父曾经做过河东太守。不过到了陈蕃一辈，家道中落，不再威显乡里。在陈蕃十五岁的时候，他曾经独处一个小院中读书习文。

有一天，他父亲的一位老朋友薛勤来看他，看到院里杂草丛生、秽物满地，又脏又乱，于是就教育他说："你这孩子，怎么接待客人的时候，不把院子打扫一下呢？"陈蕃回答道："大丈夫身处世间，应当以扫清天下为己任，怎么能把目光放在这么一间小小的院子里呢？"

这个回答让薛勤暗自吃惊，知道眼前的这个少年不一般。感悟之余，就劝道："你连身边的一间小院都打扫不干净，而有什么能力去扫清天下呢？"薛勤以此言来激励他从小事、从身边事做起。

脚踏实地是一切事业的根本，只有立志高远，脚踏实地，艰苦奋斗，最终才能成就事业。在生活中，有许多人"半瓶子醋乱晃荡"，却不知"天下大事，必作于细"的道理。任何伟大的事业，辉煌的成就都是由无数具体的、细小的、平凡的工作做起的，不愿干平凡工作的人，不仅不能成就伟大的事业，而且会因此一事无成，正所谓"道虽迩，不行不至；事虽小，不为不成"。成功都是需要积累的，不积小流，无以成江海；不积跬步，无以至千里。

3. 有激情的人才有可能成功

所谓激情,就是要有一种面对困难,敢于克服;面对机遇,敢于挑战;面对艰险,敢于探索;面对落后,敢于奋起;面对竞争,敢于争先的勇气。激情不是一个空洞的名词,它是一种力量,是一种精神支柱。

马云的一句口头禅就是:"只有你想不到的,没有马云做不到的。"从这句话中,我们就可以体会到他无与伦比的激情了,激情对于成功者来说是相当重要的,一个人如果没有激情,就会觉得什么事都不想做,也什么事都做不好,导致越来越消极,越来越颓废,最终只能是碌碌无为,一事无成,从而走向失败。对于一个年轻人来说,如果没有激情那是非常危险的。

美国《今日心理学》杂志曾有报道,一般人可能认为,成功只需要一个聪明的脑袋,但事实上,对于大多数成功者来讲,聪明并不是第一位的,更重要的是激情。

的确,激情常常激发人意想不到的创意。因为拥有激情,人的大脑便会保持长时间的兴奋,使思想随意碰撞、交织、融会,创意便常常在其中诞生。并且,人拥有激情,便习惯从任何事物中发掘其本质,激发自己的灵感。激情还使人敢于谋事,善于做事,让创意践于实际,以务实的作为映衬空谈的懦弱。

马云无疑是一个很有激情的人,见过马云或者在电视上看过马云的人,都会被马云那种好像全身都充满着的激情所感染。事实上,马云也正是因为激情才获得极大的成功。

1999年，当阿里巴巴还并不被大多数人知道并接受的时候，马云就对同伴宣称："我们要创一家可做80年的公司，要进入全球网站的前十名。"就在这时，曾在瑞典Wallenberg家族主要投资公司Investor AB任副总裁的蔡崇信，到阿里巴巴来探讨投资。几次接触下来，蔡崇信被马云的思维和激情给征服了。他当即决定，要抛下75万美元年薪，加盟阿里巴巴领取每月500元薪水。马云的激情，不仅使自己突破重重困境，并且也感染并吸引着和他接触过的每一个人。

后来，马云更是"激情四溢"地宣称："我们要做一家102年的公司，要进入全球网站的前三名。所有这些疯狂的想法，都是激情使然。

正是看中了他的这一点，当时软银集团董事长孙正义在选择投资对象时，只用了短短6分钟时间，便毅然决然地选择和阿里巴巴合作，融资2000万。

孙正义的软银公司，每年要接受700家公司的投资申请，但是大约只有10%，也就是只有70家左右的公司才能够如愿以偿得到投资，其中只有一家孙正义会亲自去谈判。而阿里巴巴却让孙正义在短短的6分钟之内就做出了投资的决定，他说正是马云的这种创业激情和领导气质吸引了孙正义。孙正义见到马云经常会说："马云，保持你独特的气质，这是我为你投资的最重要原因。"

激情让人相信任何事情都有解决的办法，关键在于你的对策是否切实、有效、具有针对性。激情促使人们想方设法找到问题症结，寻求对症下药的良方，让困难在自己面前低头。面对同样的问题，激情的勇者，想的是如何设法化解、战胜；懦弱者，则想的是如何一停二看三逃避。一样的难题，一样的挑战，却有不同的态度，不仅表现出不同的思想境界，而且必然带来不同的发展局面和后果。

美国成功学大师拿破仑·希尔认为激情是一种意识状态，，能够鼓舞和激励一个人对手中的工作采取行动。有一天晚上，他工作了一整夜，因为太专注，使得一夜仿佛只是一个小时，一眨眼就过去了。他又继续工作了一天一夜，除了其间停下来吃点清淡食物外，未曾停下来休息。如果不是对工作充满激情，他不可能连续工作一天两夜而丝毫不觉得疲倦。因此，激情并不是一个空洞的名词，它是一种重要的力量。

每次希尔在评价一个人的时候，除了考虑他的能力才干之外，还非常看重他的激情，因为如果有了激情，就会有无限的精力。要是你没有能力，却有激情，你还是可以使有才能的人聚集到你身边来。假如你没有资金或设备，若你有激情说服别人，还是有人会回应你的梦想的。激情很多时候就是成功和成就的源泉，你的意志力、追求成功的激情愈强烈，成功的几率就愈大。

如果我们留意身边，可以发现，有些人，专业知识并不过硬，人也不是很聪明，但往往取得令人咋舌的成就。这样的事实证明，有些人之所以可以成功，往往归结于他追求理想的激情。激情能够让人尝试平常人从未想过、自己也没有一点把握的事情，但内心的激情涌动，禁不住尝试前所未有的事情，人的潜能继而被激发。

现今的我们正置身在一个欣欣向荣的大时代，正是大有作为的时候。虽然在前进的道路上会有许多困难和挑战，但即使这样，我们也应该正确面对，勇于克服，敢于拼搏。只要始终保持一颗不断进取之心、一股激情勃勃之气，便会有着追赶、超越、必胜的信念，最终取得成功。

当然，激情也并不等于头脑发热、盲目决策、好高骛远，更不等于随心所欲、目中无人、为所欲为。而是从客观实际出发，积极乐观地面对现实，刻苦奋进、锐意进取、开拓创新。如此，才能实现自己的理想、奋斗目标和人生价值！

4. 要有大目标,放眼全世界

在通常情况下,我们都认为企业在创业之初,目标是比较狭窄和单一的,先稳定一个市场,然后再慢慢向外延伸。只有当企业具备一定的规模和实力后,才会开始走向全国,甚至走向世界。

但是这种思维模式,在如今这个互联网技术飞速发展、经济全球化日趋明显的时代,已经不再适应了。只有那些在创业之初就具备了放眼全球视野的企业家,才能使他的企业从诞生之日起就具备市场领先者的潜质。阿里巴巴和马云就属于这样的企业和企业家。

从创立阿里巴巴开始,马云就把目标锁定在了国际市场。马云说:"我们要打开国际电子商务市场,培育中国国内电子商务市场。"当时互联网的核心技术和核心企业都在西方,能向互联网投资的主流资金也都在西方,所以马云决定利用一切可以找到的机会,首先"搞定"国外市场。

马云既然将未来的公司定位为全球的公司,名字就应该是响亮的、国际化的。马云之所以选择"阿里巴巴"这个名字,就是因为马云希望它成为全世界的十大网站之一,也希望全世界只要是商人一定要用它。为了能有一个国际化的名字,马云其实思索了很久。马云说:"我取名字叫阿里巴巴不是为了中国,而是为了全球,我做淘宝,有一天也要打向全球。我们从一开始就不仅仅是为了赚钱,而是为了创建一家全球化的、可以做102年的优秀公司。"

有了适合国际路线的名字之后,阿里巴巴就避开国内市场,直接进军国际了。马云的策略是：办一个市场就像办一个舞会，先把女孩子请进来，再把优秀的男孩子请进来，这样做市场就会变得越来越大。

对于买家和卖家来说买家是女孩子，卖家是男孩子，而办舞会成功的关键就是要能请到优秀的女孩子来参加。于是，为了吸引客户，阿里巴巴都是免费的。同时马云带着团队到处宣传，只为请大家进行交流。

这就是1999年、2000年阿里巴巴的战略，即迅速进入全球化，成为全球电子商务企业。这样，在国内互联网竞争开展得轰轰烈烈的时候，阿里巴巴已经悄悄地在国外进行宣传造势了。为了达到这一目的，马云不断在欧洲和美国做演讲。当时来听的人并不多，最惨的一次，马云在德国组织演讲，有一千五百个座位结果只来了三个人，但为了宣传，马云还是坚持演讲下去了。

马云说："我们绝对是放眼世界的，真正做到打到全世界去。"时至今日，马云的目标终于实现了，他已经让全世界人见识到了阿里巴巴的神奇，并已经让全世界人知道，阿里巴巴是中国人创办的公司，阿里巴巴是一家让全世界华人骄傲的中国公司。

其实不光是互联网公司，任何一个工作想要做大都需要有放眼全球的眼光。小孩子画画大家可能都见过，他们通常会把头低低地埋进纸里，然后紧握笔尖，在纸上一笔一画地仔细描绘。他们的眼中只有简单的线条和圆圈，他们对每一个细节都过分地关注，所以看不到全局的孩子，作出的画也只能算作初级作品，因为他们看不到整体大局。

而大家作画却是完全不一样了，特别是那些国画大师，手握一支毛笔，气定神闲地站在洋洋铺开的数米宣纸前，身子离得很远，胳膊伸得老长，几笔简简单单的勾勒，就能让一个场景在我们的眼前活灵活现，这便是有大局观的妙处。

最初创立阿里巴巴的时候，虽然创业资本很少，但马云却从创业资本中拿出1万美金买回了阿里巴巴的域名。他认准阿里巴巴这个名字可以跨越国界，流行全世界。在建立阿里巴巴电子商务网站时，马云把客户源就定位在了国内和国外两个价值链上：一头是海外买家，一头是中国供应商。从阿里巴巴的机构设置中，就可以感受到它自始至终的国际化战略。他们的口号就是"避免国内甲A联赛，直接进入世界杯"。

清代学者陈澹然说："不谋全局者，不足谋一域；不谋万世者，不足谋一时。"要想做好一件事情，就要从全局去考虑，如果只谋一域而不谋全局，那么即便暂时能够做好，等到全局溃败的时候，这一域最终还是要失去的。无论做什么事情，我们都要有长远的眼光，而不能只顾眼前。

有一个企业家做演说，他问在场听众："开车进加油站最想完成什么？"众人都回答说："加油！"企业家听了摇了摇头，略感失望，于是就有人补充"休息、喝水、上厕所"。这时候，企业家说道："开车进加油站的人，最想做的，当然是早一点离开，朝着目的地继续他的旅程。"其实，一个人做事当然有具体目的，但也绝对不能将目光聚集在眼前这些琐碎的目标上面。

做过徒步旅行，或者是参加过长跑比赛的人都会有这样的体会：当你决定只走五公里或跑五公里的时候，那么，在你三公里处或四公里处的时候，你可能会感到疲惫而松懈自己，心里一定会想，快到目标了还是缓一口气吧！但是，如果你的目标是五十公里，那么又将怎样呢？可以肯定地说，你绝对不会产生要在三公里或四公里歇一歇的想法。

这是因为，你的目标如果太小、离你太近的话，你就不会在精神或身体方面去积极准备，这种心理就使得你身上的潜能无法得到完全的释放，因此，你无法走很远的旅程。但如果你的目标很大，那么，你在制定了目标之后就会积极地进行心理方面的准备。这样，你的心态就变得异常活跃、积极。你的潜能就会大量地释放出来，从而使你有足够的精力向更远的目的地出发。

由此可见，把你的眼光放得远一些，就能够让你的企业走得更远一些。

5. 先求生存,再求战略

马云说:"碰到一个强大的对手或者榜样的时候,你应该做的不是去挑战它,而是去弥补它,做它做不到的,去服务好它,先求生存,再求战略,这是所有商家的基本规律,你还没有站稳脚跟就去跟人家挑战肯定是不行的,先生存再挑战这样赢的机会就会越来越大。"

近年来,就业越来越困难,但是创业的人却越来越多。然而,创业之路"九死一生",这些创业者们大多都折戟沉沙,尤其是在一些中小企业身上,这种现象更是频频发生。据统计,日本90%以上新成立的企业也是在3年以内消亡的。这个数字甚至可以映射到所有的经济发达国家。

电视剧《士兵突击》中有这样一句经典台词:"好好活就是有意义,有意义就是好好活。"的确,只有好好活着,才能做很多有意义的事。如果把这句话套用到商业中,那就是一个企业的首要任务,就是要让自己先活下来,只有活下来了,你才能谈战略,谈发展,谈企业文化,要不然这一切就都是无本之木。

在海博翻译社刚刚创业的前几个月,不赚钱反而亏钱。几个合伙人都开始逐渐失去信心,但作为海博翻译社的创始人,马云心中的信念根本就不曾动摇过。他深深地明白,现在翻译社才刚刚开始。马云曾把做企业比作养孩子,当他还很弱小的时候,你只能尽一个家长的责任,把他养起来,想办法让他好好存活下去。只要能保证这个"新生儿"健康的成长,将来他总会有赚钱的那一天。

为了让这个刚刚开始的翻译社继续生存下去,马云开始寻找新的利润增长点。就在大热天里，他一个人背着个大麻袋出发，从杭州跑到义乌、广州，批发一些小工艺品、小礼品，再一个人气喘吁吁地背回杭州……一个堂堂的大学教师，就这样做起了"倒爷"，来养活当时的海博翻译社。

就这样，日复一日，年复一年。马云的"倒爷"生涯持续了整整三年，才让这个原本早已奄奄一息的翻译社奇迹般地起死回生。到1994年时，海博翻译社基本实现收支平衡；1995年，开始逐步实现赢利。

一个企业要想有一个好的发展，就必须要有长远的战略规划，但前提是你要生存下来。特别是对于一些刚刚成立的小公司来说，往往是要经历一段艰难的生存斗争的。很多创业者，刚刚创办公司的时候，就抱着很"远大"的志向，要"成为全国第一"，要"超过XX企业"，要和"XX企业抢占市场份额"。梦里很美好，但是现实往往很残酷，有些创业者急功近利，公司还没完全站稳脚跟，就妄想着扩大规模，一夜暴富，最后往往不能达到预期的结果，反而栽了大跟头。

Webvan的创始人科佩·霍尔茨曼从20世纪90年代末经营的杂货店迅速崛起而后又迅速破产中学到了很多教训。霍尔茨曼说，他的合伙人说服他，他们可以迅速将规模扩大，可以将沃尔玛和联邦快递相结合，结果他们失败了，变得一无所有。

他表示："同时进攻太多的市场是我们失败的根本原因。"吸取教训以后，他对他的新产业高档网上慈善拍卖网站所采取的策略是保持慢速稳步增长。他说："现在我学会了，让我们的核心业务能够100%地满足客户是我们优先考虑的问题，这比征服整个市场更重要。"

的确，对于一个企业来说赚钱很重要，就如日本"经营之神"松下幸之助说的："企业家的使命就是赚钱，如果不赚钱那就是犯罪。"英特尔公司的首席执行官格鲁夫也说过，一个企业家赚钱叫道德，企业家不赚钱就是缺德。如果企业家不赚钱，肯定会给社会、给家庭、给个人、给团队、给员工造成严重伤害。

但是企业就算是要赚钱也要分轻重缓急，只有"好好活"，才能做"有意义的事"，活下来，才有赚钱的资本，如果连生存都成问题，那还谈什么赚钱呢？

在这个世界上，没有人能够一口吃成个胖子，作为企业，也是一样。很少会有一个企业从创立到发展壮大，全部都是一帆风顺的。几乎每一个企业都要经历艰辛，都要先在生死线上挣扎几年。就像一位企业家说的："做企业，首先要有吃苦20年的心理准备。"只有当你脚踏实地，一步一个脚印地把企业的基础打扎实了，那么即便你不想着去赚钱，钱也会主动找上门来。

6. 不要满足于一时的成就

许多人在刚开始创业的时候，都会有一个梦想，并且为了达成这个梦想不辞辛苦，不断努力，奋发图强。然而，一旦取得了一些小成绩，就开始得意忘形，自我陶醉，不思进取；还有一些人因为知道前方的路更加艰难，既然自己手里已经有了那一点可以炫耀的资本，就止步不前。抱着"守成"的观念，再也不肯为最初的梦想而努力了。

马云说："人永远不要忘记自己第一天创业时的梦想。"如果你放弃了，那么不但会让自己失去成长的机会，有时候，可能还会阻碍其他人前进的道路。因此，眼前的一点成就可以让你暂时兴奋一下，但切不可为了它而迷失了自己，忘记了你最终的目标是什么。

当年，马云还在教书的时候，他的领导对他说："马云，好好干。再过一年你就有煤气瓶可以发了，再过两三年你就可能有房子了，再过五年你就能评副教授了。"而马云并没有被这种许诺诱惑。相反，他从领导身上看到了自己以后的样子——每天骑着自行车，去拿牛奶，买菜。

马云说："我当然不是说这种生活不好，只是希望换一种方式。等到在创业的路上越走越远的时候，我发现自己的梦想越来越大，也越来越现实。每个人都有梦想，梦想未必要很大，但一定要真实。"

马云一直强调，创业者要记住自己最初的梦想，而不要满足于一时的成就。

十年的时间，阿里巴巴从中国杭州最初18名创业者开始成长为在三大洲20个办事处拥有超过5000名员工的公司。但是马云并没有就此满足，他说："全世界最赚钱的机构是什么？是国家。我们的社区实际上就是一个虚拟的巨大的经济体，虚拟的商业王国。我们是这个商业王国的建设者。"

马云要把阿里巴巴建成一个商业王国，而且还不止于此，他要做一个102年的大企业，到那时，阿里巴巴刚好经历了三个世纪。马云不仅要做一个商业王国，还要做一个屹立三个世纪不倒的大企业。

盛大网络创始人陈天桥曾说过这么一段话："当每天收入到100万的时候，我觉得它是诱惑，它可以让你安逸下来，让你享受下来，让你能够成为一个土皇帝。当时我们只有30岁左右，急需要一个人在边上鞭策。就像唐僧西天取经一样，到了女儿国，有美女有财富，你是停下来还是继续去西天？我们希望有人不断地在边上督促说：你应该继续往你取经的地方去，这才是你的理想。"

作为一个创业者，常常会面对诸多的诱惑，诸多的困难，如何才能克服一切干扰，而持续追逐自己的最初梦想呢？这个时候，就要求创业者仔细分析和掂量一下坚持梦想的诸般好处。

小小成就虽然也是一种成就,也是自己安身立命的资本,但社会变化太快,长江后浪推前浪,如果你在原地踏步,社会的潮流就会把你抛在后头,后起之辈也会从后面追赶过去。相比起来,你的"小小成就"在一段时间后根本就不是成就,甚至还有被淘汰的可能。

如果创业者不满足于目前的小小成绩,他就会充实自己,提升自己,将自己的项目做强做大,为社会作出贡献,进而实现自己的人生价值。一个不满足于目前成就的人,就会积极向高峰攀登,就能使自己的潜力得到充分的发挥。比如说,原本只能挑100斤重担的人,因为不断地练习,进而突破极限,挑起120斤甚至150斤的重担。

对于那些永不停息地追求自己梦想的人来说,他们总觉得自己身上还存在某些不完美的因素,因而总是渴望着进一步地改善和提高,他们身上洋溢着旺盛的生命力,从不墨守成规,这使得他们总认为任何东西都有改进的余地。这些人是不会陶醉在已有的成就里的,他们想方设法达到更美好、更充实、更理想的境界,正是在这一次次的进步当中,他们完善着自我,也完善着人生。

远大的理想就像《圣经》中的摩西一样,带领着人类走出蛮荒的沙漠而进入充满希望、生机勃勃的大陆,进入太平盛世。那些满足于现有的生活和被困难吓倒的人,往往就会停止了前进,最终无法到达自己梦想的大陆。

无论是一个社会,或者是一个集体或组织,我们都不能指望那些满足于一时成就的人会有什么大作为,即使在他们的身体里还有许多的潜能可以挖掘,但这些最终也只会以各种各样的方式白白浪费耗损。

面对一点点的小成就,他们就安之若素,永远只能被眼前的小小成就蒙蔽了眼睛,看不到山外有山,人外有人。也不知道人生还有更多伟大的目标等着去实现。

无论是对于一个企业还是一个人来说,安于现状,最终的结果就是逐渐荒废和消亡。只有那些不满足于现状,渴望着点点滴滴的进步,时刻希望攀登上更高层次的人生境界，并愿意为此挖掘自身全部潜能的人，才有希望达到成功的巅峰。

7. 你没有钱,但也有做大事的机会

"我没有钱,我要是有钱的话,怎么怎么样……"这是我们现在经常听到的一句话,说这些话的人面对成功者总是一副不屑的表情,似乎只要有钱,他就一定能创业成功。而这句话也成为了很多人都想创业,但是又不敢踏出第一步的理由。但是马云却说:"坚持梦想,没钱也能做大事。"

创业其实一点不难,你现在到外面租个门面,哪怕小门面,都算创业。大部分创业开始的时候都是小的。没有钱不要紧,你可以把握好市场的需要,从小做起。一点一点地慢慢积累。的确现在也有很多人做个好点的策划,就可以拿到风险投资,在中国搞风险投资的人也越来越多,但就比例来说,这样的幸运儿还是很少,而且即使拿到这些风险投资,也有很多以失败告终。

马云一共有三次创业的经历,这三次创业的起初,几乎都没有什么本钱。

第一次是在1992年,创立海博翻译社。那时马云还是杭州电子工业学院的青年教师,每个月的工资还不到100元。但没钱不是问题,他找了几个合作伙伴一起创业,风风火火地把杭州第一家专业的翻译机构成立起来了。

创业开始，也是举步维艰，第一个月，翻译社的全部收入才200元，而当时每个月的房租就是700元。不得已的情况下，马云只好背着麻袋去义乌、广州进货，贩卖鲜花、礼品、服装，做了三年的小商小贩，养了翻译社三年，这才撑了下来。而现在海博翻译社已经成为了杭州最大的翻译社。

第二次是1995年，马云参观了西雅图一个朋友的网络公司，亲眼见识了互联网的神奇之后，他决定要做互联网公司。当时，马云的全部家当也只有6000元。于是，马云变卖了海博翻译社的办公家具，跟亲戚朋友四处借钱，这才凑够了80000元。再加上两个朋友的投资，一共才10万元。

对于一家网络公司来说，区区10万元，实在是太寒酸了。创立之初，资金也的确成了公司最大的问题。由于开支大，业务又少，最凄惨的时候，公司银行账户上只有200元现金。但是马云以他不屈不挠的精神，克服了种种困难，把营业额从零做到了几百万。

第三次就是阿里巴巴了，1999年，中国的互联网已经进入了竞争白热化状态，国外风险投资商疯狂给中国网络公司投钱，网络公司也是疯狂地烧钱。在这个时候，马云决定做电子商务，他纠集了"十八罗汉"，东拼西凑了50万元，开始创建阿里巴巴。

50万，这对于那时候的中文互联网行业，简直就连杯水车薪都算不上。但是马云却喊出了这样的宣言："我们要建成世界上最大的电子商务公司，要进入全球网站排名前10位！"

于是一群人窝在一个狭小的公寓里，领着一个月500元的薪水，开始了他们的奇幻之旅。8年后的2007年11月6日，阿里巴巴在香港联交所上市，市值200亿美金，成为中国市值最大的互联网公司。马云和他的创业团队，由此缔造了中国互联网史上最大的奇迹。

没钱也能干大事，没有哪一个成功者是天生就有钱的！你看看历史上好多有钱人都是在一无所有的情况下，通过艰苦的奋斗和超人的毅力来取得成功的。现在风靡全球的肯德基，当初也不过是山德士上校拎着一桶炸鸡，一家一家的上门推销而做出来的。

所以说干大事不看你的经济条件，是看你是否有伟人所具备的素质和恒心！有没有钱其实并不是最重要的，重要的是坚持梦想，只要你有决心，肯努力，不要被困难吓倒，梦想的光辉一定会照进现实。

大多数想要创业的人其实都有一个毛病，那就是晚上想想千条路，早上起来走原路。他们当中很多人都充满智慧，能想出非常多的创业好点子来，但是他们从来没有去执行过。因为他们有着太多的借口和理由。于是，他们继续过他们平庸的生活。

新东方学校创始人俞敏洪曾说："人的一生是奋斗的一生，但是有的人一生过得很伟大，有的人一生过得很琐碎。如果我们有一个伟大的理想，有一颗善良的心，我们一定能把很多琐碎的日子堆砌起来，变成一个伟大的生命。但是如果你每天庸庸碌碌，没有理想，从此停止进步，那未来你一辈子的日子堆积起来将永远是一堆琐碎。"

天上不会掉馅饼，事业是干出来的。如果你想成为一个创业者，要先行动起来，而不是一定要等到有钱了才去做。如果一切都"等有钱了再说"，那黄花菜都凉了，还谈什么事业。

马云的创业经历告诉我们，不要为自己创业寻找"没钱"或是其他什么借口，我们要做的是：想到了，马上就去做！就像马云那样，只要你付出所有的努力，世界上就没有你做不到的事情！其实创业之门随时为你敞开，走出第一步的时候，你便和马云在一条路上了。

第三章

尝试机会，人生就在于折腾

1. 用你敏锐的眼光去发现机遇

马云说："一个行业注意它的人越少，它就越有发展的前景。别人不注意它，你注意了，你就是有眼光的。"对于做生意的人来说，眼光是最重要的，眼界有多宽，商路就有多宽。有人曾经用猎狗这种动物来比喻优秀的商人，猎狗平时谨慎而低调，可一旦嗅到了猎物的气息，就会迅速出击，抢先找到猎物，而旁人只好眼睁睁地看着它们将猎物叼走。

比如遇上市场惨淡的时候，许多人也许会说："现在的市场不好，没有机会。"但是还有一部分人就会认为，市场不好的时候往往是机会最好的时候。对于他们而言，机遇无时不有，无处不在，关键在于你能否练就一双敏锐的眼睛。

马云出生在浙江杭州。那里是中国经济最成熟的长三角经济圈，有着中国最为庞大的从事外贸业务的中小企业集群，是中国民营经济最为活跃的地方。

作为土生土长的杭州人,马云对于中小企业的需求有着最为深刻的体会:购销资讯的缺乏、产购信息的不对称,以及国际业务和转口贸易的成本偏高,都是让这些中小企业主十分头疼而又一直没有办法解决的问题。

马云就从这里看到了商机:中小企业使用电子商务将会是未来的一种趋势。马云坚信:"互联网对于发展中国家是机遇,对中小企业是机遇,互联网是以快打慢,以小搏大。竞争会迫使更多的企业上网。不上网的企业,会老不会大。"

于是马云毅然放弃在北京已经稳定的事业基础,回到杭州,建立了自己的阿里巴巴,最终大获成功。

马云的成功经历告诉我们,一个人的成功并不是偶然,而恰恰是他那种独特的猎犬式的眼光和远见促成了他的最终成功。

有人说,马云创业的时候环境和机会比我们好,是他运气好,所以成功了,但我们没机会了。其实,这不过是一个借口,这世界永远有机会。当初微软做起来的时候,人们都叹服,后来出现了雅虎;人们说雅虎真厉害,后来又出现了eBay;人们觉得eBay已经很了不起了,又出现了谷歌;当人们觉得谷歌已经像太阳一样无法被超越了,现在又出现了Facebook。

事实上,世界上许多事物都隐含着一些决定未来的玄机,经商也是如此。在创业之时,如果能够对市场走向保持一种灵敏的悟性,培养一种灵动的触觉,就可以更好地分析市场,投入市场,最终赢得市场。

网易总裁丁磊在刚开始创业的时候,觉得写软件比较赚钱,于是他将网易定位为一家软件公司,免费邮箱的大卖使他赚得钵满盆盈。而当丁磊发现网站运营的诀窍,看到广告营收的利益时,他立即眼光一转,决定将首页向门户转变,软件公司摇身一变成了真正意义上的互联网公司。由靠技术赚钱转型为靠服务赚钱,这一战略转型正是靠着他敏锐的市场眼光实现的。

而当网易在广州发展遇到瓶颈时，丁磊马上又决定将公司大本营迁到北京。这一举动使得网易两年之内就融到巨资。

为开拓海外市场，吸引海外投资者，网易开始筹谋上市。这是网易进入国际资本市场，接受国际竞争挑战的标志，可惜遭遇滑铁卢，使得网易遇到了前所未有的失误和灾难。这时候，丁磊乘着2001年新浪和搜狐争相在门户内容上"肉搏"的时机，另辟蹊径，找到绝处逢生的机会，网易投入无线业务和网络游戏。这些当时不被看好的领域，经过一年积累就迅速井喷。

在三大门户网站中，网易的纯收入不到搜狐的三分之二，而搜狐又只有新浪的四分之一。在这种情况下，丁磊暂时放弃新闻和内容建设，大胆转型，主攻网游和短信，同时也继续保持门户网站一些服务产品上的优势。

著名的管理大师彼得·德鲁克将创业者定义为那些能够"寻找变化，并积极反应，把它当做机会充分利用起来的人"。的确，能够发现独特的机会是成功创业者所必须具备的一项特质，是成功的起点，在某种意义上就意味着创业已经成功了一半。然而，发现机遇看起来是一件很简单的事情，实际上却并不是很容易。

一个成功的商人不会拘泥于现有的状况，他们对事物发展能做出大胆的预测，具有冒险精神，并且有着睿智的头脑，但他们并非凭空去放远他们的眼光，市场机遇的捕捉需要足够的市场敏锐性和丰富的经验积累。

眼光长远的商人，会自己发掘广阔的生意，确定目标，制定可行的方案并且根据自己的努力去拼搏、去奋斗。对于他们来说，一个人的成功，不仅仅在于他有没有高瞻远瞩的能力，还在于他有没有对自己人生的长远规划。

2. 敢于领先一步

有人说：如果说资金与资源是工业社会最重要的竞争要素，那么时间优势则是信息时代最强大的竞争战略武器。的确，在现今社会，参与创业的人在不断增加，如果你选好了一个项目，不赶紧行动，若是被对手先行一步，你的成功机会就会大打折扣。

抓住商机对于创业者来说很重要。那是决定创业者成败的关键所在。然而，什么是商机？并不是等到所有人都听到了发令枪响才是商机，用马云的话说："如果时机成熟，就轮不到我来做了！"相反，恰恰是大部分人都还处在"看不到"、"看不清"、"看不懂"的时候才是最好的商机。

马云在创立阿里巴巴的时候，很多人并不相信一个见不到人的平台能给人们带来机会和诚信，就在这时，马云推出了诚信通，解决了当时人们都在担心的问题，从而使中国进入一个新的网络交易时代。

人们常说，弱者等待时机，强者创造时机。尤其是在这样一个信息时代，对于创业者来说，时机就是商机，商机就意味着成功。

1983年，霍华德·舒尔茨作为星巴克的市场经理，被派到意大利米兰去参加一个国际家居用品展。一天早晨，他来到宾馆旁边的一个咖啡吧。他发现意大利的咖啡店和美国很不一样，他们只向客人出售现做的新鲜咖啡。他看见咖啡师傅一边磨咖啡豆、压进浓缩咖啡、蒸牛奶、递给顾客，一边友善地与顾客聊天。

意大利当时差不多有20万家咖啡店，仅米兰一地就有1500家，几乎每一条街道拐角处都有一家，所有的咖啡吧都很受欢迎。舒尔茨发现，在这里咖啡店不仅仅是一种商业的模式,它已经成为了一种文化。咖啡就像是一种纽带,而咖啡馆则是人们情感交流和休憩聊天的绝好的"第三空间"。舒尔茨被这些充满人文气息的咖啡深深的震惊了,坚信这种全新的咖啡文化必将成为休闲时代的潮流。

于是他抱着发扬这种文化理念的决心回到美国,他首先想到的就是改变星巴克,但是星巴克的管理层们却异常顽固,舒尔茨无法说服他们,以至于最终不得不离开了星巴克。

1986年,离开星巴克的舒尔茨开起了第一家咖啡店,这种新的咖啡文化,给了人们全新的体验,他的生意异常火爆,到1987年就开了三家,每个店的销售额都达到了年均50多万美元。而就在这一年,星巴克拥有者鲍德温等人打算把星巴克卖掉,舒尔茨立即融到了400万美元将它买了下来,就这样,新的星巴克诞生了。

时间进入到21世纪,现如今星巴克咖啡精神已经成为了全球文化,很多人已经无法想象没有星巴克这个"第三空间"应该如何生活。它在全球范围内有近12000间分店,遍布北美、南美洲、欧洲、中东及太平洋区。霍华德·舒尔茨凭着他对人们生活文化发展趋势的深刻洞察与前瞻性的把握,在短短的20年时间里打造了一个遍布世界的咖啡王国。

世界管理大师彼得·德鲁克说过:"每当你看见一个成功的企业,必定是有人做出过勇敢的决策。"而勇敢决策的前提是有敢于领先的勇气和超前预见和清晰洞察。我们都知道,今天的商战规则已经不再是大鱼吃小鱼,而是快鱼吃慢鱼。在以互联网为代表的新经济时代,更是如此。要想抓住商机,就要在思想和行动上做好准备,敢于争先一步。

就拿大家都熟悉的诺基亚来说,它能够多年保持手机行业龙头老大的宝座,与其快速的技术创新能力密不可分。诺基亚认为,要在激烈的市场竞争中生存下去,唯一途径就是永远走在别人面前,永远比别人快一步。

诺基亚不断加速新品的开发速度，宣布每年都将拿出总营业额的9%用于研发新产品，其新机型开发周期平均缩短到不足35天。这也促使了诺基亚市场的空前繁盛，直到苹果和谷歌安卓的强势崛起，这个势头才被遏制。而苹果之所以遏制诺基亚，也是因为它更"快"，当然这个"快"不是指机型，而是整个娱乐模式和概念上的全面领先。

与之相反，尽管东芝在中国最先推出低温多晶硅手机屏幕、最先配备CCD摄像镜头、最先实现视频拍摄功能的手机，但是由于东芝手机推出新品的速度明显太过缓慢，而这种缓慢使东芝手机错失许多市场机会，最后只得被淘汰出局。

思科CEO钱伯斯在他的《速度制胜论》中说："我们已经进入一个全新的竞争时代，在新的竞争法则下，大公司不一定打败小公司，但是快的一定会打败慢的——你不必占有大量资金，因为哪里有机会，资本就很快会在哪里重新组合。速度会转换为市场份额、利润率和经验。"

对于创业者来说，时间就是金钱，时间就是财富，以快取胜，创造时间效益，就不会轻易放过任何机遇。要牢牢树立起"时间就是商机"的观念，才能够捕捉到市场机遇。

正如马云所说的："做互联网好像冲浪，机会稍纵即逝，不能够等浪高再冲，要随浪而高随风而变。"其实，无论在哪个行业都是如此，如果没有一种抢先一步的竞争激情，终究都会在竞争激烈的商战中被淘汰出局。现代企业以市场需求为核心，而市场又是瞬息万变的。抓住机遇，争取时间，就能因势利导，化险为夷，在竞争中取胜。

随着互联网的不断发展与深化，市场竞争已进入一个全新的时代，企业过去赢得竞争优势是靠成本、质量、技术、渠道等，但现在，这一切都已不再是唯一的优势，创业者唯有抢占先机，快速行动，方可立于不败之地。

当然领先代表创新，而创新必然会有风险，因此，敢于领先的创业者必须敢于承担风险，善于避开风险、减少风险、分散消除风险，并且有将风险转为机遇的能力，这样才能在领先别人的同时不至于将自身置于险地。

3. 对有的机会要说"NO"

马云曾打过这样一个比方："看见10只兔子，你到底抓哪一只？有些人一会儿抓这个兔子，一会儿抓那个兔子，最后可能一只也抓不住。CEO的主要任务不是寻找机会，而是对机会说NO。机会太多，只能抓一个。我只能抓一只兔子，抓多了，什么都会丢掉。"

在当今瞬息万变的市场环境中，机会的把握与抉择显得尤其重要。真正优秀的创业者、企业家都是战略家，他们不仅着眼于现在，更重要的是高瞻远瞩，看到更远的未来。他们面对各种机会的诱惑，懂得有所为有所不为。

每个人在创业之初的时候，首先要做的并不是做得多大，而是应该抓准一个点做深、做透，这样才能积累所有的资源。即便是一些已经成熟的大公司，他们在走多元化路线的时候，也不见得就一定会成功，而一家新生的小公司如果到处去铺摊子，那只会无谓地消耗有限的资源，加速自己的灭亡。

马云在创立阿里巴巴的时候，遇到过很多赚钱的机会，但是他都放弃了，因为他很清楚自己的最终目标是什么，所以他能带领阿里巴巴取得今天的成就。

2002年，从国际互联网泡沫中恢复的中国互联网行业开始回暖，坚持存活下来的阿里巴巴境况好转并开始盈利。一些公司高层认为，阿里巴巴已经拥有众多有价值的注册客户，资金也足够开拓一个新领域，是时候寻找新的机会和新的增长点了。

当时，房地产市场已经开始升温，已经有部分投机商人掀起了炒房热，于是就有高管建议去做房地产，或者是投资进入网游和短信市场。这两个市场都有很好的发展空间，盈利前景十分诱人。还有人建议阿里巴巴在旗下设立一个新公司独立运作，既可以增加收入来源，还可以分散B2B不成熟的风险。

但是马云却说："如果我们投资短信很快会赚钱，2002年、2003年短信业务拯救了中国互联网很多站点。但是我后来发现它不可能从根本上拯救中国互联网经济，只能够在一段时间内缓解颓势。"

至于不做网络游戏，这和马云的价值观有关，马云认为在全世界时间不值钱的国家里游戏是最畅销的。全世界最先进的游戏国家是美国、韩国和日本，但这些国家都不鼓励自己的老百姓玩游戏，它用来出口。他说："游戏不能改变中国现状，如果我们的孩子热衷于玩游戏，那是很可怕的事。所以阿里巴巴永远也不会做游戏。"

马云始终专注于电子商务这一条道路上，最终阿里巴巴获得了空前的成功。

在短信、游戏和电子商务三者中，马云最信任、最看好的还是电子商务的前景。所以，阿里巴巴一直坚定不移地做电子商务，尽管他们知道电子商务也许3年，也许4年5年都挣不到钱，但是马云清楚地知道自己想要的是什么，他是想要影响整个世界，这一点短信和网络游戏都做不到。

因此，他沿着电子商务的道路一直走下去，直到有一天，他所说的"只要是商人，就一定要用阿里巴巴"的理想实现为止，其他的机会、行业即使诱惑再大，他也决不会涉足。

马云说："我觉得一个企业最重要的是耐得住寂寞,挡得住诱惑。我们第一天集中在B2B,今天还是如此。不管外面的潮流怎么变,我们学习,但是不跟随、不拷贝。后来各种概念很多,阿里巴巴也面临很大的压力,也有很多其他的机会,在这一年半时间内我们面对机会斩钉截铁地说了无数次的'No'。我们朝着既定的方向往前走,不管外面怎么变化,我们还是不受干扰,走自己的路,用心去做。"

到了今天,阿里巴巴已经成为全球电子商务的著名品牌。在电子商务领域,它将对手远远地抛在了后面,用马云的话说:"拿着望远镜也找不到对手。"这一切都是阿里巴巴对其他机会、诱惑说"No",坚定不移地走电子商务道路的结果。

正所谓:"三百六十行,行行出状元。"随着社会的飞速发展,分工越来越细,专业化程度越来越高,这是历史发展的必然趋势。在谈及一个成功者的时候,管理学大师彼得·德鲁克曾说:"他并不是天才,只不过把毕生的精力放在他能取得成功的事情上,而不是用力改变自己的弱点。"

的确,市场中行业千千万,机会更是不止一个,仅仅互联网行业,就存在众多模式,而且新模式层出不穷。企业要学会取舍,放弃一些才能得到另一些,如果一味贪多,往往会"嚼不烂"。

发现自己在行业中的优点,进一步巩固并发展这个优点,才有可能走向成功。因此阿里巴巴无论是贫穷还是富贵、顺境还是逆境,马云的眼光都始终只盯着一个目标,那就是电子商务,只认一个目标,那天下没有难做的生意。一个企业不怕没有远大理想,就怕缺乏脚踏实地、持之以恒的精神,而要持之以恒,就要先学会专注。

4. 看到灾难比看到机会更重要

马云说："一个CEO看到的不应该是机会，因为机会无处不在，一个CEO更应该看到灾难，并把灾难扼杀在摇篮里。"作为企业的领导者，不仅要给大家指出一条通往光辉前程的康庄大道，更要及时发现在这个通往光辉前程的路途中存在有怎样的灾难。

马云习惯于把繁荣称为夏天，认为人在夏天的时候，就要少运动、多思考、多静养。繁荣一旦持续了很长时间，那就意味着冬天很快就要来临了，所以在繁荣的时候，最重要的工作就是要保持警惕。

19世纪末，美国康奈尔大学曾进行过一次著名的青蛙实验，并提出了著名的"温水煮青蛙"理论：生于忧患，死于安乐。这个理论也旨在告诉现代企业管理者，必须具有足够强的危机意识和忧患意识。

许多人都认为并购雅虎中国，是阿里巴巴扩充自身实力的一次机会，但是马云似乎更愿意将它定义为一个扼杀灾难于摇篮之中的必要措施。其实，早在2005年以前，马云已经意识到了搜索引擎技术对互联网公司发展的重要性。特别是对电子商务来说，搜索这块是个绝对绕不开的坎，而搜索正是阿里巴巴的软肋。

就以美国的eBay为例，eBay的卖家很多，但钱都投到Google上去了。这些企业不光将广告投到Google上去，还将店也开到Google上去了。用Google一搜索，全是eBay卖家们开的店。

美国eBay可以说是Google最大的广告客户，Google为eBay带来了相当大比例的客户流量，所以电子商务和搜索引擎的结合已经是必然的趋势。而如果有一天，Google开始做电子商务，那么eBay绝对会遭受非常沉重的打击。

马云觉得虽然现在Google式的电子商务在中国还没有出现，但并不代表未来也不会出现，阿里巴巴要巩固自己的"中国最大的电子商务网站"的地位，并更快更稳地向国际市场扩张，通过并购获得当前最先进的搜索引擎技术，显然是必要的，也是很不错的一个捷径。

所以，尽管外界对这一桩并购有颇多猜测和争议，但马云所看重的是这一并购所带来的促使公司业务结构升级的结果。而如能实现这一点，这一次并购在马云眼里当然是值得的。

在成功并购雅虎中国后，马云在高兴地向他的员工宣布好消息时，便及时提出，要开始对雅虎中国的业务进行整合，强攻搜索。正是马云的高瞻远瞩，使他没有盲目乐观于当下的喜悦，而是决定马上采取措施来应对威胁，从而将灾难消灭于摇篮之中。

2006年，马云在接受西班牙《国家报》记者费得里格·拉蒙比尼采访时说："我是政府的好朋友，但我从来不和政府交易，我选择小公司做我的客户。名声让我忧心，所以我留在杭州，远离权力中心北京。我见过太多飞上天空然后突然摔下的人了。"

一个优秀的CEO和领导者，在给员工展示未来美好前景的时候，一定要告知他们未来的灾难可能是什么，认清潜在的灾难，你才能渡过未来的灾难。

英国危机管理专家迈克尔·里杰斯特也说过："'预防'是解决危机的最好方法。"在当今中国，企业要获得真正的成功，除了运营企业的卓越能力之外，还必须有高度的危机意识以及危机管理能力。

应对危机最好的办法，其实是将危机扼杀在摇篮里，而不是在危机出现之后化解它。在中东6日战争中，以色列空军司令在战争前的动员会上说过这样的话："我们不是为空战而空战，而是为了胜利而空战，所以，我们最重要的任务是将阿拉伯人的飞机消灭在地面上，使我们永远保持空中的优势，打开胜利之门。"

马云在《赢在中国》节目中就曾建议创业者，要预见灾难，而且千万不要把灾难当公关，不要觉得出现质量问题可以通过告诉媒体，然后再翻回来。要用好心态看到灾难，尽量避免出现这种情况。

对于一个企业来讲，利润下滑不是危机，市场成熟以后利润一定会下滑。真正的灾难是企业失去了自己最珍贵的、最好的品质。所以，一定要时刻保持警惕，不断完善自己，尽量将灾难消灭在摇篮中。

5. 在风险中寻求机遇

马云曾经说过这样一句话："危机来的时候，我就有一种莫名的兴奋，我的机会来了。"提到机遇，人们总会想到美好的未来，充满了向往，可提到危机，人们总是心存恐惧，恨不能离得越远越好。然而，世事多变，没有绝对的机遇，也就没有绝对的危机。事实证明：在通往成功的道路上，从来少不了危机的身影。

美国前总统尼克松曾说过："汉字用两个字符来书写'Crisis'这个单词。'危'字代表着危险的意思，'机'字则代表着机会的意思。身处危机中，意识到危险的同时，不要忽略机会的存在。"在某些情况下，"危机"可能就是你的"转机"，正如那句名言所说"塞翁失马，焉知非福"，只要没到最后一刻，就不要轻易给"危机"下结论，把精力用在思考补救的办法上，它就一定会被你的信心和勇气化解。

2007年,就在人们开始热议如何应对下一轮经济危机的时候,阿里巴巴却宣布了一项3000万美元的大规模海外推广计划。据当时阿里巴巴B2B公司CEO卫哲透露,此次全球推广计划规模空前,覆盖广泛,3000万美元的总投入是往年的三到五倍,所选渠道包括全球知名的十余个商业网站及二十多个国家的本土知名网站,以及二十余个国家当地关注度最高的电视媒体、平面媒体等。

正如1999年诺贝尔经济学奖得主、欧元之父蒙代尔教授说的:"如果美国经济衰退,恰恰可能使美国人转而加大对中国基础品的消费。"

马云也认为,无论发达国家经济如何衰退,居民基本的生活消费需求不会减少,减少的更多的是奢侈品的消费;同时对于基本的生活消费,居民将更加倾向于寻求物美价廉的"中国制造"基础生活必需品;而通过电子商务平台的途径,将大大降低进出口双方的交易成本,以实现在经济危机时期居民对于物美价廉的产品的消费需求。

因此,阿里巴巴进行大规模的海外宣传推广,正是恰逢其时,让更多美欧国家等海外进口商知道,通过阿里巴巴电子商务平台,可以以更低的交易成本高效地与"中国制造"企业达成交易,为美欧等国家居民和企业提供大量物廉价美的产品和设备。而中国的出口企业也将在阿里巴巴大规模的海外推广中获益,降低出口成本,渡过目前的全球经济危机。

一位心理学家曾分析说:"'危险'的可怕不在于危险本身,而在于人们对危险的认知。"就拿现在比较流行的一系列跳水节目来说,同样是站在10米跳台上,训练有素的跳水运动员可以轻松地作出复杂动作后入水,而对于普通人来说,光是走上10米跳台的过程都让他两腿发软。所以,面对危险,首先要提醒自己:危险,并没有想象的那样可怕。

而如果从辩证的角度来看,这世上的事情十之八九都是危险与机遇并存,灾祸和幸运相依,有利有弊,有得有失。最危险的地方往往最安全,最安全的地方也许最危险。没有过不了的火焰山,也没有天上掉下来的馅饼,凶险的重重迷雾之后往往是柳暗花明的奇山秀水,而甜美的机遇之中又往往是糖衣裹着的炮弹。

斯蒂芬·霍金的一生可谓是磨难重重,他拥有超凡的智慧和惊人的天赋,但是他在21岁时不幸患上了会使肌肉萎缩的卢伽雷氏症,所以被禁锢在轮椅上,只有两根手指可以活动。但是厄运并未就此止息,1985年,他又因患肺炎做了穿气管手术,被彻底剥夺了说话的能力,演讲和问答只能通过语音合成器来完成。

后来,他曾在一本书中写道,当他得知自己患病时,情绪十分沮丧。但当他认真进行深思之后,却变得很高兴,因为这正好使他专心于自己最具才能的事业。霍金说:"我不会有比这更好的命运机遇了,对此我心存感激。"

霍金把厄运看作是一种机遇,从危险中抓住了转瞬即逝的机会,从而成为了"宇宙之王",让自己的智慧充斥着整个宇宙。由此可见,即便是再坏、再可怕的危险其本身就有值得我们细细推敲的"另一面",找出这潜在的"另一面"就是发现机会的转折点。

李嘉诚之所以能够成为世界级富豪,其财富秘诀有多条,但是,善于把握危险中的机会却是其中十分重要的一条。1967年,经济危机席卷香港,导致股市暴跌,此时投资者普遍失去信心,香港的房价也随之暴跌,但李嘉诚却凭借过人眼光和开拓魄力,趁机大肆收购其他地产商刚开始打桩而又放弃的地盘。这样,在70年代香港楼宇需求大大增加时,他赚得钵满盆满。

而股神巴菲特之所以能够在资本投资界无往不利,靠的也是善于在危机中寻找机会的逆向思维方式。他曾经说过这样一句话:"当别人贪婪时我恐惧,当别人恐惧时我贪婪。"2007年,巴菲特数次减持手中的中石油股票，要知道，那时候的中石油股可是全亚洲风头最劲的几只股票之一。当时所有人都感到不解，可就在短短的几个月之后，"中国石油"的股价就大跌了。

到了2008年，由于经济危机的关系，全球股市一片低迷，作为金融中心的华尔街更是深陷泥潭、狼藉一片。这时候，巴菲特又逆势大手笔购买了如高盛、通用电气、比亚迪等公司的股票。他说："我喜欢熊市，熊市的东西很便宜，就像一个色鬼来到了女儿国，每次危机都是买入的绝好机会。"正是因为这种独特的思维方式和在危机中把握机遇的能力使得李嘉诚和巴菲特能够成为伟大的企业家和投资者。

美国大陆航空公司总裁格雷格·布伦尼曼说过："危机不仅带来麻烦，也蕴藏着无限商机。"然而，有些人在面对危机的时候，总是还没行动就已经被危机吓得手足失措，甚至抱着一种鸵鸟心态，把头一埋，外面爱发生什么事，自己只管逃避。这样做的最终结果大家可想而知。

作为一个企业的领导者，要想让企业得以长期存在并发展，必须放弃一味忧怨畏惧、瑟瑟发抖的弱者姿态。勇敢地面对现实，强健机体、激扬活力，化危机为转机，以争取到更大、更好的发展空间。

6. 时势造就英雄

特定的历史条件，使人的聪明才智显露出来，并相互作用，使之成为英雄人物。我们称这样的现象为时势造英雄。每逢乱世，或者是社会动荡的年代，似乎都是英雄辈出的时候。如春秋战国的诸子百家，如楚汉争霸中的群英荟萃，又如三国之乱时的将星云集。

西晋文学家陆机《豪士赋》序："才不半古，而功已倍之，盖得之於时势也。"20世纪90年代，正是整个互联网行业蓬发的时候，新浪王志东、搜狐张朝阳、网易丁磊、腾讯马化腾、百度李彦宏再加上阿里巴巴马云，都是在那个时期崛起的。

许多人都说他们是赶上了好时候，如果把他们放到如今的这个时代，即便是能力再大十倍，也不可能创造出这样的成就。就连马云自己也说那个时代已经过去了，如果再创业自己不会选择互联网，而会选择传统行业，他甚至还说："牛根生如果当初去做互联网也会做得很好。"

2012年"双十一"那天，淘宝一天的销售额达到了191亿，一天之内完成了一亿笔交易，这不得不说是一个奇迹。而在此之前，海尔曾经在阿里巴巴一天卖出12000台洗衣机，为此拉断了海尔的几条流水线，而这只是阿里巴巴旗下"聚划算"做的一个小项目而已。

马云说："中国制造业要发生巨大的变化。今天你还在想'Made in China'，但是那个时代已经过去了，以后叫'Made in Internet'，所有的零部件、采购都在互联网上完成。刚刚我们的汽车节里，有两个小伙子造了一辆跑车，除了壳是模仿法拉利以外，里面所有的零部件都是在淘宝上采购的，这辆车跑100多迈一点问题都没有，他们还上车展了，最后以140万人民币卖掉了，叫'Made in Taobao'。"

对于公司的未来，马云非常自信，他说："我们今年做到1万亿，3年到5年超越沃尔玛不再是一个奇迹了。对于明年我们公司交易额有多少，我半点兴趣都没有，因为这已经是保证的事情了。"

而这一切的成绩，在马云看来，并不是因为他的关系，正如他说的："这不是我厉害，而是互联网太厉害。"

《庄子·秋水》中有这样一句话："当尧舜而天下无穷人，非知得也；当桀纣而天下无通人，非知失也，时势适然。"处在尧、舜的时代，天下没有受困窘的人,并不是因为他们特别聪明;处在夏桀、殷纣的时代,天下没有行事顺利通达的人,不是他们智谋不足,而是时运造成的。

以马克思主义哲学思想看,时势造英雄是说一个英雄的出现,是由他当时所处的社会客观环境造成的,历史唯物主义的观点认为,无论这个英雄是否出现,历史的浪潮都不会改变,是时势造就了英雄,而不是英雄造就了时势。

就比如说美国历史上最伟大的三位总统分别是华盛顿、林肯和罗斯福。难道他们伟大是因为他们在诸多的总统中最富有才华吗?恐怕未必。

华盛顿生活的年代,正是美国独立战争发生的年代,而林肯执政的时候则正是黑奴解放运动空前繁盛的时候,至于罗斯福,那时候正值第二次世界大战爆发。他们无一例外,都处于美国历史上最动荡不安的时刻,也正是这样的时势,让他们成为了英雄。

但是马克思主义哲学同时也说明了一点,那就是时势虽然造就了英雄,但是英雄的力量对时势也会产生很大的影响。正是因为英雄的推动,才会让那个时代变得更加精彩。

阿里巴巴网络公司前CEO卫哲曾这样评价马云:"我觉得中国应该珍惜,整个社会应该珍惜有马云这样的一个人,他的电子商务真的改变了很多,尽管我也同意是时势造英雄,但千万不要忽略一个英雄对时势的影响。首先他是时势造出的英雄,反过来这个英雄正在改变中国的很多时势,既包括电子商务,也包括中国企业界的思想领域,中国这代人都在影响,都在改变。"

2008年的时候,在深圳举行了"改革开放三十年影响深圳三十个经济人物"评选,最终评选出了袁庚、王石、任正非、陈志列、郭台铭、王传福等一大批推动深圳经济发展的代表人物。其后又评选出招商证券、万科地产、研祥智能、华为、中兴、比亚迪汽车、金蝶软件以及腾讯网络等创始人在内的30名深圳企业家。

对于这些人来说是时势造英雄，还是英雄造时势呢？恐怕两者皆有，正是特区经济发展的大潮，才成就了他们的伟大事业，也正是他们的事业促进了特区经济的繁荣发展。

7. 向你的竞争对手学习

马云说："竞争者是一个最好的老师，选择优秀的竞争者非常重要，但是不要选择流氓当竞争者。""对手是你学习的榜样"这句话其实不止马云一个人这样说过，但是人们却总是受"同行是冤家"、对手即敌人等观念影响，从来都只是仇视竞争对手，更谈不上向竞争对手学习了。

在当今商战的墓地里，躺满了这样一些失败者，他们或是逃避竞争、或是轻视竞争对手，他们被打败以至消亡的一个重要原因，就是单方面仇视对手，漠视竞争对手的长处，不愿也不虚心向竞争对手学习。

武侠小说里不乏这样的场景，一个有资质的人，总会在一次又一次的比武中得到一些非同寻常的顿悟，进而功力大增。而这个有资质的人，他的身上必然有这样一种特质：善于选择好的竞争对手并向他学习。所以，在现实的商战中，竞争者往往能成为最好的老师，而选择优秀的竞争者也就显得尤为重要。

在我们的生活中，尤其是在商场中，竞争无处不在，无时不在，有的人在竞争中把自己的竞争对手作为榜样，跟随他，学习他，然后让自己变得更强大。

而有的人，面对竞争，把竞争对手视为"毒蛇猛兽"，视为老死不相往来的"敌人"，甚至千方百计诋毁对方，不择手段争夺竞争资源。还有一些人，在竞争对手面前，不知道学习对方的优点，却总是企盼把对手一棒子打死，要么仰天长叹"既生瑜，何生亮"。应该说，这些都不是参与竞争应该有的态度。

曾经有一位资深体育教练这样说："竞争对手是每个运动员最好的教科书，谁要想战胜竞争对手，谁就得向竞争对手学习。在百米赛场上，你是否能跑出好成绩，很大程度上取决于什么人和你一起站在起跑线上。"

2004年雅典奥运会时，刘翔获得了110米跨栏的冠军，当时，他紧紧地抱了前世界冠军约翰逊一下。这是刘翔对约翰逊的尊重，也是向栏坛前辈的致敬，更是感谢这位竞争对手的出色表现。

如果没有约翰逊，在短短的110米跨栏间，刘翔也许就会没有足够的动力。刘翔的成长，正是沿着约翰逊的脚步，一步一步走来并超越的，从开始一点一滴地观察、研究，到模仿和学习，扬长避短，逐渐发挥出自己的优势，并最终超越了这位赛场"老师"，而成就了自己的霸业。

其实刘翔的成就有很大一部分都来源于这位亦师亦友的好对手，因为正是有了这样强劲的竞争对手，让我们可以看到一个不断提高的刘翔，一个向更高、更快、更强不断冲击的刘翔。也正是有了约翰逊，刘翔才有了学习的好榜样，更有了向更高目标奋进的动力。

正所谓"人外有人，天外有天"。向竞争对手学习，这是最直接也是最能看到自身不足的方法。从竞争对手那里学会竞争，在与竞争对手比较中不断完善和发展自己；向竞争对手学习，还要善于总结别人的成败得失。尺有所短，寸有所长。不要羡慕别人的成功，更不要鄙夷别人的失败，应学会分析和总结现象背后的本质，找出别人失败或者成功的原因，取其长补己短，这样才能不断丰富自己，超越自我，获得更大的成功。

有些人，常常羡慕那些成功者，羡慕那些行业里成熟的企业，其实，他们常常没有注意到这一点，他们的成功凭借了什么，他们的成熟是怎么来的？正如一位企业家所说："我的很多知识，经验，都是从我的竞争对手那里学习来的。"从他人，尤其是对手的成功经验中总结经验，加以变通和运用，才是一个企业成长最快的途径。

马云说："我找的是学习榜样而不是竞争对手，全世界有那么多榜样要去看，要去学习，为什么要去找竞争对手呢？"

向竞争对手学习，其实就是让竞争对手分担你的压力。因为你学到了竞争对手的长处，就缩短了与竞争对手的差距，甚至有可能会超越竞争对手，这样，你的竞争就会处于优势地位，把你的竞争对手抛在了身后，也就是把压力抛给了竞争对手。

以人为镜可以知得失，我们应该多检讨自己的缺点，看见别人的长处，不断提高自己。所以，一个榜样胜过书上的一百条教诲，一个竞争对手胜过一百个追随者。

8. 给竞争者机会，就是给自己机会

2013年1月10日，阿里巴巴宣布对集团现有业务架构和组织将进行调整，分拆成立25个事业部，具体事业部的业务发展将由各事业部总裁(总经理)负责。对于这一系列大动作，马云说："把大公司拆成小公司运营，我们给市场，给竞争者更多挑战我们的机会，同样是给我们自己机会。"

淘宝总裁孙彤宇曾经说过这样一段话："小时候我考体育，跑百米有

一个非常深刻的体会，一开始不懂，两个人两个人地考，我就找一个比我差的人，我觉得我比他跑得快，感觉很爽。后来我发现不对，我要找一个比我跑得快的人，这样两个人一块跑，我才会跑出比原来好的成绩，因为他跑在我前面，我想要超过他，这是'陪跑员'的责任。我觉得对于企业来说，这可能比较自私。但如果身边有一个跑得慢的人，你真的很爽，尤其是离得很远了，你不断地回头去看，甚至还停下来朝他望望，有可能还点根烟抽抽。所以，我们要的是比我们跑得快的人。"

在马云看来，竞争者就像是一块磨刀石，把自己越磨越快，越磨越亮。在竞争的过程中，选择好的竞争对手，是有非常大的价值的。他说："对手死了，你一定活不好，一定需要有一个对手，才会发展得越来越好。"

2003年，eBay在全球C2C市场的实力以及对中国市场的窥视，使马云选择了eBay作为竞争对手。在马云的眼里，eBay显然是一个非常好的竞争对手。当时，许多人都不太看好淘宝。但是在三年多之后，马云率领的淘宝却一举打败了资本雄厚的eBay。

在这之后，淘宝网在中国的电子商务市场上占据了绝大多数的份额，这时候业界开始有人传言，他们觉得马云要把所有的竞争对手赶出游戏圈外，他要开始垄断中国的电子商务市场了。但是马云却说："这世界上永远不要想垄断，永远不要做垄断，也做不成垄断。信息时代谁想做垄断，谁就会倒霉。在一个行业里，一枝独秀是不行的，也是危险的。"马云认为，竞争并不一定是你死我活的事儿。电子商务行业的成熟是多个互联网公司共同发展的结果，只有竞争才会有更快速的发展。

竞争是生存的前提，在大自然，没有天敌的动物往往最先灭绝，有天敌的动物则会逐步繁衍壮大。因为有了天敌的威胁，就必须时时警惕，并锻炼出对付天敌的本领；而如果没有天敌的威胁，则无意中放松了自己。久而久之，生存的能力就会慢慢退化，一旦天敌降临，就无以自卫，难逃灭亡的命运。

在非洲有两个隔水而居的羚羊群，东岸羚羊的繁殖能力却比西岸的强，奔跑速度也比西岸的快。有一位科学家对这些羚羊的生存环境进行了研究，结果没有任何发现。于是他做了一个实验：他在东西两岸各选了10只羚羊，分别把它们送往对岸，一年后，运到西岸的10只繁殖到14只，送到东岸的10只剩下3只，另外7只全被狼吃了。于是，答案找到了：东岸羚羊之所以强健，是因为在它们附近生活着一群狼，而西岸羚羊之所以弱小，是因为缺少一群天敌。

在商业竞争中，尤其是在一个还不成熟的行业中竞争，不要总是想着天下无敌，总想打败所有的竞争对手。如果只是一味与竞争对手争输赢，而不顾市场平衡与发展，必将遭到市场的惩罚。

Betamax是台湾录像机市场的两大系统之一，另一个系统是JVC公司的VHS系统。前者是台湾新力公司的发明，一直在电子技术领域占据重要位置。然而新力公司在发明Betamax之后，一直想垄断录像机市场，不给对手机会，所以它坚持不肯将技术同对手共同分享。

新力公司垄断技术的局面，在短时间里确实造成了行业垄断，给新力公司带来巨大利润。JVC公司的VHS系统无法和新力公司相抗衡，在生产的品质上和技术上都明显落后于对手新力公司。这种情况迫使JVC公司下决心开发出新的系统，以打破新力公司的垄断地位。

由于JVC以公开技术的方式和其他的大公司合作，所以在它周围立刻积聚起一支庞大的技术队伍，世界其他电子公司的技术JVC公司也可以分享，因此世界上采取VHS规格系统的公司越来越多，而与之相反，新力公司固守在Betamax的阵地上沾沾自喜。

结果没过多久，JVC公司的VHS系统就超过了Betamax，这时候，新力公司才幡然醒悟，但是已经太迟了，JVC公司因为与其他公司合作，在技术资源上已经不在新力公司之下，一步慢，步步慢，新力公司无奈之下，只好将巨额资金投入到广告之中，但却无法改变格局，新力公司的行为不但无法挽回它的劣势，反而越陷越深。1988年春天，新力公司承认了自己的失败，宣布Betamax系统不如VHS系统，决定放弃自己固守的阵营，加入到对方的行列。

马云说："中国的事情凡是三足鼎立才能使一个行业发展起来，至少做大三家才有钱赚。一个很好的例子是TOM进来了，三大门户网站之间不打架了，为什么？因为大家都成熟了，这个行业也渐渐成熟了。"

一个行业要是想要兴盛，就必须要有百家争鸣，才能够百花齐放。哈佛商学院迈克尔·波特教授说："'竞争对手'的存在能够增加整个产业的需求，且在此过程中企业的销售额也会得到增加。"这也就是竞争对手共同把蛋糕做大的市场效应。而市场的扩大使企业获得的份额也相应地增大。

第四章

尝试创新，跟在别人后面永无出头之日

1. 创新是竞争的利器

古人曾经总结过做生意的十二字诀，"人无我有，人有我优，人优我特"。竞争无处不在，竞争残酷无情，亦步亦趋，永远跟在别人的后面是做生意最忌讳的。凡是能引领创新潮流者，都能在激烈的竞争中赢得先机，成为市场的引领者，最终成为创业成功者。

马云一直都非常重视创新。马云周围的朋友对马云有这样一个评价："这个人如果3天没有新主意，一定会难受得要死。"就连马云自己也都这么说："如果我失去了创造性的思维，那我这个人就一点价值也没有了。"

对于马云的创新精神，从阿里巴巴的发展过程中，我们也可见一斑。

1999年是一个互联网的春天。那时候一个月之内会有数以千计的互联网公司出现。冯小刚的贺岁片《大腕》中有一句经典的台词可以精确地描绘出当时互联网的火热场面："你花钱去建一个网站，把所有花的钱后面加一个零，这就直接出售给下家了。"

但是，当时大部分的网站模式都是和新浪、搜狐差不多的门户网站模式。马云不认同这种模式：众多的中小企业主都是文化程度不高的人，如果用门户网站，会影响他们的使用。

马云心中已经决定在电子商务领域做一番事业，也明确了自己的服务对象。这些战略的问题已经确定下来，只是还没有确定怎么操作和运营。

辞去北京的工作，准备回杭州的时候，为了临走之前留下点纪念，马云和自己的团队一起去游览长城。在长城上，马云看到了许多"某某到此一游"之类的话语。这些留言，触发了马云的灵感。马云决定采取BBS的模式，他要把阿里巴巴办成一个"网上集贸市场"，虽然不美观但是很实用。

于是马云带领一支年轻的团队6个月关门制作，潜心打造出了今天的阿里巴巴模式。阿里巴巴的横空出世，震惊天下，这在国内外都没有可以借鉴的。其独特的模式被美国十大著名院校的商学院研究，而且还被列入哈佛大学商学院MBA的教学案例。

日本企业界曾提出这样一句口号："做别人不做的事。"也就是说创业开店做生意，要寻找冷门，独辟蹊径。马云也说："一个项目、一个想法如果不够独特的话，很难吸引别人。"

的确，在这个信息泛滥，商店林立，充满着竞争与挑战的时代，所有创业者都会感觉到生存与发展的压力。而愈在这时就愈需要创业者发挥自己的创新精神。钻冷门，钻空档，经营新产品，越新越好，越独越好，这是做生意的最大智慧。如果你的产品或服务属于行业中的独一份，或者排头兵，那么你的生意就没有不成功的道理！

人们以前常说历史上有三个改变世界的苹果：诱惑了夏娃的苹果、掉落在牛顿头上的苹果和乔布斯的苹果公司。

苹果无疑在颠覆人们的观念,这和乔布斯一直奉行的特立独行与坚持不断创新的策略是分不开的。乔布斯说:"如果你做了一些还不错的事情,你应该继续做一些更好的,而不要停留太久,要不停地想下一步。"

苹果的成就来自于不断地创新,当智能手机刚刚崭露头角的时候,当诺基亚还霸占着绝大多数手机市场份额的时候,苹果凭借iPhone一种触摸带来的时尚元素跻身智能手机行列,并且独创的APPStore模式更是带来一种新的市场变革。让一度占据绝对话语权的移动运营商不得不低下自己高傲的头颅。

美国有媒体评论称,乔布斯和苹果改变了世界"玩"的方式,将现有的创意变为主流的应用。苹果创造的不仅是技术革新,还是文化革新。苹果是"聪明代码和极致美学的完美结合,是心理学、行为科学和哲学等各领域的前沿结晶"。

在高盛科技大会上,当有人问道苹果是不是已经江郎才尽,没有与其他竞争对手竞争时,蒂姆·库克回应到:"苹果的创新性从来没有这么强过,创新深深刻在苹果的文化中。苹果创新的大胆性、雄心和信念都没有限制,公司有强烈的欲望开发最好的产品,这些都是公司的DNA。"

创业是一个相对比较复杂的过程,更是一个新颖的、创新的、灵活的、有活力的、有创造性的过程。所以不可能一成不变地沿用别人的路子,照搬别人的思想,这样子只能导致失败。

我们可以细数大街上的店面,一个"云南野生菌火锅店"很容易就在北京站住脚跟并迅速成长,而满大街的"重庆火锅"成活率却少得可怜;一个独特的"寻找物品商店"刚开不久就能宾客云集,而满大街大大小小的超市却常常门可罗雀……

创新是一个企业竞争与发展的灵魂,许多创业者成功的本质都在于其标新立异的理念及作为。马云的意义与乔布斯类似,都在于对人性及人类需求的洞见,把创新作为目标与手段,把自己的公司带到一个全新的高度。

2. 创新不是打败对手,而是与明天竞争

有人说商场如战场,商场上的对手往往被当成企业最大的敌人,甲骨文公司总裁就曾说过:"我们是否成功不重要,重要的是我们的对手都倒下了。"

很多人,自创业伊始便想着如何逐一打败行业里的对手。在他们心里,总觉得一个企业能否发展到一个相对高的位置,就是看是否打败了和自己相当甚至是跑在自己前面的对手。

对此,马云却有着自己一套独特的看法,他认为,创新就是创造新的价值,不是要打败对手,不是为了更大的名,而是为了社会、客户、明天。

"中国的很多公司,跑到一半的时候,跟左边的人打几下;再跑几步,又跟右边的人打几下,疲于奔命。我说,要把时间花在客户身上,花在服务上,而不要花在竞争对手身上。这是一个创新型公司最重要的。只要你今天比昨天好,明天比今天好,你就永远冲在最前面。"马云说,"创新不是和对手竞争,而是跟明天竞争。"真正的创新一定是基于使命感,这样才能持久进行。

在1999年,马云以一种新的模式B2B进军互联网的时候,直接提出要做一个80年的公司。在很多人看来,马云一定是疯了。因为,当时紧接着就是互联网的冬天,阿里巴巴和其他没成熟的企业一样,忍受着这股

强冷空气的袭击。

三年下来，一些企业倒闭的倒闭，壮大的壮大，阿里巴巴从这众多的企业中逐渐露出头角，成了一枝新秀。

就在这个时候，一直是中国国内C2C在线拍卖领域的龙头老大eBay网实现了对易趣的完全控股。然而，当业界、媒体、大众还都在为两"易"的合并而惊呼之时，马云早已在江南之都——杭州开始了另一番令所有人都意想不到的大作为——马云正在秘密地制造另一个C2C网站，准备挑战这个行业的霸主。2003年7月，马云带领阿里巴巴团队先后在杭州、上海、北京三地召开"阿里巴巴投资淘宝新闻发布会"，正式宣布：阿里巴巴投资1亿元，进军C2C领域。

当时，eBay刚一并购易趣，很快就推行收费政策，直奔盈利主题，而马云却表示：已经准备了5年的资金来支持淘宝的免费政策。马云认为2005年前后的中国C2C市场还不是一个该不该收费的问题。因为中国的C2C消费市场非常不成熟，还需要培育。

然后，经过两年的快速成长，淘宝超越eBay易趣，成为国内最受欢迎的第一大C2C网站。

其实，战败eBay易趣是马云推行淘宝的一个结果，而非目的。马云一直非常坚定自己的立场，竞争最大的价值，不是战败对手，而是发展自己。与对手的竞争终有时尽，而与未知的"明天"竞争既充满了无限的可能，也潜藏了无尽的机遇。

就拿雅虎和eBay美国的合作来说，正是因为看到了未来全球互联网的竞争格局和如何使用户和企业利益最大化的重要性，马云积极地倡导和参与推进了这次的合作。

马云认为，商场上没有永远的敌人也没有永远的朋友。大家都是为了自己的明天不停前进，而谁能超过谁不是最终的目的。当市场要求企业不断加快创新速度，当全球化的压力越来越大，短兵相接的竞争对手也可以在不损害各自的竞争优势的前提下，结成战略联盟。

众所周知，微软和苹果两大公司自20世纪80年代起就一直处于敌对状态，乔布斯和比尔·盖茨为争夺个人计算机这一新兴市场的控制权展开了激烈的竞争。到了90年代中期，微软公司明显占据了领先优势，占领了约90%的市场份额，而苹果公司则举步维艰。但让所有人大跌眼镜的是，1997年，微软向苹果公司投资1.5亿美元，把苹果公司从倒闭的边缘拉了回来。2000年，微软为苹果推出Office2001。

自此，微软与苹果真正实现双赢，他们的合作伙伴关系进入了一个新时代。

企业的创新，不是靠打击对手，而是靠踏踏实实做好自己企业的产品、行销、企业管理等等。世界十大著名品牌几年前的排名里，排在第一名的是可口可乐，而排在第十名的是百事可乐。按照常理来看，已经有一个那么强的对手了，百事可乐应该不会变大，可是恰恰相反，一个可乐市场造就了两大著名的品牌。

企业在创新的路上应多问问自己一个问题，自己的目的地是哪里，到底是为了什么而走上这条路。要想清楚自己有什么，要什么，要放弃什么。基于使命感的创新才是持久的。仅盯着对手来做出相应的策略，就根本无从创新，只是被动地做出反应。

打败对手是很有成就感的事，而通过创新来超越对手，突破自我，实现使命，才是真正的成功。而且这一种创新的力量才会发挥出最大的能量，促使企业不断发展，不断前进。

3. 创新不是设计出来的,而是被"逼"出来的

在一场名为《创新的源泉》的讲话中,马云坦言无法给出创新的定律,因为创新不是设计出来的,只能是在不断出现的问题中去解决一个个问题。很多问题的解决方案并不是非此即彼,有可能几种处理方式都是正确的,但是现实只给了你单项选择的机会。

马云经常自嘲是"盲人骑瞎虎":自己眼睛是瞎的,骑着的老虎也是瞎眼的,一路颠簸到现在。而他自己的一次次创新成功无外乎是因为在当时被"逼"着答对了每个单选题。

"我们的每一次创新,换句话说,都是为了活下去,然后'被'形势所迫,越搞越大。"马云说,"所以今天告诉大家,绝不是因为我们很聪明,看到了未来怎么做,而是我们看到了市场需求。我们自己有这个压力,我们必须渡过这些难关。"

从一开始阿里巴巴就定下了通过电子商务帮助小企业的战略,今天看来这是成功的。然而,这并不是因为马云可以聪明到这么早就预测到电子商务,而是因为当时他并没有其他路可走。当时的网络经济模式只有三种:第一做门户网站,但他们没钱没资源;第二做游戏网站,马云又不想要小孩子们泡在游戏里;所以他们只能做电子商务。

支付宝,现在看来也是一个很成功的创新,但这也是被"逼"出来的。

当年,淘宝做得很热闹,但是没办法交易,中国的网上诚信现状逼着马云他们必须解决支付的问题。但是,这个事情必须要国家发牌照,大的国有银行不愿意涉足这个领域,而花旗银行、汇丰银行这些外资银行

会做。那年马云参加会议的时候,听一位领导人讲:"什么让你创新和做出对未来的决定? 那是使命。"所以马云告诉同事们,他们要做"支付宝"。

支付宝的模式其实也谈不上创新,甚至很愚蠢,就是"中介担保"。你买一个包,我不相信你,钱不敢汇过去,就把钱放在支付宝里面。收到包后,满意了中介就把钱汇过去,不满意就通知中介把钱退回去。

马云当初和学者们谈到这种想法时,他们说:"太愚蠢了,这个东西几百年以前就有。早就淘汰了,你干吗还要做?"但是马云不想去创造一种新的商业模式,只不过是为了解决很现实的问题,至于它在技术上有没有创新,那不是他关心的话题。经过几年的"盲人骑瞎虎",到今天为止,支付宝的用户已经突破6亿人。

马云说:"我从来不谈'模式的创新',因为我无法在我旗下每个公司创业第一天就给它规划成型的样式。我觉得我们的模式是'需求'出来的:根据客户需要来调整自己,甚至他要什么,我们就调整成怎样。很多人说我很聪明,计划得很好,但我不是计划好的,只是看好方向,然后走下来。"

有些创业者,从一开始就把创业的重心放在技术上,动不动就做一些让人云里雾里的技术创新,然而,顾客不是傻子,你这样做,即使顾客一开始会相信你,但是,当他无法从这种增值的产品中得到同样增值的实用价值的时候,便会慢慢放弃使用。到最后,钱没少投资,做出来的产品却不被市场接受。

《赢在中国》第二赛季的王嵩,他做的项目是Touch网络传媒。他通过引入建设数字化城市的概念、以触摸屏为载体、以提供城市一卡通功能为服务,改变广告的商业形式,最终实现传媒的网络化、社会化社区、社会化精准搜索、打造一个带有强烈公益色彩的大众化智能服务平台。

王嵩推荐自己的理念的时候说：我们的触摸一体机有以下几个作用：第一，可以通过这个一体机下载很多MP3、MP4歌曲；第二，可以完成便民的服务，比如交水电费，买卖股票、彩票等；第三，可以看到很多城市信息，比如政府公告、旅游信息等。

另外，他又介绍，这种一体机通过和百度、google合作，查看用户的IP地址，并记录用户历史浏览过的信息，然后再反馈给用户。而这样做的目的就是让大家主动地看他的广告，让这个广告互动起来，而不仅仅是一个电视屏幕，或者被动地看，每次强迫去看。

针对这一方案，马云给出评论：我感觉到他的技术无懈可击，因为我什么也听不懂。虽然说，技术创新是企业创新的主要内容。但是，我还是建议大家，技术创新不要太聪明。不要因为某个技术而去推广，你必须先去了解市场的需求和客户的需求，然后再去找相关的技术解决方案，这样成功的可能性才会更大。只有你真正明白，你的技术解决了什么问题，创造了什么独特价值，你才能够真正做强做大。

一个创业者要想创业成功，首先考虑的是市场，没有市场你的技术再先进都没有用，而当你了解了市场的需求，然后再去投资技术，这样做成功的概率就要大得多。

另外，比技术更重要的是实践、常识和一个人的思想和价值观。马云说："不是技术天才并不可怕。如果你是从现实中汲取养分的思想家，对于你的竞争对手来说，你就是可怕的。"

4. 要永远相信你的直觉

企业家做战略决策需要眼光和魄力,也需要智慧。而面对千载难逢的机会,面对瞬息万变的信息,有时决策必须快,必须当机立断,否则贻误战机,也会铸成大错。相信自己的直觉,当机立断是马云的决策之道。

马云说:"只有真正知道自己要做什么的时候,你才有可能承受住所有的压力,所有的指责。确定你要做什么,这需要你有使命感。"

马云还在大学任教时,从自身工作经历中,他发现了社会对英语人才和翻译业务的巨大需求, 预言这将是以后一个很大的潜在市场,在1992年他成立了杭州第一家专业的翻译社——海博翻译社。那时别人都还没有看到这个商机, 杭州也没有翻译社, 他们是第一家独立存在的。这样一个公司,大家都不看好,而且一开始也不赚钱,但马云坚持下来,没有放弃,如今已经成为杭州最大的专业翻译机构。

1995年,马云在美国第一次接触互联网,发现在神奇的互联网上居然找不到一点中国的信息,感到震惊和不可思议,敏锐的直觉告诉他:"它肯定会影响整个世界,而中国还没有。"马云的脑海中闪出一个念头:回国创业,做Internet! 但是回国后朋友们却把他视为疯子,"这玩意太邪了吧,政府还没开始操作的东西,不是我们干的,也不是你马云干的。"但是马云毫不动摇,毅然辞去了大学教师工作开始创业。

1999年,在全世界的互联网企业都克隆美国模式,均把大企业作为电子商务服务的潜在顾客时,而马云以一个渔夫的"超传思维",看到了互联网更大的细分市场:"听说过捕龙虾富的,没听说过捕鲸富的。"将阿里巴巴定位成"为80%的中小企业服务"。马云创立阿里巴巴电子商务网站后,他对18位创业员工描绘阿里巴巴的未来:"我们要做一家102年的公司,要进入全球网站前三名。"当时在场者中相信这番话的,只有马云自己。短短八年后,阿里巴巴不但成为了全国最大的互联网公司,还在全球网络交易市场中独占鳌头。

在用人上,马云也显示了自己超前的直觉判断力。阿里巴巴刚成立时,马云就对18位当年的创业元老说:"你们只能当连长、排长,团级以上干部我需要另请高明。"后来随着公司的发展,马云在全球范围内网罗了大批的技术精英和高级管理人才,至今没有发生过其他公司那样的"元老问题",并且当初一起创业的18个人至今没有一个人离开阿里巴巴,足见其"未卜先知"和"防患未然"的思维天赋。

世界上的成功人士和伟大人物,都相信自己的直觉,利用自己的直觉,追随自己的直觉,并将自己的成就归功于直觉。

唐纳德·特朗普,美国商业巨子、美国地产大王、亿万富豪、媒体巨人,资产超过30亿美元。他在《创:美国商界巨子特朗普的商业法则》一书中,揭示了自己的发展经历和成功秘诀。他几乎总是做出正确的决策,这归功于他相信直觉并利用直觉。

相信你敏锐的直觉,跟着直觉走,你将获得最大的成功。

奥普拉·温弗瑞:美国媒体界的奇人、世界上最伟大的脱口秀主持人、电视界的神话、资产超过10亿美元。在谈到是什么使她成为世界上最伟大的脱口秀主持人时,她根本没有提及富有感染力、独特的幽默感、性格丰富等才能。她再三把自己的成功归功于一点:她本能的直觉。

2008年,她在《奥普拉杂志》上写道:相信你的直觉,直觉不会撒谎。同年,她对斯坦福大学的毕业班说过类似的话:我做出的每一个正确的决定——我所做过的每一个正确的决定——都出自我的直觉。

一年后,在杜克大学的毕业典礼上发表演说时,她把这一点讲得很透彻:我就是我,和其他人的意见相比,我更相信自己的直觉,而这就是我给你们的最好的建议。

乔布斯在2005年斯坦福大学的毕业典礼演讲中说:"你不可能预先将生命中可能发生的点点滴滴联系在一起,你只能将发生过的事情连接起来。所以你必须相信你现在经历的这些片段将会在未来的某一天联系在一起。你必须相信某些东西,你的直觉也好,命运也好,生活也好,或者因果报应,随便什么东西。这种做法从来没有让我失望过,而我的人生也因此变得完全不同。"

乔布斯对自己的品味有着深刻而恒久的信仰,深信要是自己喜欢些什么,公众也同样会喜欢。而他几乎总是对的。

直觉是每个人与生俱来的一种感官能力,有些人感受敏锐,而另一部分人则略微迟钝,但在生活中,几乎每个人都会有这些神秘的感觉。直觉是每个人都拥有的珍贵宝藏。相信你的直觉吧,它会引导你前进,做出正确的抉择。

5. 天马行空的想象力是成功之道

美国发明家和教育家托德·西勒说:"所谓天才,总能于凡人不经意之处发现意外的事物,他们在不可能的事物当中看出种种的可能。"

托德·西勒还提出了"超传思维"的概念,认为天才的思考方式就是"超传",即把某个事物或者想法的新的含义和联系,传递到另一个事物或者想法上去，产生新的创意，即我们通常所讲的天马行空的想象力。从马云的创业经历中，我们发现他的很多创业构想都来源于他不可思议的想象力基因。

马云成功创业之后，很多人认为马云有经商的天赋，马云在接受杨澜采访时说："我不觉得自己有什么经商天赋，我只不过喜欢看一些金庸的小说。"

马云小时候最大的业余爱好是读金庸的武侠小说，因为武侠小说可以让他"东想西想"。他还特别喜欢去各个茶馆听杭州大书、苏州评弹。虚拟的世界让他插上了想象思维的翅膀。

马云很善于把金庸的武侠境界演绎并实践到自己的创业过程之中，2000年马云还突发奇想，请金庸主持了网络英雄的"西湖论剑"大会。很多时候，听他谈论创业经验，就像是在讲自己的武侠故事。

如今，马云运用他的想象力，在他的"光明顶"开始构筑他的"电子商务王国"：阿里巴巴让"天下没有难做的生意"，淘宝网让"天下没有淘不到的宝贝"，阿里软件让"天下没有难管的生意"，阿里妈妈让"天下没有难做的广告"，支付宝让"天下无贼"，马云用他的"达摩五指"，欲将80%的中小企业"一网打尽"，一统江湖。

马云天马行空的想象力，还表现在"外行领导内行"的管理风格上。马云常被形容为一个"不懂IT的IT英雄"，"不懂网络的网络精英"。马云说："我只会干两件事，一是浏览网页，二是收发电子邮件，其他的一窍不通，我连如何在电脑上看VCD都不会弄！"在阿里巴巴的每一款新产品推向市场之前，马云都是该产品的"第一测试员"。他一再坚持，"只要我马云不会用，社会上80%的人就不会使用"。如"第一测试员"这关过不了，那些神通广大的工程师们都要从头再来。马云充当了第一顾客的换位思考角色。

郑渊洁有一段话很精彩:这是禁忌相继崩溃的时代,没人拦着你,只有你自己拦着自己,你的禁忌越多,你的成就就越少,人只应有一种禁忌——法律,除此之外,越肆无忌惮越好。

我们从出生起就一直被灌输这样的思想:很多事情我们干不了。很多人的想象力不够,是因为他们对现实的理解告诫他们许多东西只能停留在想象中,无法实现。然而,历史上有成就的思想家、发明家、作家无不具有超凡的想象力,并且敢于将其实现。他们常常因为出格的举动被人耻笑,直到有一天,他们创造出令人惊叹的作品,人们才发现他们的想法原来如此奇妙。

苹果就是靠想象力打下天下的。所有的苹果产品,都是苹果员工用想象力创造出来的东西。乔布斯拥有无与伦比的想象力,这是上天赐予他的最好的礼物。

乔布斯比一般人幸运之处在于,他是苹果的CEO,他在公司具有无上的话语权,即使再荒诞不经的想法,乔布斯都能将其贯彻始终,而且,乔布斯有足够的感染力,能让精英团队的成员们衷心拥护他的想法,并竭尽全力去尝试。

乔布斯可以天马行空地想象,以后每一个家庭会拥有一台电脑,以后的电脑会变得跟记事本一样薄,以后的电影可以用计算机来制作……这些在当时看来犹如天方夜谭的想法,如果从另一个人口中说出,那么,人们会认为他患了妄想症,然而,当乔布斯说出这些大胆的想法时,他得到了团队最有力的支持,所以他有生之年得以有机会将这些幻想一一展示给大家看,并将"幻想"一词变为了"创新"。

古人云:"尊新必威,守旧必亡。"一部科学发明史可以说是人类想象力的发展史。历史上有些被认为是最荒谬的想象往往成为人类的创举,想象力能够使知识的效益和功能最大化,想象力能够让知识创造出许许多多人间奇迹。

19世纪中叶，法国科幻大师儒勒·凡尔纳在科幻小说中描绘的潜水艇、登月飞行、高速列车后来都成为现实。没有丰富的知识的支撑，想象力就是无源之水，没有想象力的作用，再多的知识也不可能成为创举。当一只苹果从树上掉下来，牛顿悟出了万有引力；当蒸气把壶盖顶起来，瓦特看到了别人看不到的力量；当莱特兄弟梦想能像鸟一样在空中飞翔，他们的飞机便获得了起飞的动力。

美国《商业周刊》刊登过一篇文章，称美国公司已经率先步入一个由想象力和创造力主宰的新经济阶段，通过创新来推动发展。数字和科技不再是衡量公司竞争力的唯一标准，创造力和想象力更重要。

通用电气前首席执行官韦尔奇说过："创造力和想象力放在企业的环境中就是创新。"正是具备了超凡的想象力，人类才有超凡的创举，人类才会有今天和未来。我们要成为一名出色的创新人才，必须具备一流的想象力，并敢于将其实现。

6. 反其道而行之，让风投找网站

大凡创业的人，都不是一开始就一帆风顺、一路坦途，大抵都要经历一段黑暗时期，诸如，没钱进行技术改进，缺少运转资金等。然而，往往是在这个时候，有相当多曾经胸怀大志的企业家会"人穷志短"，甚至"给奶就是娘"，只要有投资者主动送钱来，便来者不拒。

而阿里巴巴不走其他网络公司的老路：找钱——招人——做事，而是独辟蹊径：招人——做事——找钱。人家是先融资再做品牌，马云偏偏反其道而行之；人家是网站找风险投资，马云却让风险投资找网站。

他先是精心做品牌，不谈投资；然后又对风险投资百般挑剔，先后拒绝了38家上门的投资商，才最终接受了高盛的第一笔风险投资。马云能如此"嚣张"是因为他拥有一个一流的团队和一个潜力巨大的品牌。

1999年7月，钱已经成为阿里巴巴迫切需要解决的重要问题，甚至困窘到马云必须借钱来发团队成员的工资了。就是在这个艰难的时刻，马云还是接连拒绝各方投资者，前前后后一共有38次。之所以要"打肿脸充胖子"，用马云的话来解释就是："除了钱，他们不能为阿里巴巴多带来其他任何东西。"

也就在此时，阿里巴巴受到了来自美国最顶级的商业媒体《商业周刊》的关注。起因是据说有人在阿里巴巴网站上发布消息，说可以买到AK-47步枪。这条消息把马云吓了一跳，可是马云等人找遍网站所有的消息也没有找到这条买卖信息。

"塞翁失马，焉知非福"。尽管有关AK-47的报道给阿里巴巴带来了一些负面影响，但也带来了更多国际记者纷至沓来的脚步，伴随这些脚步而来的当然还有国外的投资者。而在此之前，许多国际风险投资机构都已经注意到了1999年火热的中国互联网。在这一年，国际风险投资机构大规模地在中国互联网市场进行投资，以著名的老虎基金、高盛和软银为代表的风险投资商向中国门户网站及电子商务网站大股投资。

1999年10月，由高盛公司牵头，美国、亚洲、欧洲多家一流的基金公司参与，阿里巴巴引入了第一笔高达500万美元的风险投资。此次投资不仅成为阿里巴巴首轮"天使基金"，也成为轰动一时的特大新闻。

接下来，软银公司也开始盯上了阿里巴巴，在北京的一次简单会面后，软银宣布为阿里巴巴融资2000万。

马云用他的实际经历证明，在创业选择投资人的时候，决不能"有奶就是娘"。即使是弹尽粮绝的危机时刻，也不能丧失一个创业者、企业家应有的尊严。创业者的前途，永远掌握在自己的手中，而不是投资人的口袋中。如果你错选了一个唯利是图的"资本家"，就有可能毁掉一个优秀的企业。

大部分投资人都用恋爱或者婚姻来比喻风险投资和创业者之间的关系。他们对创业者提出了很多有益的忠告，比如："他挑你，你也要挑他，要找一个适合自己的投资人。""如果他看上你的项目了，一定会追着来投你。"

风险投资商们还给创业者一个重要的忠告：不应该为找风投而去做一个项目，要看所做的事情是否有价值，如果它能改变一个产业，风险投资自然会追着来投你。与其去追钱，不如让钱来追你。

近两三年，中国公司接二连三地赴纳斯达克上市，一次次眩目的IPO，富豪排行榜一次次地被刷新，已经令大江南北的创业者们血脉贲张。而海外投资者们手握大把美元蜂拥而入，声称要找到下一个盛大、百度，更令创业者们意乱情迷——人人都梦想被大牌投资人相中，成为下一个陈天桥、李彦宏。

"你拿到风投了吗？"这成了创业者之间的标准问候语。然而现实并非人们所想象，在少数创业者幸运地融资成功后，更多的痴男怨女仍在寻寻觅觅、屡败屡战。

一个业务模式还搞不清的广东创业者不远万里来京参加一个创业秀。5万元一张的门票，换来了10分钟的上台演示时间，然后在主办方的引导下，跟某知名投资合伙人握了一次手。之后，项目无人问津，只好打道回府。

还有一个创业者竟然向专家打听风险投资机构如何培训基层员工，以了解投资经理的思维方式——因为他根本没有机会接触到合伙人，而投资经理往往在试探性地接触一下后，就杳无音信了。

大多数创业者在被投资者拒绝后，对问题出在哪儿浑然不知。其实，投资者最怕的是创业者问他要钱，最希望看到的是创业者不要钱，而是他主动给创业者钱。如果创业者没有实实在在的好东西或好产品，投资人根本不会搭理你。

而马云谈阿里巴巴的情况时只说了6分钟就得到孙正义的青睐，让孙正义下定决心给马云投资的原因所在，是那6分钟背后阿里巴巴独创的发展方向和6个多月没日没夜的艰辛努力。

其实，对于任何一个创业者而言，创业的过程都是一场马拉松式的长跑，终点在哪里也许并不重要，重要的是我们有完善的"供血"体系和"造血"机能。所以，最后的胜利者，一定属于内力充足的人。只要你脚踏实地地练好自己的内功，让投资者看到你的硬实力，他们自然会反过来找你了。

7. 永远不要照搬别人的经验

一些创业人士，在最初定位市场和经营模式的时候，总是以其他成功企业为榜样，并极力去加以效仿。当然，不能说这种做法不对，但是，如果不自己加以分析，盲目地相信大多数，跟在别人屁股后面分蛋糕，这样的生意做起来一定很累。

马云一再告诫那些有意创业，或者已经在创业的人们，创业公司不仅不要盲目模仿大公司的做事方法，也切忌抄袭其商业模式。那些知名企业在成名之前是什么样的你知道吗？他们是怎么积聚自己的能量，才有了今天的成就？简单模仿它的现在，可能是南辕北辙。而只有踏踏实实，结合自己的创业环境，规模，优势等来制定出一套自己的商业模式才是最可取的。

1999年，当全世界都在做门户网站的时候，马云却突然蹦出一个想法，亚洲要有自己的模式，中国要有自己的模式。欧美的电子商务市场，特别是B2B模式是针对大企业的，亚洲电子商务市场主要在中小型企业，这两种市场不可能用一样的模式。马云决定创办一种中国没有，美国也找不到的模式。于是，阿里巴巴网站应运而生。

一传十，十传百，阿里巴巴网站在商业圈中声名鹊起。但马云知道，阿里巴巴面临着一个巨大的战略选择。国内电子商务尚不成熟，只有利用发达国家已深入人心的电子商务观念，为外贸服务，才是真正利润丰厚的大鱼。于是，阿里巴巴开设了一个专区"中国供应商"，把中国大量的中小型出口加工企业的供货信息，以会员形式免费向全球发布。

1999年至2000年，马云不断实施着一个战略行动。他像一只大鸟不停息地在空中飞行，他参加了全球各地尤其是发达国家的所有商业论坛，去发表疯狂的演讲，用他那张天才的嘴宣传他全球首创的B2B思想，宣传阿里巴巴。

很快，马云和阿里巴巴在欧美名声日隆，来自国外的点击率和会员呈爆增之势！一个想买1000副羽毛球拍的美国人可以在阿里巴巴上找到十几家中国供应商，了解他们不同的价格和合同条款；位于中国西藏和非洲加纳的用户，可以在阿里巴巴网站上走到一起，成交一笔只有在互联网时代才可想象的生意！

从此，阿里巴巴开始被业界公认为全球最优秀的B2B网站。马云开创的为商人与商人之间实现电子商务而服务的模式，被认为是符合亚洲，特别是符合中国发展特点的B2B模式，并被誉为是继雅虎门户网站模式、亚马逊B2C模式和eBay的C2C模式之后，互联网的第四种模式。

做企业，若一开始模仿别人的成功模式，或许在初期感觉不到他的弊端，但是，从长远来看，竞争力量的介入会使竞争压力加剧，因为没有自己的经营模式,也就没有优势去和众多同行抗衡。马云的成功之路告诉我们,有时候,别出心裁的做法更容易让企业走向成功。

海王星辰副总裁詹永红曾说过:不同的商业模式决定不同的企业阶段,每个行业均有一些企业与众不同,正是因为他们有着与众不同的商业模式,所以往往他们在竞争中有着空前的优势。

正是本着这样的观念,海王星辰早期凭借自有品牌颠覆了行业模式,成功地走向资本市场。现阶段海王星辰又在尝试目录订购模式和品类创新以实现更长远的目标。

一个人总是模仿别人,就失去了自己特有的个性,从而成了别人的盗版而非自己;一个企业,不去寻找一套适合自己发展的方案,而是总跟在别的企业后面,亦步亦趋,这样的企业只能越做越死,最后走向灭亡。

比如不少出身大公司的人,会在自己创业的时候,不自觉地按照大公司的做法建立一些规范制度等等。必要的规范当然是有益的,但大公司为了稳妥,一般都比较慢,大公司为这个"慢"付得起代价,但这对小公司来说将是一个灾难。新创业的公司就像是只兔子,却以为自己是头大象,用大象的心态做事,在狼面前慢慢踱步,最后就会被狼吃掉。创业,就意味着你要有创造性的做事方式。

实际上,每一个成功的企业都是因为打造了适合自己发展的独特经营思路和商业模式才能发展壮大的。

在全球化形势下,挑战与机遇并存。就机遇而言,市场上商机无限,但商机已然不可重复。所以,一个创业者也不能过分迷信所谓"成功模式"、"成熟模式"而去"克隆"它们。我们必须从国情出发,从自身所处的环境出发,眼观六路,耳听八方,不断地思考、提炼、筛选。这是一个探索的过程,需要有置之死地而后生的勇气,唯有如此才能真正摸索出一套属于自己的模式,实现"凤凰涅槃"的美丽神话。

第五章

尝试冒险,因为未知,所以可能

1. 不安分才能不断突破

古往今来,许多成功者都有一个共同的特征,就是在年轻的时候都不安于现状。不守"本分",给人一种不安分的感觉。别人都做着墨守成规的事,他们却一反社会共同心理,逆潮流而上,做着另外的不合潮流的事。

当然,这样的人不一定成功,但成功者都缘于这种不安分。正所谓:动,然后才能有成功;不动,则永远安于现状,不会成什么大气候。

毋庸置疑,马云是一个不安分的人,他就像希腊神话中的西西弗斯一样,把石头不停地往山上滚。而唯一不同的是,西西弗斯滚动的是石块,马云追逐的是自己的梦想。

马云毕业后,被留在杭州电子工业学院任教,在那个年代,这绝对是一件让人羡慕的事情。但是,安分守己的教师工作是锁不住那颗向往在更高天空飞翔的心的。

马云开始琢磨着"下海",于是创办了海博翻译社,这应该是杭州最早的专业翻译机构,也是马云的第一个梦想。但是很快,通过海博翻译社锻炼了经商能力的马云,梦想变得更大,眼界变得更高。这样一个小小的翻译社也远远不能满足一个追梦者的梦想了。

正在四处寻找更大、更远的梦想的马云,在1995年因为偶然的一次机会到了美国,在那里他发现了互联网的神奇。马云虽然不是一个技术人才,他对技术几乎不懂,但这并不重要,重要的是马云有梦想,这就是足以让他"疯狂"的理由。

事实上,在去美国之前,刚满30岁的马云已经被评为杭州市"十大杰出青年教师"之一了,而且他还是学校驻外办事处的主任。但是,回国后马云还是怀着一股"壮士一去兮不复返"的心情,把辞职信坚定地交给了校长。就这样,追逐心中梦想的马云,毅然放弃了在学校中所有的良好待遇,诀别了朝夕相伴6年的校园,踏上了追逐梦想的征途。

常言道:不想当元帅的士兵不是好士兵。"不安分"是一种创造的欲望,是一种汇集激情、想象与冲动的活动。正是这种"不安分"的力量,才能打破定势与惯性,才能不断突破与创新。

创业是艰难的,且不说创业者能否在创业过程中抵御住各种各样的困难和挫折,关键是许多人因为安于现状,至今还徘徊在创业门槛外,迟迟不敢迈进创业大门。

有不少人已经习惯了8小时工作制,抑或是松散的游荡生活,每天躲在舒适的办公室内,可以说工作之余已经习惯了安逸,一副别无它求的姿态,从他们身上无法找到半点的"不安分",显得那么无动于衷。

谈到自己的成功之路,俞敏洪这样说道:"我发现成功人士都有一个特质,就是不安分。比如我父辈当中的很多成功者,都是随着改革开放放弃了原来的铁饭碗,只身闯荡江湖的。但这绝对不是什么'懂得放弃'的精神,而是因为他们不安分,不满足于眼前安稳的现状——我就遗传了这样的'不安分基因'。"

我不喜欢按部就班的生活,安逸让我心里不安分。其实北大已经给了我很大的自由,因为一周上课才八小时,这之外就全是你的时间。每个月的奖金和工资还照拿,基本就是挺安逸的。要按这个走下去就是一个挺安定的生活。但后来我又想这也不太符合我的个性。因为我在外面尝到了甜头,看到我在外面一个月可以上出北大十个月的工资,这样心里就不安分了。

就这样,从北京大学辞职的俞敏洪顶着寒风,骑着自行车在北京的大街小巷里贴小广告,在一座漏风的违章建筑里,创办起了新东方英语培训学校。

后来,新东方成功登陆美国主板证券市场,俞敏洪身价在一夜之间飙至2.42亿美元,成为了中国有史以来最富有的教师。

无论是一个社会,或者是一个集体或组织,从不会指望一个放任自己随波逐流的人有什么大作为,因为他们往往是安于现状的。即使他们知道自己体内还有许多潜力可挖,也还是以各种各样的方式白白浪费耗损,面对停滞不前的现状他们还能不为所动、安之若素。

只有那些不满足于现状,渴望着点点滴滴的进步,时刻希望攀登上更高层次的人生境界,并愿意为此挖掘自身全部潜能的人,才有希望达到成功的巅峰。

比如当今顶尖的电脑生产商和销售商迈克尔·戴尔自小就极不安分,本身是学医的,却弄来一大堆电脑设备放在宿舍里研究,最终弃医而去卖电脑;再如比尔·盖茨,这个哈佛法律专业的大学生,不安于现状,在大二时,就辞学而去开他的电脑公司了。

满足是成功的绊脚石,我们要不断的归零,不断的进取。我们应该记住:年轻时保值,就是贬值;年轻时贬值,那是垃圾;年轻时增值,才是人才。现在可以是700块,我明天就是701块,明年就是7000块,而几年之后,是我来衡量决定别人是700块还是7000块,这才是人生。

只有不安分的人,总爱折腾点事儿出来的人,跃跃欲试、蠢蠢欲动的人,才能不断突破自我,演绎出精彩纷呈的人生。

2. 创业者必备冒险精神

翻开创业成功者的历史,不难发现,所谓的成功者大多是顶着风险从钢丝绳上走过来的。一个循规蹈矩、安于现状的人,绝对不会为冒险付出任何代价,当然也绝对不会有意想不到的收获。从某种角度而言,创业需要的就是冒险精神。

市场竞争中不存在无风险之收益,宏观的、微观的、市场的、非市场的风险总在创业者周围弥漫。除此之外,创业者总要在各种诱惑、选择中作艰难抉择。所以,一个创业者如果没有一点冒险精神,没有敢决断的胆识与魄力,就会错失掉各种发展机遇。

冒险精神就是要求创业者时时刻刻拥有对市场决断的勇气与洞察力,能审时度势地在复杂环境与情况下洞察到事物的内在本质和运动发展趋势,能通过各种渠道认真听取与分析各方面意见,并不失时机地作出科学合理的决策。

2005年8月11日,马云在北京宣布阿里巴巴全面收购雅虎中国,用10亿美元打造互联网搜索。

阿里巴巴进军搜索不是因为搜索很热门,而是因为电子商务的发展其实绕不开搜索这道坎。马云知道,进军搜索收购雅虎中国要冒的风险很大。因为当时雅虎中国已经很危险了，差不多被抽空了，随时会倒掉。而雅虎和阿里巴巴的合作不仅是两个公司的整合，更是两个公司文化的整合。

马云不惜风险收购雅虎中国，最主要的是为了实现阿里巴巴的电子商务和雅虎的搜索引擎的结合。

2005年11月，Google的市值已经突破1000亿美元，差不多是eBay和雅虎的两倍。从此，门户网和电子商务网主宰天下的时代结束了，搜索时代悄然而至。Google的神话不仅改变了世界互联网的格局，而且还威胁到电子商务和门户网的生存。

电子商务有很大一部分利润转移到搜索上，比如，许多在eBay上开店的商人，每年都要投很多广告费给Google，以购买靠前搜索排名，这样本该eBay赚的钱，硬被Google分走了许多。

通过这次联姻，解决了企业存在的种种不足的马云，如同蓄势待发的战士，带领着成长之中的阿里巴巴，在国际市场上翻云覆雨，满载而归。

日本企业家、东芝电气公司经理士光敏夫曾经说过："如果风险小，许多人都会去追求这种机会，因此利益也不会大。如果风险大，许多人就会望而却步，所以能得到的利益也会大些。从这个意义上讲，有风险才有利益。可以说，利益就是对人们所承担风险的相应报偿。"

风险越大，收益的绝对值越大，商家的法则就是冒险越大，赚钱越多。创业者大多要具有乐观的风险意识，他们是天生的冒险家，他们在危险中自由地畅行，抓住机遇，获得了巨大的成功。犹太大亨哈默在利比亚的一次冒险成功，就很能说明这个问题。

当时，利比亚的财政收入不高。西方石油公司到达利比亚的时候，正值利比亚政府准备进行第二轮出让租借地的谈判，出租的地区大部分都是原先一些大公司放弃了的利比亚租借地。根据利比亚法律，石油公司应尽快开发他们的租借地，如果开采不到石油，就必须把一部分租借地还给利比亚政府。

哈默虽然充满信心，但前程未卜。因为哈默得到的两块租借地，都是其他公司耗巨资后一无所获而放弃的。这两块租借地不久就成了哈默烦恼的源泉。他钻出的头三口井都是滴油不见的干孔，仅打井费就花了近300万美元。于是，董事会里有许多人开始把这项雄心勃勃的计划叫做"哈默的蠢事"，甚至连哈默的知己、公司的第二股东里德也失去了信心。

但是哈默的直觉促使他固执己见。在和股东之间发生意见分歧的几周里，第一口油井出油了，此后另外8口井也出油了。这下公司的人可乐坏了，这块油田的日产量是10万桶，而且是异乎寻常的高级原油。

更重要的是，油田位于苏伊士运河以西，运输非常方便。与此同时，哈默在另一块租借地上，采用了最先进的探测法，钻出了一口日产7.3万桶自动喷油的油井，这是利比亚最大的一口井。接着，哈默又投资1.5亿美元修建了一条日输油量100万桶的输油管道。而当时西方石油公司的资产净值只有4800万美元，足见哈默的胆识与魄力。

之后，哈默又大胆吞并了好几家大公司，等到利比亚实行"国有化"的时候，他已羽翼丰满了。这样，西方石油公司一跃而成为世界石油行业的第八个姊妹了。

哈默的一系列事业成功，完全归功于他的胆识和魄力，他不愧为一个犹太大冒险家。

创业者一定要敢于冒险，敢于承担风险，因为风险中伴随着巨大的成功，隐蔽着只有勇敢者才能捕捉到的机会，蕴藏着诱人的巨大财富。

美国艾伦集团总裁罗勃特·艾伦说："风险和机会是紧连在一起的。冒险是机遇的代价，如果你只求安定，不愿承担风险，那你同时也就失去了成功的可能性。"

我们知道,美国人特别提倡冒险精神和创业精神,在美国商界,流行这样一句话:"The biggest risk in life is to risk nothing", 翻译过来就是:人生最大的冒险,就是你从来不敢去冒险。

在当今的"冒险经济"时代,没有超人的胆识,就没有超凡的成就。永不安分的冒险精神,是让我们实现"从优秀到卓越"的最关键一步!追求卓越的你,准备好踏上这趟惊险、刺激的冒险之旅了吗?

3. 做别人不愿做的事

英特尔公司创始人安迪·格鲁夫有一句脍炙人口的名言:"只有偏执狂才能生存。"马云的创业经历也无疑体现了他的偏执狂。

马云说:"当今世界上,要做我做得到而别人做不到的事,或者我做得比别人好的事情,我觉得太难了。因为技术已经很透明了,你做得到,别人也不难做到。但是现在选择别人不愿意做、别人看不起的事,我觉得还是有戏的,这是我这么多年来的一个经验。大家都看好的时候,千万别去惹,因为别人比我有实力,比我能力大。"

成功者所从事的工作,是绝大多数的人不愿意去做的。这是以美国管理学者韦特莱名字命名的"韦特莱法则",换一句话说得全面点:做别人都不愿意做的事,并把它做得更好,你就会取得成功。

刚刚从西雅图回来,准备成立公司的时候,马云先是找了24位朋友到自己家里面,他们大多都是马云在夜校教书时候认识的学生,其中还包括一个82岁的老太太。马云跟他们说："哎，我要做这么个东西，Internet。"接着便给他们大讲Internet的好处。

说实在的，马云对技术一窍不通，要讲一个根本不懂的东西就像痴人说梦一样。马云讲得糊涂，大家听得也糊涂。朋友们都很吃惊：你好好的放着老师不当，去玩儿这个东西？脑袋是不是灌水了？当时这24个人里面有23个人反对。他们说你干什么都行，开酒吧也行，要么开个饭店，要么办个夜校，但这个肯定不行，干了是要闯祸的。只剩下一个人对马云说："你要是真的想做的话，你倒是可以试试看，不行就赶紧逃回来。"

第二天早上，想了一个晚上的马云决定干，"哪怕24个人全反对我也要干。"于是，马云不得不天天出去跟人家讲互联网络的商业作用，说服他们同意掏钱并把企业的资料放在互联网上。他在别人眼里就是骗子，是精神病人。但他都没有动摇，他就是将这个自己也一窍不通的网络公司搞了下去，并做得风生水起。

每个人的智商都是差不多的，大家都想做的事，一定会竞争激烈，相对你自己来讲机会就很少了。因别人都不愿意做，所以竞争者较少，你的机会就会更多，容易取得事半功倍的效果。

做别人不愿意做的事，无人注目，专注工作，容易成功。做大家都想做、都关注的事，你既要研发做事，又要防别人"盗窃"，还要应付各种关注，无时间工作。

15岁小学毕业后，王永庆到一家小米店做学徒。不久，他用父亲借来的200元钱做本金自己开了一家小米店。当时大米加工技术比较落后，出售的大米里混杂着米糠、沙粒、小石头等，买卖双方都是见怪不怪。王永庆想，我要是在每次卖米前都把米中的杂物拣干净，人们肯定会更加喜欢我卖的米。他这样做了，结果这一做法深受顾客欢迎。

在当时，其他的米店都不提供上门服务，王永庆卖的米多则是因为送米上门。他在一个本子上详细记录了顾客家有多少人、一个月吃多少米、何时发薪等。算算顾客的米该吃完了，就送米上门；等到顾客发薪的日子，再上门收取米款。他给顾客送米时，并非送到就算。他先帮人家将米倒进米缸里。如果米缸里还有米，他就将旧米倒出来，将米缸刷干净，然后将新米倒进去，将旧米放在上层。这样，米就不至于因陈放过久而变质。他这个小小的举动令不少顾客深受感动，铁了心专买他的米。就这样，他的生意越来越好。从这家小米店起步，王永庆最终成为今日台湾工业界的"龙头老大"。

别人不愿做的事，肯定会有众多的原因。做别人不愿意做的事需要勇气。林肯因签写《解放奴隶宣言》而名垂青史，是因为他的前两任总统缺乏勇气。同事下海取得成功，那是因为大家在那个年代都没有"下海"的勇气。

做别人不愿意做的事需要毅力。许多别人不愿意做的事，如指甲刀利太小，不愿做；环保项目周期太长，不愿做。广东非常小器公司的董事长梁伯强先生，经多年来的专注和努力，把大企业不愿做，小企业做不来，让老百姓烦恼的"小不点"产品——指甲钳做成了中国第一，世界第三的"巨无霸"，年销售额过亿元。

大学生刚刚毕业的时候，就相当于一家企业刚刚创业的时候。你没有雄厚的资本，没有丰富的从业经验，没有可供彰显的业绩，因而没有客户，没有市场。如果在这个时候，你只愿意干别人也愿意干的事，那么，也许你就干不了事———因为大家都愿意做的事，是需要通过竞争的，比如招标。

客户在招标的时候，一般都要看你曾经做过什么，做得怎样，反响如何。只有揽别人不愿意做的生意，你才可能避开与强者竞争。虽然不一定能赚什么钱，但可以积累经验和业绩，而在创业初期，积累经验是比赚钱更重要的事。当你积累了足够的个案后，客户才有可能放心把业务交给你。当你做的事越来越多,你也就具有了与他人竞争的实力,就可以做大家愿意做的事了。

4. 激情冒险,创业者"永远年轻"

每个参与创业的人都知道,创业路上困难重重,步履维艰,如果你没有一点创业的激情是很难克服那些困难而坚持下来的。若是拥有创业的激情,便能逢山开路,遇水架桥,直面困难,解决困难。

软银集团董事长兼总裁孙正义,在说到自己为什么给马云投资的时候说:"创业家要成功必须有梦想与热情,甚至必须疯狂一点。"

就像孙正义说的一样,马云是一个疯狂的人。马云奉行激情人生,崇尚激情创业、激情创新、激情冒险。马云是一个激情四射的创业者,是一个伟大理想的布道者,是一个辉煌梦想的鼓吹者。是马云点燃了阿里巴巴团队的激情,也造就了阿里巴巴持续成功的激情神话。

马云对互联网,对电子商务的渴望有多么的强烈,从他创业之初毅然辞去大学教师的职务就可看出,而开始创业时所经历的一系列宣传及推广工作,让人深深感受到马云身上洋溢着的创业激情。

由于创业之初互联网不为人知,马云他们不得不承担起宣传和普及互联网的重任。没钱做广告,他们就一家一家地演示游说。为了宣传互联网,马云不放过任何机会,也不管时间和地点。马云像着魔一般宣讲互联网。逢人就讲,无处不讲。同时一家家公司,一家家企业扫过去,向他们推销互联网,推销中国黄页。马云那时的角色,就是狂热的义务宣传员和疯狂的推销员,甚至被人斥为"疯子"。

精诚所至,金石为开。一连数日不知疲倦地奔波,马云他们终于拿到了第一单生意。这一单的支票是一家民营衬衫厂付的,虽然只有1.5万元,毕竟是中国黄页业务的第一次真正意义的突破。它第一次向公司三个创始人证明马云臆想出来的这个史无前例的商业模式"也许有戏"。

为了拿下一家杭州企业的生意,马云一连跑了五趟。但企业老总老是怀疑电子商务是骗人的东西。为了说服这位老总,马云为他收集了大量有关电子商务的资料,一遍又一遍向他讲解电子商务是一种新型商业模式,在网上做广告比在其他媒体上做有更广泛的效应。任凭马云费尽口舌,老总还是将信将疑。面对这块难啃的骨头,马云没有放弃。走时他向老总要了一份企业的宣传材料,几天以后马云带着一台笔记本电脑又杀了回来,当企业老总看到了电脑上显示的自己企业的网页时,终于同意付款。

"心有多大,舞台就有多大。"激情总与梦想相伴。马云把激情写进了阿里巴巴的价值观。他说,年轻人都有激情,但年轻人的激情来得快去得更快,持续不断的激情才是真正值钱的激情。你可以失去一个项目,丢掉一个客户,但你不能失去做人的追求。这就是激情。失败了再来,这就是激情。

与其说马云是一个企业家,不如说他是一个"造梦人"。马云用活生生的事实证明了一个道理:只要我们拥有梦想、激情和不断努力,就有可能到达成功的彼岸。

上海理工大学国家大学科技园区,A座1楼。这家公司跟不少大学周边的创业企业一样,一眼望去都是年轻人。可里间走出一位貌似50岁的"老同志",他正是企业创始人吴家荣。

　　老吴已过花甲，在国企干了30年技术工作，却在后半生创办了这家高新科技企业，且没有任何退休之意。老吴自豪地说，只要你坐过地铁，那你的包包一定通过了他产品的安检。老吴正进军"太赫兹"这一国际探测领域最热门的波段，而最初他只是从探测一只月饼开始创业的。

　　那时，报纸上不时有这样的新闻——名牌月饼中吃到钉子。原来，月饼生产过程中，馅料开罐、搅拌等环节容易混入金属杂物。于是老吴凭其知识与手艺，想利用电磁场原理，在月饼流水线上及时发现金属杂物。他在虬江路市场淘材料，配上各种电子仪器，在家中陋室搞出了第一台金属探测仪。

　　听说进口一台同类设备需2万美元，价值相当于一辆"普桑"轿车。老吴驮着这台"纯手工"处女作，在38摄氏度高温天，骑着破自行车上门推销。果然，金属探测仪受到食品企业欢迎，当时的市商检局还牵线搭桥推广产品，更有外地企业上门提货。

　　前微软CEO比尔·盖茨曾说过，"我们公司的核心文化就是激情文化，员工必须要有激情，才能全身心地投入到工作中去，而技巧是可以培养出来的……"微软公司的创办正是源自于比尔·盖茨的"不做就一辈子都不会甘心"的创业激情，为此他放弃了学业，全身心地投入到了软件创业的理想中，最终成就了大名鼎鼎的微软公司。

　　很多人直到晚年才听到自己内心的声音。一些高管一直在企业里有一份安稳的工作，直到职业生涯的后期才发现自己非常想创业。有的是被裁员了，丢了工作，却能想出非常棒的点子，之前可绝没有时间想这些。

　　对于创业者来说，年龄从来不是个问题，创业的首要条件是"要有激情"，因为总有新的挑战。工作的激情能带来很多新鲜感，重振你在领域内外的创造力。

5. 时刻保持冷静的心

　　有人曾这样说过："让自己冷静才能把事情处理得好。"无论发生什么事情，不要先乱了自己的阵脚，一定要保持冷静的头脑。

　　保持一颗冷静头脑的人之所以能使自己向成功迈进，在于他决策时的智慧与胆识，能够排除错误之见。正如马云所说："一个企业家经常要问自己的不是'我能做什么'，而是'该做什么，到底想做什么，要做到面对金钱的诱惑不要动心，面对快速扩张不要动心，冷静地记住自己要做的是什么。'冷静地去发现有价值的核心是什么。"这也是马云给创业者的三原则之一。

　　2000年马云把阿里巴巴的摊子铺到了美国硅谷、韩国，并在伦敦、香港快速拓展业务。而且马云还将阿里巴巴的英文网站放到硅谷，时值互联网的冬天，大批互联网公司倒闭，阿里巴巴的硅谷中心也陷入生存危机之中。如不果断采取措施，整个阿里巴巴将就地阵亡。2000年年底，马云宣布全球大裁员。2001年马云开展了阿里巴巴的"整风运动"。"如果你心浮气躁，请你离开。"这番话，马云不仅是对员工讲的，也是对自己讲的。

　　静下心的马云开始考虑阿里巴巴的核心是什么。"小企业通过互联网组成独立的世界，这才是互联网真正的革命性所在。""帮助中小企业赚钱"这是马云得出的结论。于是，马云频频飞到世界各地，联系买家。然后，马云又开始考虑：什么才是决定B2B交易成败的关键？在分析当时国内电子商务环境后，马云将目标锁定在安全支付问题上。

2002年3月，阿里巴巴启动了"诚信通"计划，和信用管理公司合作，对网商进行信用认证。结果显示，诚信通的会员成交率从47%提高到72%。于是，从2002年开始收费、年付费用2300元的"诚信通"成了阿里巴巴赢利的主要工具，45000个网商的营收源让阿里巴巴日进100万金。冷静下来的马云终于摸准了阿里巴巴的脉。

对于一些创业者来说，躲过商战上的明枪暗箭容易，时刻保持冷静的头脑却很难。一般来说，多数人在通常情况下都能控制自己的情绪，保持头脑冷静，进而做出正确的决定。但是，一旦事态紧急，很多管理者就会自乱阵脚，无法把持自己。

企业的发展不可能都一帆风顺，面对危难之事，性格狂躁的管理者必然失败。只有保持头脑的冷静，才有可能想出解决问题的办法。就像一个走到一个树高草茂的深山老林里迷了路的人，此时他应该做的不是快速地、不停地走，而是应该停下来，清醒清醒头脑，白天看一看太阳，然后再根据时间，判断一下方向；晚上则看一下北斗星的位置。

一家企业要想在激烈残酷而永不休止的商业斗争中立于不败之地，除了一切必须的商业策略和正确的运作方式外，还需要有一个头脑冷静的领导者指挥企业的庞大舰队在风浪中躲开暗礁、拨正航向。

没有人会否认英特尔CEO克雷格·巴雷特就是这样一个富有领导能力的企业灵魂。照片上的他总是微笑着，但他的眼神冷静锐利，仿佛能洞察一切。他的魅力不仅存在于他的神情气质，更多的是体现在他冷静的市场策略和经营手法上。

芯片制造进入互联网时代，其面临的困难事先无法想象得到。记录表明英特尔2002年的芯片生意成绩平平，问题一大串：微处理器和晶片的送货时间比预定的时间晚了几个月；设计缺陷令人尴尬；供应短缺等等。一些向来忠诚的客户，如戴尔(Dell)和Gateway也开始公开抱怨芯片巨人的种种不足。Gateway把一部分订单给了 Advanced Micro Devices (AMD)公司,该公司的芯片产品曾一度与英特尔的芯片较劲。而那时候AMD的产品销售量一度居高,英特尔差点陷入绝望的境地。

但巴雷特沉得住气,从前任安德鲁·格雷弗手里接过CEO的大权后,他决定扫除障碍。巴雷特从来都不打算让英特尔退出芯片产品的战斗,他决定正面迎敌,一决高下。"英特尔的微处理器支配着公司的经营策略。"巴雷特说,"芯片是我们梦寐以求的、能带来可观利润和良好市场定位的主导产品,而英特尔公司在促销产品方面变得越来越主动,以赢回客户的信赖和订单。"

克雷格·巴雷特之所以能够带领英特尔乘风破浪,从重重迷雾中走出来,有很大一部分原因在于他能保持冷静的头脑,沉得住气,善于在大家的头脑像热的熔岩的时候,保持自己的头脑像冰水一样冷静,这是一个成功者必不可缺的素质,也是他领导企业走向成功的又一秘诀。

成功创业就是能够完美地完成自己的既定目标,并且这一目标不偏离道德标准,能够实现利益最大化。所以在创业的道路上,必须要保持一个冷静的头脑,使你做到目标明确。

正如苏联伟大的文学家高尔基所说:"理智是一切力量中最强大的力量,是世界上唯一自觉活动着的力量。"不管处于怎样的境地,也不管遇到怎样的考验,我们都应该保持理智的头脑,冷静分析形势,并注意考虑自己所做事情的后果。只有这样,我们才能让自己创业的脚步走得更加稳健。

6. 不盲目，无谓的风险不去冒

创业需要胆量，需要冒险。冒险精神是创业家精神的一个重要组成部分，但创业毕竟不是赌博。创业家的冒险，迥异于冒进。

有一个故事：一个人问一个哲学家，什么叫冒险，什么叫冒进？哲学家说，比如有一个山洞，山洞里有一桶金子，你想进去把金子拿出来。假如那山洞是一个狼洞，你这就是冒险；假如那山洞是一个老虎洞，你这就是冒进。

这个故事的意思是说，冒险是这样一种东西，你经过努力，有可能得到，而且那东西值得你得到，否则，你就是冒进。创业者一定要分清冒险与冒进的关系，要区分清楚什么是勇敢，什么是无知。无知的冒进只会使事情变得更糟，你的行为将变得毫无意义，并且惹人耻笑！

马云最值得创业者学习的，不仅有他的"闯劲"，更应该是"谨慎前行"。前期摸索，拜师学艺，借船出海，马云绝对不是为了创业就把自己"置之死地"的野兽派创业者，而是用最小的代价来做好创业前的准备。

马云在创办阿里巴巴之前在家里召开第一次"股东"大会，"启动资金必须是Pocket Money（闲钱），不许向家人朋友借钱，因为失败可能性极大。我们必须准备好接受'最倒霉的事情'。"这是这次会议的重要议题。"我们必须准备好接受'最倒霉的事情'"，这是马云给创业者的第一原则。

当阿里巴巴做得较为成功的时候，跟随马云多年的老部下浮躁了，想尽快让阿里巴巴上市，让期权套现。大家都被诱惑迷住双眼时，忘记了身后的危险。身为领导者，当时的马云却在担心阿里巴巴背后的巨大战略缺失，一心想做淘宝网来弥补市场空缺。最终他力排众议，诞生了淘宝。

今日来看当时的决定，B2B与C2C就像一对孪生兄弟，很难想象当年要是没有淘宝在市场上异军突起，阿里巴巴今日还会不会与其他竞争对手在国内苦苦掐架，根本无暇顾及世界范围内的互联网市场巨变。应当讲，当初这种长远布局的能力确实体现出马云不同于一般意义上的商人眼光。

马云给外界更多的印象似乎是"疯子"、"狂人"，但他的确是个"疯狂而不愚蠢"的创业家。在互联网"发烧"的年代，他难得地保持了一颗平常心，做出了诸如"回到中国"、"停下来"、"不上市"等明智的决策。因为他把创业、经营一个企业看做一场3000米的长跑，不仅要跑得快，更要跑得稳。

其实，对于任何一个创业者而言，创业的过程都是一场马拉松式的长跑，终点在哪里也许并不重要，重要的是我们有完善的"供血"体系和"造血"机能。所以，最后的胜利者，一定属于内力充足的人。

在商界，有很多敢于冒险的生意人，但在关键时刻，对于一些利润太高、风险太大的项目，他们总是慎之又慎，甚至中途放弃其投资，他们很少涉足那些风险又高利润又高的行业。他们一般不会对高利润动心，因为他们知道"世上没有免费的午餐"，伴随高利润的，肯定是高风险。

日本的"经营之神"松下幸之助就是这种投资理念的信徒。1964年，日本松下通信工业公司突然宣布不再做大型电子计算机。对这项决定的发表，大家都感到震惊。松下已花5年时间去研究开发，投入10亿元巨额研究费用，眼看着就要进入最后阶段，却突然全盘放弃。松下通信工业公司的生意一直很顺利，不可能会发生财政上的困难，所以令人费解。

松下幸之助之所以会这样断然地做决定，是有其考虑的。他认为虽然大型电脑的利润高，但是风险太大，加上当时公司用的大型电脑的市场竞争相当激烈，万一不慎而有差错，将对松下通信工业公司产生不利影响。如果到那时再退，就为时已晚了，不如趁现在一切都尚可撤退，赶紧一"走"为好。

投资以后，撤退是最难的。但如果无法勇敢地喊撤退，只一味无原则地冒险，或许就会受到致命的一击。松下勇敢地实行一般人都无法理解的撤退，足见其眼光高人一筹，不愧为日本商界首屈一指的人物。

创业是需要胆大的，胆大才能抓住市场机会，大开大阖，开拓创新；创业也是需要胆小的，胆小才能处处谨慎，少犯错误。孟子就曾批评梁襄王"就之不见所畏"，是说不懂谦虚畏惧，团队交给这样的人更可怕。

生意场中打拼的人应该知道，并不是所有的冒险都让你挣到大钱，很多时候冒险会让你输得精光。冒险不是盲目，不是赌博式的孤注一掷，而是在通过客观分析的基础上得出的较为科学的判断，这样的冒险才是有意义的。

克劳塞维茨在其大作《战争论》中指出：一个优秀的将军，勇气与谋略应该平衡发展。勇大于谋，会因为轻举妄动而导致失败；谋大于勇，会因为保守而贻误战机。

商场如战场，勇敢不是瞎撞乱闯，有理智的勇敢是冒险，无理智的勇敢就是冒进。想赚钱一定要分清冒险与冒进的关系，要区分清楚什么是勇敢，什么是无知。无知的冒进只会使事情变得更糟。

7. 不怕输，才能赢

电影《梅兰芳》中有个人物叫十三燕，是曾经名重一时的"伶界大王"。当梅兰芳迅速崛起，大有取而代之的势头时，他与梅兰芳唱对台戏落于下风。眼见败势已成定局，十三燕没有逃避。即使面对空旷的戏台，他也一丝不苟地坚持唱完最后一场。临死前，他掷地有声地告诉世人："输不丢人，怕才丢人。"

弱者总以为想赢就能赢，他们Q见不得"输"字，以为输是一件很丢人的事，会遭到别人的冷嘲热讽。其实不然，真正的强者想赢，但他们也不怕输。

马云从不畏惧失败。当有人请教马云对于成功的看法时，马云这样回答："如果你没有在创业路上摔100个跟头的准备，你不要创业；如果你没有无数次被拒绝甚至被嘲讽的准备，你不要创业；如果你没有做好'被全世界人抛弃'的准备，你不要创业。"所以，创业路上，失败是我们最好的朋友！

为了生存，为了长远发展，为了得到资金支持，也为了背靠大树好乘凉，1996年年初，马云决定中国黄页与西湖网联合资。

中国黄页占30%的股份，西湖网联所属的南方公司占70%的股份。在合资后的股份公司中，马云仍出任总经理，但大股东是南方公司。

有了资金支持的中国黄页业务扩展大大加快，到了1996年年底，中国黄页不但实现了盈利而且营业额突破了700万。

可是好景不长，几个月后，马云带人到外地拓展业务，等再回到杭州一看,情况大变。南方公司自己又注册了一家全资公司,名字也叫"中国黄页"。

为了利用中国黄页已有的品牌声誉,南方公司建立了一个"chinesespage.com"网站,和中国黄页的"chinapage.com"相近,而且中文名字都叫中国黄页。于是杭州有了两个"中国黄页"。

新黄页利用老黄页之名开始分割老黄页的市场。两家黄页同城操戈,自相残杀。做一个主页,你收5000元,他就收1000元。这时,马云才知道自己又上当受骗,他说:"因为竞争不过你,才与你合资,合资的目的是先把你买过来灭掉,然后去培育它自己的100%的全资黄页。"悲愤至极,委屈至极的马云,为了保住黄页,为了迫使对方关掉新黄页,愤然提出辞职。

在马云的创业之路上,就是这样不断地摔跟头,不断地爬起来。不管有多少损失,多少委屈,也不管有多大打击,多大压力,马云都扛下来了。他和他的创业团队经受住了一次次磨难的考验,不断成长,并逐渐走向成熟。

马云说:"通常期望越高,结果失望越大,所以我总是想明天肯定会倒霉,一定会有更倒霉的事情发生,那么明天真的有打击来了,我就不会害怕了。你除了重重地打击我,又能怎样?来吧,我都扛得住。抗打击能力强了,真正的信心也就有了。"

创业本身就是一项冒险活动。只有那些最有胆量,敢下注不怕输的人才能赢。《科学投资》在研究中发现,大凡成功人士都有某种程度的赌性,因为赌徒的心理承受能力远远强过普通人,而创业正是最需要强大心理承受能力的一项活动。很多创业者在创业的道路上,都有过"惊险一跳"的经历。

当年周枫带人做婷美,一个500万元的项目,做了2年多,花了440万元还是没有做成。眼看钱就没了，合作伙伴都失去了信心，要周枫把这个项目卖了。周枫就花5万元钱把这个项目买了下来。

原来大家一起还有个合伙公司，作为补偿，周枫把在这个合伙公司的利益也全部放弃了，据说损失有几千万元。单干的周枫带着23名员工，把自己的房子抵押，跟几个朋友一共凑了300万元。他把其中5万元存在账上，另外的钱，他算过，一共可以在北京打2个月的广告。从当年的11月到12月底，他告诉员工，这回做成了咱们就成了，不成，你们把那5万块钱分了，算是你们的遣散费，我不欠你们的工资。咱们就这样了！

这些话把他的员工感动得要哭，当时人人奋勇争先，个个无比卖力，结果婷美就成功了。周枫成了亿万富翁，他的许多员工成了千万富翁、百万富翁。

想赢怕输，似乎是人们一直存在的心理怪圈。这也是为什么好多热血青年满怀抱负却又不敢尝试的原因，因为害怕失败，担心失败会被他人嘲笑而放弃尝试，其实真正失败了也只能说明自己做得不够好。要想成功，就不要怕失败，你尝试了，努力了，就会有结果，但是如果你不尝试，你永远都不会成功。

创业路上，失败与成功也就是一念之间，要输得起才能赢得起。一时的失败不代表永远的失败。创业者应具备承担失败的心理素质。有句话说："抱最大的希望，尽最大的努力，做最坏的打算。"创业属于一种风险投资行为，当我们具备了抱最大的希望，尽最大的努力的心理，也一定不要忘了做最坏的打算。

比如，我们做任何一件事情首先要考虑好，如果这件事情全部砸了，对我们会造成怎样的影响？我们是否能够承受最坏的结果？

如今的创业市场虽然商机无限，但对资金、能力、经验都有限的创业者来说，并非"弯腰就能拾到地上的财富"。因此，我们首先要具备承担失败和打击的心理素质，而不是一开始就幻想着创业成功的美好蓝图。

第六章

尝试行动,空想之树永远不会结果

1. 避免"晚上想想千条路,早上起来走原路"

一些人总会在别人靠一个新鲜的点子创业成功后,一拍大腿:"哎哟,这不就是我当初的想法吗?"一副后悔莫及的样子。

是的,大部分想创业的人都是一样,晚上想想千条路,早上起来走原路。他们比马云聪明多了,能想出非常多的创业好点子来,但是他们从来没有去执行过。因为他们有着太多的借口和理由。于是,他们继续过他们平庸的生活。

你要做的是:想到了,马上就去做!像马云那样,只要你付出所有的努力,世界上就没有你做不到的事情!其实创业之门随时为你敞开,走出第一步的时候,你便和马云在一条路上了。

当初,马云和他的伙伴们把各自口袋里的钱掏出来,凑了50万元,开始创办阿里巴巴网站。当然,一定要让别人首先知道阿里巴巴,他是这样想的,也是这样做的。

1999年至2000年,马云不断实施着一个战略行动。他成为了"空中飞人",不停地往返于世界的每一个角落,几乎参加了全球各地尤其是经济发达国家的所有商业论坛,去发表疯狂的演讲,用他那张天才的嘴宣传他全球首创的B2B思想,宣传阿里巴巴。

他如同一台不知停歇的机器,一台演讲机器。有时一月内可以去三趟欧洲,甚至一周内跑七个国家。他每到一地,总是不停地演讲,这个瘦弱的男人大声对台下的听众喊道:"B2B模式最终将改变全球几千万商人的生意方式,从而改变全球几十亿人的生活!"

很快,马云和阿里巴巴在欧美名声日隆,来自国外的点击率和会员呈爆增之势! 马云和阿里巴巴的名字就这样被《福布斯》和《财富》这样重量级的财经媒体所关注。于是,2000年以高盛为首的多家公司, 向阿里巴巴投入了500万美金风险资金,软银老总孙正义给了马云2000万美元的投资。

马云提起当初,赞赏的是自己的勇气而不是眼光。"其实最大的决心并不是我对互联网有很大的信心,而是我觉得做一件事,经历就是一种成功,你去闯一闯,不行你还可以掉头;但是你如果不做,就像晚上想想千条路,早上起来走原路,一样的道理。"

著名演讲大师齐格勒曾经举过这样一个例子:世界上最大的火车头停在铁轨上,为了防滑,只需在它的驱动轮前面塞一个几厘米见方的小木块,这个庞然大物就无法动弹。但是它一但动起来,这小小的木块就再也挡不住它了。当它开到时速最高时,一堵厚5英尺的水泥墙也能被它撞穿。火车头的威力变得如此强大,只在于它动起来了。

人也如同这巨大的火车头。当我们只是空想而不付出行动时,就像火车停止了,无法动弹,但是人一但开始行动,便会产生巨大的力量。

李静原来是湖南长沙房管局的一名小员工,1982年辞职下海, 在街头开办一家小小的摄影社。1983年春去广州旅游时,他第一次尝到味道跟"药汁"一样的"可口可乐"。当时这种饮料尽管在广州有许多人购买，但在全国几乎还是无人问津。

李静心想：没有人做的生意，一定是个很好的生意！于是，李静马上行动起来，经过多方交涉，他终于做了湖南的经销总代理。

但当李静把第一批300箱可口可乐运到长沙，不但无人问津，而且遭到工商局"个体户不准搞长途贩运"的非难。李静在万般无奈之下，把状告到北京。在取得营业执照之后，他踏着三轮车满街跑，手里举着可口可乐的瓶子，对来往的人群做着口头广告："可口可乐，风靡世界的美国高级饮料，欢迎大家免费品尝。"接着又一家家地去敲商店的大门，请店主品尝，以此换得人家代销可口可乐。

就这样，他花了近两个月的时间，不仅打开了销路，把300箱可口可乐全部售完，而且赢得了客户。雪片般的要货订单从四面八方飘来。为了扩大市场，李静又不惜重金，自费为可口可乐做车箱广告，电视广告，使可口可乐在长沙乃至整个湖南的知名度越来越高。

李静的果敢和奋斗精神，终于感动了广东省酿酒食品进出口公司，并于1983年正式批准李静为该公司可口可乐行销部驻长沙的总代理。

不懈的行动终于换来了成功，也就此奠定了李静开创财富大厦的基石。

李静用行动告诉我们，即使你今天还是一个微不起眼的小人物，但只要从现在开始果敢行动，并且为自己的梦想倾注全部精力，有朝一日，你就会成为一个富可敌国的财富明星。

"守株待兔"的成语大家都知道，许多空想家就像那个等兔子的人一样，希望财富从天而降，殊不知在空想的同时，脚下田里的草正在疯长。许多人之所以贫穷，正是由于长期空想所致，因为他们很少去争取实现理想的机会。

不去执行，一切都是空想。世上并没有什么神奇的魔法可以将你一举推上成功之路，唯一途径就是"立刻行动"。一旦你坚定了信念，就要在接下来的24小时里赶紧行动起来。这会使你前行的车轮运转起来，并创造你所需要的动力。

一位演讲家曾经说过，说空话只能导致你的一事无成，要养成行动大于言论的习惯，那么即使是很艰难、很巨大的目标也能够实现。如果你不想成为一个空想家，更不想一事无成，碌碌无为，那么，请你一定要记住：100次心动不如一次行动。

2. 想得越多，越不敢去做

许多人在采取重大行动前，总是考虑得面面俱到。其实，在做决定之前，不必想太多，只需想两件事：一是这件事的价值是否是你需要的？二是这件事的最坏结果是否是你能承担的？只要确定有好处并能承担最坏结果，就可大胆决断。

不过，在马云看来，最重要的，还是赶紧着手去做，马云称在中国他找不到一个没有理想的人，但很多人只是空想空谈，"真正着手去做的人很少，遇到困难就躲回来的人很多，埋怨社会的人很多，抱怨没钱的人很多。"而很多创业机会，在马云看来不去踏踏实实做，是看不出来，也做不出来的。

"如果你不去把这事情变成现实，那么什么都是浮云。如果你愿意从今天开始改变自己，一点一滴去做，那就不是浮云。"马云说，"我有时候很浪漫，想很多事，但我会问自己，愿不愿意现在立刻马上去干，如果我愿意，它就会变成真的东西。"

很多人都认为马云的成功在于他敏锐地发现互联网时代的到来,不过是提前登上了那条驶向黄金岛的大船。其实,他的成功不在于他如何的敏锐,而在于他的闯劲。

马云现在以互联网精英而闻名,可他一开始却对电脑一窍不通! 1995年年初,他偶然去美国,首次接触到互联网。敏感的他意识到:互联网必将改变世界! 随即,他的脑海里迸发出了一个不安分的想法:做一个帮所有企业收集资料,向全世界发布的网站!

一个远大的理想产生了,这是一个即将改变世界的理想,马云立刻向着它前进! 他放弃了杭州十大杰出青年教师的名誉和稳定的教师职业,毅然下海。

当时在中国,互联网基本是少有人问津。马云的家人强烈反对马云的想法,认为这简直就不靠谱。可是马云却坚持下来了,并且脚踏实地地去为理想而奋斗。

1995年4月,马云和妻子,再加上一个朋友,凑了两万块钱,专门给企业做主页,网站取名"中国黄页",成为中国最早的互联网公司之一。马云的先见之明为他带来了丰厚的利润。不到3年,他就轻轻松松赚了500万,并在国内打开了市场,有了较高的知名度。

马云的成功不可谓不风光,可这都是他一步步走出来的,而不是空想出来的。也许有人会挑刺说,他赶上了好的机遇。可是当时知道互联网的人也不在少数吧? 却只有他敢想,并且敢做。机遇只属于敢于实现梦想、敢于行动的人。他在确定了自己的理想后,就立刻放弃了原有的职业和不错的收入,马上投入到实现理想的实践中去。

你想得越多,顾虑就越多;什么都不想的时候反而能一往直前。你害怕得越多,困难就越多;什么都不怕的时候一切反而没那么难。别害怕别顾虑,想到就去做。这世界就是这样,当你不敢去实现梦想的时候,梦想会离你越来越远,当你勇敢地去追梦的时候,全世界都会来帮你。

1997年7月,日本索尼公司的几名音响技术人员出于好奇,把本公司的便携式口述录音机改装成一台四轨立体声录音机,再配上一副普通的耳机,产生了他们意想不到的效果:录下的声音听起来十分悦耳。

这一新的发现很快传到了公司董事长盛田昭夫的耳朵里,他相信,这种新商品一定有销路。他立即将这一想法付诸实践。他召集工程师们开会,说明用意,要求他们把商品名称叫"记者"的高性能盒式磁带录音机的录音部分和扩音器取下,换上立体声的增幅器,开发一种袖珍型单放机。

他没有想到,在这个新产品开发计划会议上,竟然没有人赞成他的主张。大多数人的理由是"谁也不会买没有录音部分的单放机"。盛田反驳说:"那么多人在汽车里安装了没有录音装置的立体声播放机。因此,这种产品肯定会有销路。"这番话显然还没有说服技术人员们。但是,既然是企业最高领导人的业务命令,他们也只好照办。

从策划、试制、改进到准备好生产线,以及发广告、包装、命名等工作,这一新商品共用了五个月的时间。它一上市,果然不出所料,成为很多年轻消费者的最爱,并且很快风靡全球。

比尔·盖茨在2007年哈佛大学毕业典礼上讲到,他当初创业,就是坚定地认准目标,并矢志不渝、锲而不舍。他一针见血地指出,不要让这个世界的复杂性阻碍你前进,要勇敢地成为一个行动主义者。他说:"关键的东西是永远不要停止思考和行动。"

爱迪生也曾说过:"当一个人年轻时,谁没有空想过?谁没有幻想过?想入非非是青春的标志。但是,我的青年朋友们,请记住,人总归是要长大的。天地如此广阔,世界如此美好,等待你们的不仅仅需要一对幻想的翅膀,更需要一双脚踏实地的脚!"

穷人最大的缺点就是做事瞻前顾后，顾忌太多。如果你连小事都犹豫不决，难于作出决心并为此而痛苦，害怕选错了对策，那你就要记住：犹豫不决差不多是你要犯的最坏的错误了。如果你选择一项看起来比较好的方案，充满信心地宣布出来，并且全速实行，你所得到的结果，通常要比长期为难地下决定而痛苦要好得多。

3. 不犹豫，一有想法马上行动

在这个世界上，想"走在前面"的人不少，但真正能够"走在前面"的人却不多。许多人之所以没能"走在前面"，就是因为他们把"走在前面"仅当成一种理想，而没有采取具体行动。那些最终"走在前面"的人，之所以能够成功，是因为他们不但有这个理想，更重要的是他们采取了行动！

马云就是那种一有想法就马上行动的人。阿里巴巴创立之初，马云有一句口头禅：你们立刻、现在、马上去做！立刻！现在！马上！由此可以看出，马云之所以成功，不仅在于他有一个天才的头脑，不仅在于他有个恢弘的远大理想，更在于他能很快把头脑中刚形成的东西落实出来，执行出来，做出来。

改革开放以后，经济迅猛发展，各项国际业务开始如雨后春笋般兴起，杭州更是一片繁华景象。产业的增多造成了人才的稀缺，像马云这样英语水平高的人就成了"香饽饽"。

除在校教学之外，常有一些企业邀请马云做翻译。有时候，马云一天能接到多个邀请。由于自己忙不过来,马云想到了他的同事和朋友。马云的邀请得到了很多老师的拥护,他们非常高兴工作之余做兼职来贴补家用。

考虑到当时杭州有很多的外贸公司,需要大量专职或兼职的外语翻译人才,却还没有一家专业的翻译机构,不甘平淡的马云决定"敢为天下先",要成立一家翻译社。

马云一有想法,马上行动。没钱,不是问题,他找了几个合作伙伴一起创业,风风火火地把杭州第一家专业的翻译机构成立起来了。

创业开始,也是举步维艰,第一个月,翻译社的全部收入才700元,而当时每个月的房租就是2400元。于是,好心的同事朋友就劝马云别瞎折腾了,连几个合作伙伴的信心都发生了动摇。但是马云没有想过放弃,为了维持翻译社的生存,马云开始贩卖内衣、礼品、医药等小商品,跟许许多多的业务员一样四处推销,吃了很多苦头。

整整三年,翻译社就靠着马云推销这些杂货来维持生存。1995年,翻译社开始实现赢利。现在,海博翻译社已经成为杭州最大的专业翻译机构。虽然不能跟如今的阿里巴巴相提并论,但是海博翻译社在马云的创业经历中也画下了重重的一笔。

"机不可失,时不再来",这是任何人都明白的道理,机会往往稍纵即逝,犹如昙花一现。如果当时不善加利用,错过好运之后就追悔莫及。成功学创始人拿破仑·希尔说过:"生活如同一盘棋,你的对手是时间,假如你行动前犹豫不决,或拖延行动,你将因时间过长而痛失这盘棋,你的对手是不允许你犹豫不决的!"

很多著名品牌的产生和跨国公司的崛起,最初往往都是源于一个微不足道的想法以及敢想之人的敢为之举。

一天,李嘉诚在翻阅英文版《塑胶》杂志时看到一则报道,意大利有家公司已经开发利用塑胶原料制成塑胶花,并将进行大批量生产,向欧美市场进行大规模进攻。这时敏锐的李嘉诚推想,欧美的家庭都喜欢在室内户外装饰花卉,但是快节奏的生活,使人们没有时间去种植娇贵的花草。而塑胶花则不同,他不需要人们花时间去看护它,从而可以弥补自然花的不足,这里面应当存在很大的商机。而且,李嘉诚更长远地看到,欧美人天性崇尚自然,塑胶花的前景不会太长。因此,要占领这个市场,就必须迅速行动,否则就会贻误商机。

商场面临着诸多不确定性因素。正是这种不确定性因素才使许多创业的人们获取大量的财富。于是,李嘉诚以最快的速度从意大利引进了设备,并花重金聘请了塑胶花专业人员,大力开发塑胶花。由于动手早,李嘉诚抓住了人无我有独家推出塑胶花的机会,并运用低价策略,迅速占领了香港的塑胶花市场,从而使企业得以迅速发展。

现在有很多年轻的朋友,非常想改变目前的生活状况,想通过跳槽或创业,来实现自己的梦想。但是想归想,却始终不敢迈出第一步,每天依然在原地转圈子,去重复自己不喜欢的工作。就这样日复一日,等到年龄大了,更不敢轻易地放下既有的生活了。

没有别的什么习惯,比拖延更为有害。更没有别的什么习惯,比拖延更能使人懒怠、减弱人们做事的能力。"明日复明日,明日何其多。我生待明日,万事成蹉跎。"拖延,就在这不经意间偷走了我们的日子。任何憧憬、理想和计划都会在拖延中落空,任何机会都会在拖延中与你擦肩而过。

世上也没有任何事情比下决心、立即行动更为重要,更有效果了。因为人的一生,可以有所作为的时机只有一次,那就是现在。"立即行动",是一种积极的人生观念,是自我激励的警句,是自我发动的信号,可以影响你的生活,乃至决定你的成败。

永远快人一步,马上行动,能使你勇敢地驱走"拖延"这个"贼",帮你抓住宝贵的时间去做你不想做而又必须做的事。如果你想走在别人的前面,追求自己的成功,现在就立即行动。

4. 别为不去做找借口

很多人都想创业,但他们似乎有同样一个不创业的理由:我没有钱,我要是有钱的话,怎么怎么样……似乎只要有钱,他就一定能成功。其实,我们到今天还没有成功,就是因为我们一直在为自己找借口!

成功者看目标,失败者看障碍! 马云的创业经历告诉我们,没钱,同样可以创业,同样可以创出一番伟大的事业。

阿里巴巴无疑是中国互联网史上的一次奇迹,这次奇迹是由马云和他的团队创造的。但是阿里巴巴创业开始,钱也不多,一共有50万,还是18个人东拼西凑凑起来的。50万,是他们全部的家底。然而,就是这50万,马云却喊出了这样的宣言:我们要建成世界上最大的电子商务公司,要进入全球网站排名前十位!

那是1999年。1999年,中国的互联网已经进入了白热化状态,国外风险投资商疯狂给中国网络公司投钱, 网络公司也是疯狂地烧钱。50万,只不过是新浪、搜狐、网易这样的大型门户网站一笔小小的广告费而已。阿里巴巴创业开始时相当艰难,每个人工资只有500元,公司的开支一分钱恨不得掰成两半来用。外出办事,发扬“出门基本靠走”的精神,很少打车。据说有一次,大伙出去买东西,东西很多,实在没办法了,只好打的。大家在马路上向的士招手,来了一辆桑塔纳,他们就摆手不坐,一直等到来了一辆夏利,他们才坐上去,因为夏利每公里的费用比桑塔纳便宜2元钱。

阿里巴巴曾经因为资金的问题,到了几乎维持不下去的地步。8年过去了。2007年11月6日,阿里巴巴在香港联交所上市,市值200亿美金,成为中国市值最大的互联网公司。马云和他的创业团队,由此缔造了中国互联网史上最大的奇迹。

人们对于不愿意去做的事情,总是要找出千万个借口来推脱。他们很喜欢找各种各样的理由来证明自己为什么做不到。比如有人说,马云创业的时候环境和机会比我好,运气好,所以他成功了,但我没机会了。其实,这不过是一个借口。

失败者大都喜欢找借口,成功者却大都拒绝找借口,向一切可以作为借口的原因或困难挑战。他们认定的事,都会执拗到底,不管对错。因而在"不管对错"的过程中,屏蔽掉了"给自己找借口"的思维,所以更容易成功。

一个漆黑的晚上,坦桑尼亚奥运马拉松选手艾克瓦里吃力地跑进了墨西哥奥运体育场。他是最后一个到达终点的选手,空空的体育场上只剩下他一人,享誉国际的记录处制作人格林斯潘远远看到这一切后,感到非常不解,他走上前去问艾克瓦里:"既然结果已成定局,你为什么还要坚持跑到终点?"

这位来自坦桑尼亚的年轻人轻声地回答说:"我的国家把我从两万多公里之外送到这里是让我来完成这场比赛的,而不是叫我在这场比赛中弃跑的。"

也许,在许多人看来,艾克瓦里的行动有些愚蠢而略带偏执,但成就一个人的,正是高度责任感和一颗积极而绝不轻易放弃的心,"没有任何借口和抱怨，职责就是他一切行动的准则。"

现实生活中，我们常常会听到这样的借口和抱怨："如果不是……我本可以早点到的，我太忙了没时间去做……我们以前不是这样的……"时间久了，这所有的借口都成了顺理成章的事情，成为推诿与迟延的理由，人们总是在思量自己的得失，挑剔着别人的差错，能不负责尽量不负责，为确保自己的利益不受损害，找出种种借口来欺骗别人，也欺骗自己。因为，就在你寻找种种借口的时候，时间已经从你身边悄悄溜走。

在现实生活中，我们缺少的不是去寻找任何借口的人，而是那种想尽办法去完成任务的人，在他们身上，体现出一种负责、敬业的精神，一种服从、诚实的态度，一种完美的执行能力。

其实，在每一个借口的背后，都隐藏着丰富的潜台词，只是我们不好意思说出来，甚至我们根本就不愿说出来。借口让我们暂时逃避了困难和责任，心理上得到了一些慰藉。但是，借口的代价是非常巨大的，它给我们带来的危害一点儿也不比其他任何恶习少。

新东方创始人俞敏洪在北京大学2008年开学典礼上说了这样一段话："人的一生是奋斗的一生，但是有的人一生过得很伟大，有的人一生过得很琐碎。如果我们有一个伟大的理想，有一颗善良的心，我们一定能把很多琐碎的日子堆砌起来，变成一个伟大的生命。但是如果你每天庸庸碌碌，没有理想，从此停止进步，那未来你一辈子的日子堆积起来将永远是一堆琐碎。"

看完马云没钱的创业经历，再听了俞敏洪关于人生的论断，你还会为自己创业寻找"没钱"或是没有其他什么的借口吗？

5. 三流的想法，一流的执行

为什么很多创业者，既有高水平的人才、新颖的创意，自己同时又具有搏击商海的果敢和胆识，却偏偏不能成功呢？问题就出在他的团队上，他们的企业团队中往往有创意的人很多，但能执行创意的人却很少。

事实上，决策需要得到严格执行和组织实施才能取得期望的效果。一个好的执行人能够弥补决策方案的不足，而一个再完美的决策方案，也会死在差劲的执行过程中。从这个意义上说，执行力是企业成败的关键。而这一点，也是马云最关注的。

有一次，日本软银集团总裁孙正义和马云坐在一起探讨这样一个问题：一流的点子加上三流的执行水平，与三流的点子加上一流的执行水平，哪一个更重要？结果两人一致认同了后者。马云的理由是，工业时代的发展是人工的，而网络经济时代一切都是信息化的，难以预测。只有一流的执行水平，才能解决三流的点子或者其他原因带来的缺陷。

为此，马云曾将阿里巴巴称为"一支执行队伍而非想法队伍"，马云认为阿里巴巴之所以能够成功，依赖的就是高效率的执行力。马云也曾经在不同场合反复强调过"三流的点子加一流的执行水平"的重要价值。马云说："执行一个错误的决定总比优柔寡断或者没有决定要好得多，因为在执行过程中你可以有更多的时间和机会去发现并改正错误。"

在整个创业过程中，马云都以"强劲的执行力"来要求自己的所有员工。在阿里巴巴刚创办的时候,因为阿里巴巴的模式"独特",几乎没有人能认同它的价值,所以公司内部对网站的未来还是充满疑惑。在这种局面下, 当要求技术人员将BBS上的每一个帖子检测并分类的时候,有一些技术人员认为这样做将违背互联网精神, 但是马云认为只有这样才能让用户方便、快捷地从阿里巴巴的网站上获得需要的信息。

由于马云的强硬要求,阿里巴巴的发展方向最终确定下来,并获得了有效的执行。这也使得阿里巴巴在互联网泡沫时期不仅坚持下来,而且实现了盈利。

此后,同样的问题在阿里巴巴不断出现,但都在马云对执行力的"严格要求"下被解决了。比如,2003年的时候,马云提出了阿里巴巴全年赢利1亿元人民币的目标;2004年的时候,马云为阿里巴巴定下了每天赢利100万元人民币的目标;等到了2005年,马云为阿里巴巴定下了每天缴税100万元人民币的目标。虽然很多人对如何实现这样艰巨的任务表示了极大的怀疑,但出人意料的是这些最终都被落实了。而马云再次把这一切归功于阿里巴巴"一流的执行力"。

凭借马云团队为人所称道的超强执行力,阿里巴巴已经远远甩开了竞争对手,成为了业内公认的技术水平高超、认真、执著、有责任心的完美团队。

企业发展孰优孰劣,执行力是人们一直讨论的焦点所在。许多事实充分证明,企业要加快发展,要走在行业的前端,除了要有好的决策班子、好的发展战略、好的管理体制外,更重要的是团队要有执行力。

执行力是指一个组织、一个企业的执行力,即企业、组织在达成目标过程中所有影响最终目标达成效果的因素, 如果能对这些影响效果的因素进行规范、控制及整合运用,那么企业就能够提高自身的竞争力。

星巴克、麦当劳全世界开花,其经营手段和策略曝光于大庭广众之下,却没有哪一家企业能与之争锋。经分析发现,这些企业成功的关键原因在于它们拥有超强的执行力。好的战略是非常重要的,但若没有强大的执行力去完成它,这个战略也只是一纸空文。

20世纪末世界拳击史上的一场闹剧在泰森与霍利菲尔德之间展开,泰森的"世纪之咬"使老霍损失了半个耳朵。

比赛后的第二天,在美国的各大型超市内竟然出现了许多叫"霍利菲尔德之耳"的巧克力,其栩栩如生的耳朵形状,使好奇幽默的美国市民们争相购买,将老霍的"耳朵"带回家中"一咬为快"。

该巧克力生产商利用比赛中出现的轰动性新闻效应,突发奇想,超乎寻常地分析了顾客的心理需求,及时开发出外形新颖的产品,因此美美地赚了一回顾客口袋中的钞票,大捞一笔。

这个巧克力商的点子未必是最好的,但他及时地将此想法执行下去,抓住了顾客的消费心理,所以赚到了大把的钞票。

作为一家企业,再伟大的目标与构想,再完美的操作方案,如果不能强有力地执行,最终也只能是纸上谈兵。

要加强企业执行力的建设,就要在组织设置、人员配备及操作流程上有效地结合企业现状,将企业整合成为一个安全、有效、可控的整体,并利用在制度上,以减少管理漏洞,在目标上设定标准,在落实上有效监督,借此,企业的执行力度自然就会得到有效提高。

因此说,一个执行力强的企业,必然有一支高素质的员工队伍,而具有高素质员工队伍的企业,必定是充满希望的企业。

6. 敢做是激发内在潜能的挖掘机

有梦想就有希望，但在创业的道路上，仅仅有梦想是远远不够的，行动才是迈向成功的关键所在。夜想千条路，天明起不来，这或许正是大多数人平庸的原因。

马云说："敢想敢做是创业成功的第一要素。"敢做是激发内在潜能的挖掘机，敢做可以使一个人的能力发挥到极致，也可逼得一个人献出一切，排除所有障碍。敢做使人全速前进而无后顾之忧。凡是能排除所有障碍的人，常常会屡建奇功或有意想不到的收获。

2003年，国内C2C老大易趣被全球电子商务巨头eBay收购，有人把这次收购行动形容为强强联合，认为"eBay易趣"独霸中国网拍市场的时代到来了。但是，面对eBay这个全球电子商务的"巨无霸"，马云不仅没有退缩，反而做出了一个大胆的决定：进军C2C市场，向"巨无霸"发出挑战！

进军C2C市场的行动一石激起千层浪，大家都认为马云的这个想法实在是够疯狂的。因为这次惨烈的"决斗"，根本就不在一个等量级，是"蚂蚁"和"大象"之间的斗争。但疯狂的马云却不顾阻拦，执意要和对手斗一斗。

当时阿里巴巴的首席技术官吴炯曾在雅虎美国工作过数年，对于互联网了如指掌的他，一听到这个消息之后，马上就被吓呆了："Jack马，你疯了吗？我在雅虎跟eBay交锋了那么多年，输得口服心服，那是个非常可怕的巨人……"但马云不为所动，怕了也就不是"狂人"马云了。就这样，阿里巴巴在上海、杭州、北京同时宣布：投资淘宝网，进军C2C领域！

马云这个"疯狂"的决定甚至让世界震惊！在淘宝已经上线经营几个月之后，马云到美国华尔街做演讲，当马云讲到淘宝的前景时，一位基金经理甚至当场给马云这场争斗下了"eBay will win!（eBay将赢）"的结论后，愤然离去。但最后的结果，令吴炯和这位过早下结论的美国基金经理双双大跌眼镜：淘宝网在不到两年的时间内占领了中国C2C市场70%的份额。而那个号称全球电子商务巨头的eBay，为了止损而选择了出局。

"只要敢想敢做，生活会将期待给你拿来。"法国作家雨果的名言在现实生活中证实了一个事实：只要敢想敢做，就能成就大事。

其实，成功并不难，只是，大多数不曾去想、不敢去做而已。也就是缺乏敢想敢做的精神。不"敢想"，就是什么事情都不敢想，以至于脑子里根本就没什么想法，浑浑噩噩，碌碌无为；不"敢做"，就是遇事前怕狼后怕虎，总害怕失败，害怕风险，只求安逸，知足常乐。所以，不敢想不敢做，最终一事无成。

但凡一个创业成功的人都明白，无论你的想法有多优秀，包装做得多花俏，口号喊得多响亮，如果不去贯彻实施，不脚踏实地地做事，就很难到达成功的彼岸。

结束美国的学业之后，王大东从美国回到了中国大陆，应原天津市市长李瑞环先生的邀请，在天津投资开了第一家中外合资快餐"傲奇"。在平时的运营过程中，商业嗅觉敏锐的他很快发现外国快餐在中国有着广阔的市场。在作了一番周密的考察后，他做了一个大胆的决定——引进肯德基。在那时这可是一个惊天动地的决定，改革开放刚刚开始，很多外国投资商都对中国市场持观望态度，犹豫不决。王大东在这时决定投资引进西式快餐的领头羊，可谓是一次冒险。

光有想法还不行,为了知道肯德基是否适合中国消费者的口味,王大东带领团队做了各式各样的预算和预估,也做了十几种调查,还把鸡炸出来拿到街上请路人品尝,问他们味道怎样,是咸是淡,有什么需要改进的地方,以及价格在多少能够接受,在这些方面他们都实实在在地下了工夫。

在最后选址上,当时王大东也是几乎倾其所有,一口气租下了三层楼,每层500平方米,一共1500平方米,是当时世界上最大的肯德基餐厅。因为业主要求先付租金,每年36.5万,10年就是363万,再交上肯德基在北京的注册资本370万,当时王大东身上就只剩下5万块了。

正是由于王大东这个第一个吃螃蟹的人,肯德基遍布全国各大城市的街头,成为了我们生活消费、饮食的一部分。

对于想要创业的年轻人来说,成功的第一要义便是敢于行动,正所谓"十个想法不如一个行动"。只有那种不仅有创业想法,且敢于行动的人才能真正获得创业成功的机会。

人们都还记得,当初只有几千元进股市的炒家,几年后成为了百万富翁;当初只有几百元去摆地摊的倒爷,十年后成为了大老板。而对他们的成就,好多人都不服气,会说当初我要是做,一定会比他们赚得更多。不错!你的能力或许比他们强,你的知识或许比他们多,你的经验或许比他们丰富,可是你当初没有去做,直接决定了你今天依然贫穷!

不要抱怨自己的命运不好,行动就是力量。一万个空洞的幻想还不如一个实际的行动,唯有行动才可以改变你的命运。很多人对创业充满期望,却又对自己缺乏信心。其实谁都可以致富,只要你敢去做。在我们身边,许多相当成功的人,并不一定是他比你"会"做,更重要的是他比你"敢"做。

7. 持之以恒的行动力最重要

马云曾经说过一句话："如果我马云能够成功，那么80%的年轻人也能够成功！"可为什么那么多人没有成功呢？除了创业激情，能够吃苦的精神，还在于马云是一个可以将自己的行动长久坚持下去的人。

马云在回顾阿里巴巴的创业历程时，总结了企业创新发展的经验，其中有一条就是：坚持自己的理想。马云也正是遵循了这样一个规律，在刚刚创办中国黄页的时候，他和他的同伴们凭着一个美国电话和几张图片到处宣传互联网。这里没有高科技，没有复杂的理念、模式，就凭着一个推销员简单的推销方式，逐渐让人们认识到互联网，认识到互联网给人们带来的种种好处。

一个创业者要想实现自己的目标，一定要坚持自己最初的理想，不可轻易动摇自己的信念，哪怕很多人提出强烈的反对，就像马云一样，只要认定了，就要坚持下去。

从大学教师到"中国互联网之父"，马云一路充满激情地走来。在中国黄页初创之时，几乎所有中国企业对于在互联网上打广告、做宣传都抱着强烈的怀疑态度，马云甚至被当作骗子，但是，他却一如既往地坚持向着自己的梦想进发。

即便是到了1999年，马云和他的合伙人以50万元人民币始创阿里巴巴网站时，依然是困难重重。即便是这样，马云依然是激情四射，为自己和合伙人制定了奋斗目标，规划出美好未来的蓝图。马云说："你们现在可以出去找工作，可以一个月拿三五千的工资，但是3年后你还要去为这样的收入找工作，而我们现在每个月只拿500元的工资，一旦我们的公司成功，就可以永远不为经济所担心了！"

很显然，马云的话带有一些理想主义的色彩。但是，无论境遇多么艰难，马云都始终相信，人总是需要有些狂热的梦想鼓舞自己，做阿里巴巴不是因为它有一眼可见的前景，而是因为它是一个不可知的巨大梦想。

"世上无难事，只怕有心人"，经历了几次创业磨练的马云，终于将阿里巴巴带到了光荣和梦想的彼岸，而马云把这一切都归功于坚持。

很多人认为，一个人的成功，很多时候只是偶然。可是，谁又敢说，那不是一种必然？有许多不起眼的小事情，谁都知道该怎样做，问题在于谁能坚持做下去。

麦当劳的创始人雷·克洛克最欣赏的格言是："走你的路，世界上什么也代替不了坚忍不拔：才干代替不了，那些虽有才干但却一事无成者，我们见的多了；天资代替不了，天生聪颖而一无所获者几乎成了笑谈；教育也代替不了，受过教育的流浪汉在这个世界上比比皆是。唯有坚忍不拔，坚定信心，才能无往而不胜。"

美国石油大亨约翰·洛克菲勒是标准石油公司的创始人，也是世界上第一位亿万富翁。16岁时，他为了得到一份"对得起所受教育"的工作，翻开克利夫兰全城的工商企业名录，仔细寻找知名度高的公司。每天早上8点，他离开住处，身穿黑色衣裤和高高的硬领西服，戴上黑领带，去赴新一轮预约面试。他不顾一再被人拒之门外，日复一日地前往——每星期六天，一连坚持了六个星期。在走遍了全城所有大公司都被拒之门外的情况下，他并没有像很多人想的那样选择放弃，而是"敲开一个月前访问过的第一家公司"，从头再来。有些公司甚至去了两三次，但谁也不想雇个孩子。可是洛克菲勒越受到挫折，他的决心反而越坚定。

1855年9月26日上午,他走进一家从事农产品运输代理的公司,老板仔细看了这孩子写的字,然后说:"留下来试试吧。"并让洛克菲勒脱下外衣马上工作,工资的事提也没提。他过了三个月才收到了第一笔补发的微薄的报酬。这就是洛克菲勒的第一份工作,是他自己都记不清被拒绝多少次后得到的工作。他一生都把9月26日当作"就业日"来庆祝,那热情,胜过他自己过生日。

要说成功有什么秘诀的话,那就是坚持、坚持、再坚持!

奋斗过程中,可能遇到许多挫折,面临许多令人沮丧的挑战。但成功的人在受到挫折时没有找理由灰心丧气,也没有止步不前。相反的,他们从教训中学到经验,带着坚定的毅力前进,然后坚持下去,更加努力地朝向目标奋进。

目标都是一点一点、一步一步地实现的。成功的过程是缓慢的,取得进步需要时间,所以改变现状有时得花经年累月的光阴。成功者都懂得这个道理,在为取得成功而奋斗的时候,容许自己经过努力与失败一步一步地前进。他们知道,想即刻如愿是不现实的,正确的态度是要去实践、去努力。只有朝着你所确定的目标不懈地坚持,脚踏实地地做下去,才能迎来最终的成功。

8. 公益不是钱,而是行动

"公益是什么?"很多人的第一印象是公益是给贫困地区的孩子捐钱捐物,但在马云看来,公益不是钱的问题,公益是行动。只有通过点滴的行动,你才会变革,世界才会变革。

马云说:"每次出去做慈善的事业,人家说你捐得太少,这个捐1500万元,那个捐2000万元。我突然觉得像我这样去做慈善都不太好意思,因为钱捐得很少。但我们知道做慈善钱不是最重要,最重要的是心。在美国我有幸跟一些慈善家们在一起开会,和比尔·盖茨的几次交谈让我感触很深,他们有时每个人只捐出1美元,而这1美元表达的是心。实实在在的慈善,不是在闪光灯底下,而是在后面默默地做。"

马云很早就与公益结缘。2008年汶川地震后,阿里巴巴成立了一个虚拟团体"灾后重建小组",由马云亲自担任组长,1000多名员工自发参加;2010年3月,马云加入大自然保护协会(TNC)全球董事会,成为董事会中的第一位中国人;2011年1月,马云成为壹基金理事;2012年2月,"阿里巴巴公益基金会"正式成立,马云成为该基金会的第一号志愿者。

2012年阿里巴巴全球股东大会上,马云宣布,今后每年阿里巴巴将拿出千分之三的营业收入投入环保事业。马云说道:"现在,我们的空气不能呼吸了,水不能喝了,辛苦挣来的钱却不是让你享受生活,而是让你的生活越来越糟糕。只有每个人意识到水和食品已经危害了你的生命,只有每个人的努力才有可能带来改变。假设我们没这个意识、没这个心态,三年后的深圳可能比今天的北京还不如。未来,我们的孩子能够呼吸的空气,依旧是今天北京这样的空气,甚至更糟。"

2013年5月10日,阿里巴巴集团董事局主席兼CEO马云宣布,即日起不再担任阿里巴巴集团CEO职务,投身另一个领域——公益与环保。随后,他的新工作是接替经济学家胡祖六,出任下一任TNC(大自然保护协会)中国理事会理事长。

马云说:"每个人都有善心,公益的本质是唤醒爱,公益的职责是把每一个人善良的心唤醒出来,让他们觉得:我也可以做公益。慈善是个人行为,公益是社会行为,慈善是你有钱可以做,公益是每个人的权利。公益,人人可以参与。"

对于公益,有人形象地称之为"慈善授人以鱼,公益授人以渔"。公益不仅要帮助人解决眼前的困难,还要帮助人提高能力,最终让受益人自己解放自己。这其实正是道明了现代公益的核心价值观:助人自助。

尽管我们的生活中并不缺乏由一些社会组织和机构发起的慈善募捐和社会公益捐助活动,然而,它们给人的感觉总是浮于表面,像是在做应景文章,而对慈善捐助和社会公益活动缺乏一些长远的打算,往往迫于能尽快扩大企业的社会影响,提高企业和自身的社会知名度的压力和驱使,而不得已在一些社会交际舞台上临时客串一次"慈善家"的胸怀和风范——慷慨解囊捐出或多或少的一笔钱。

可以毫不客气地说,这些捐助举动大多难逃"一锤子买卖"之嫌——捐钱后就觉得是"万事大吉"了,当然,这同目前的慈善基金管理和运作不规范、不专业等相关,从而使这些捐助举动沦为"授人以鱼"之列,自然很难从根子上解决对社会弱势群体的救助帮扶。

第七章

放下浮躁,兔子的速度要加上乌龟的耐力

1. 心可以大,目标不要太大

马云在一次演讲中说:"心可以大,目标不要太大。"在我们的日常工作和生活中,有些人不屑做小事,因此也缺乏做事的热情。这种人往往好高骛远,大事做不了,小事做不来,还总埋怨没有机会,自己空有一身本事得不到施展。

而事实上,只有任职做好每一件小事,你的工作能力才会得到提升。每天进步一点点,才有可能获得大的成就。另外,在认真做好每一件小事的过程中,调整你的工作态度,继而获得领导和同事的认同和肯定,你良好的个人形象也会在潜移默化中形成。

马云曾在接受记者采访时说:"假设我今天是90后,重新创业,前面有个阿里巴巴,有个腾讯,我怎么办?首先第一点,我会利用好腾讯和阿里巴巴,我想都不会去想我会跟它去挑战,因为今天我的能力不具备,心不能太大。"

马云表示,希望现在的年轻人不要好高骛远。他说:"我要问很多年

轻人,你们到底想创业还是想做大事业?我当年说,我把比尔·盖茨以前也当榜样,后来我不知道该怎么干起来;做金融,我把巴菲特也当榜样,也是根本干不起来。其实隔壁的小王、小李,开馄饨店、搞理发店的是你的榜样,你创业一定是这样。"

马云还告诫想要创业的年轻人:"不要埋怨创业的机会少,是因为你不够努力,你不够执著,你的心不够稳定。机会其实很多,但是个个想做腾讯,个个想做Facebook、谷歌,真难,这种概率太低了。"

如果你读过《致加西亚的信》这本书,或许会觉得,与那些影响世界历史发展和社会进步的伟人相比,罗文真的算不上是个人物,他所做的一切,丝毫不需要具备超人的智慧和胆量,只不过按部就班地前进罢了。那么,把一个没有过人本领的罗文塑造成英雄,是否言过其实了呢?难道仅仅因为他完成了把信送给加西亚的任务?

当然不是!人们之所以会永远记住他、怀念他、敬仰他,甚至把他同历史上的伟大人物并列起来,其原因就在于罗文对事业的执著,对工作的一丝不苟,而当今社会企业需要的正是像罗文这种"一步一个脚印"的员工。也只有脚踏实地,才能把信送给加西亚,助美国赢得战争胜利。

"踏实"绝对不等同于原地踏步、安于现状、停滞不前;"踏实"需要我们拥有更多的韧性和更明确的目标,纵使向前的每一步都很小,也要时刻不间断地前进。事实上,最后那"突然"而来的成功,绝大多数都源于这些"量微"又"密集"的"脚踏实地"。

秋天是鸟儿迁徙的季节,所有的鸟儿都要往南飞。有一只大雁每次飞行的时候都被排在队伍最后面,为此它心中十分不甘。它想:"这次无论如何也不能落到最后一个了。那样太没面子了!"

这只大雁思前想后,最终决定在其他大雁还没有起飞的时候自己先起飞。这样还可以比同伴们先到达目的地!

于是这只大雁在同伴们还在休息的时候，悄悄地启程了。然而，他在飞了一段路程后就迷失方向了。于是它只好落在一棵树上等同伴。等了很久也没有等到同伴，大雁着急了，又循着原路往回飞。结果却发现，其他的大雁都已经飞走了。

无奈之下，这只大雁只好独自飞往南方。让大雁恐惧和沮丧的是，每次都飞到半路就迷路了。这个冬天，一场大雪降临，大雁被冻死了，终究没有飞到南方。

如果这只大雁在其他大雁都起飞之后默默地跟在后面，或许速度会慢一点，但至少不会迷失方向。明明自己能力不足，却还要争做逞能的英雄，结果只能让自己输得更惨。

相信每个人的心中都会有一个目标，很多年轻人也都有像那只大雁一样不甘为人后的精神，但是在实践中我们发现，那些过于远大的目标往往无法实现，好高骛远总是让我们跌得头破血流。

我们需要有目标，也需要通过努力去实现自己的目标。但是目标要现实，不能太虚幻太笼统，否则就像空中楼阁一样，看似绚丽，其实只是昙花一现。目标制定的道理相同　既要基于现实，又要超越　般标准。太难和太容易的目标，都不会激发人们去实施的热情。那么，什么是合适的目标呢？一句话——对自身具有一定挑战性，同时又能使自己相信能够完成的目标，就是最好的目标。

诺贝尔医学奖得主托马斯·高特·摩尔根说得好："不要把志向立得太高，太高近乎妄想。没有人耻笑你，而是你自己磨灭了目标。目标不妨设得近点，近了，就有百发百中的把握。标标中的，志必大成。"

俗话说"不积跬步，无以至千里；不积小流，无以成江海"，任何伟大的成就都是一步一步走出来的。我们在实现目标的过程中，一定要脚踏实地，一步一个脚印。只要我们能将飞出去的心收回来，朝着心中那个既定的目标，纵然落后、纵然失败，总会有到达目的地的那一天。

2. 短暂的激情是不值钱的

马云曾说:"创业者的激情很重要,但是短暂的激情是没有用的,长久的激情才是有用的。"相信很多人在生活和工作中都曾有过这样的经历:一开始的时候,我们对某一件事情很喜欢,并且对之充满了激情,但是过一段时间后,我们就对这件事失去了兴趣。

作为年轻的一代,我们可能缺钱、缺机遇、缺细致、缺经验⋯⋯但我们一定不缺激情,不缺时间,面对创业,我们要思考的就是如何将短暂的激情转化为持久的,因为激情是不能受到伤害的,只有持之以恒的激情才能换来财富。

在一期《赢在中国》中,一位致力于做中国最专业的电动车维修和综合服务企业的年轻人,在回答马云"为什么选择在苏州创业"的问题中信誓旦旦地说:

"因为苏州的电动车保有率非常高,如果我在苏州做不成功,证明我无能。另外,我在苏州没有任何可以利用的关系,如果我能做成功,就说明我们的模式能够复制到全国。"并且,他说他的员工平均文化程度只有初中。但是,他却有信心在短时间内把他们培养成最优秀的团队成员。

一个创业者,能够有如此激情,的确是一个非常好的开始,这是每个参与创业的人都应该具备的。然而,对于他的这番话,马云却给出了这样的忠告:"短暂的激情是不值钱的,只有持久的激情才是赚钱的。"

对于电子商务,马云曾说:"很多网商一开始觉得这东西很神奇,但是过了一段时间没生意,就想放弃了。其实不管做什么事情,都要坚持,用长久的激情才可能创造出更多的成绩。"

从大学教师到"中国互联网之父",马云一路充满激情地走来。从"中国黄页"初创之时,几乎所有中国企业对于在互联网上打广告、做宣传都抱着强烈的怀疑态度,马云甚至被当作骗子,但是,他却一如既往地坚持向着自己的梦想进发。

即便是到了1999年,马云和他的合伙人以50万元人民币始创阿里巴巴网站时,依然是困难重重。即便是这样,马云依然是激情四射,为自己和合伙人制定了奋斗目标,规划出美好未来的蓝图。坚持梦想,保持激情的马云成功缔造了阿里巴巴的神话!

很多年轻人在刚开始创业的时候,的确是信心满满,充满激情。然而,当遭遇了一点困难和挫折以后,曾经满腔的激情便开始逐渐消减,甚至,因为无法承受失败的打击而选择退缩、放弃。

有一位伟人曾讲过:"事业成功的秘密,一是保持激情,二是保持激情,第三还是保持激情。"即便是一件不起眼的小事,注入持续激情的动力,也能做出一番成就。

在日本流传着一位非常有名的擦鞋匠的故事,故事的主人公名叫源太郎。

源太郎年轻的时候,为了能够养活自己,他到处打零工。偶然的一天,一个美国军官让他帮助自己擦皮鞋。最后他得到了丰厚的小费,从这以后,他决定靠擦鞋赚钱。

源太郎先是花费三年的时间,向所有他听说过的手艺好的擦鞋匠请教。同时,他总结别人的经验和缺点,总结出了自己独特的擦鞋方法。

在源太郎满腔热忱的促使下,他不仅追求把鞋擦干净、擦亮,还仔细地研究皮鞋的质量,努力做到精通皮鞋的类型、质地。他对皮鞋表现出的疯狂的热情,使得他简直成了皮鞋专家。对皮鞋的了如指掌,使得他擦鞋的技术达到了炉火纯青的程度。他会根据不同品牌的皮鞋,选用不同成分的鞋油。遇到一些颜色罕见的皮鞋,他就自己用几种颜色的鞋油调制。他还仔细地研究了各种鞋油的性质,努力做到既光亮,又充分滋润皮革,让光泽更持久。

生活不会辜负每一个热情投入的人。源太郎出名了,1975年,他成了希尔顿饭店的"定点擦鞋匠"。他的手艺异常受欢迎,一些外地的顾客甚至将自己的皮鞋邮寄过来让他擦。连日本前首相以及日本的财界大亨等一些著名人物都成了源太郎的常客。还有一些世界级明星,如迈克尔·杰克逊等人都曾把鞋送到他那儿擦过。

爱默生说过:"有史以来,没有任何一件伟大的事业不是因为热忱而成功的。"热忱的人拥有一颗激情的心,他们不畏困难,敢于挑战,所以他们会不断迈上成功的台阶,成就自我的价值。

一个有激情的人,会萌生强烈的责任感,激发奋发有为的精神状态,专注于自己的本职工作,自觉地去学习、去探索、去创造、去奋斗,甚至勇于去承担更大的使命,不断激活自己的智慧、潜能。

如果把人比作是一辆汽车,那么激情就是汽油,有了它,汽车才能开动。并且,只有持续不断的汽油供应,汽车才能跑得更远。

如果一个人缺乏激情,做事就没有动力,而只有持续的激情,才能提供持续的动力。想要保持自己的激情,我们不妨给自己订一个近期的、容易实现的目标,激发自己不服输的精神,让自己拥有不断前进的动力。两个具有完全相同的才能的人,必定是更具热情的那一位会取得更大的成就。

3. 别奢望一口吃成个胖子

马云说:"听说过捕龙虾致富的,没听说过捕鲸致富的。"有很多人因为性情急躁,贪大求快,总想着能一口吃成个胖子。马云告诫想要创业的青年人说:"先把自己沉下来,踏踏实实做一个小公司。要少开店、开好店,店不在于多,而在于精,这样才能开更多的店。"

马云从小并没有生活在精英人群当中,他没有国内名校的出身,更没有海外留学经历,他一直都生活在普通人当中。或许正是因为这样,马云把自己做电子商务的眼光放在了80%的中小企业上。这就是马云的"只抓虾米"的理论。

马云说:"如果把企业也分成富人穷人,那么互联网就是穷人的世界。因为在互联网上大企业与小企业发布多少PAGE是一个价钱。而我就是要领导穷人起来闹革命。"

对于现在很多企业都追求的全球化发展,马云表示:"我们现在对全球化的战略,想得很明白,我觉得我们还没有准备好,我们公司要走102年,现在才走了13年,还有89年要走,未必一定要在马云身上,把全球化做好,时间长着呢。"

对于阿里巴巴的职能,马云是这样理解的:"这就是个广告位的超市。每个广告主都会有自己的预算,然后都会有选择媒体的需求,对很多小公司来说如今选择网络广告进行推广是最划算的,但是他们没有实力去寻求专业广告公司的支持。同样,海量的个人网站、小流量网站也在寻求自身活下去的资金来源,他们想把自己的广告位换成钱,阿里巴巴就干这个。"

马云接着说:"广告位多少钱一个阿里巴巴不管,广告效果和广告价格如何买卖双方自己去协商,哪怕只卖一块钱也可以,每笔广告交易阿里妈妈收8%的佣金就可以。"

马云的理念吸引了大量的中小企业和商家的加入,截至2012年11月30日,淘宝和天猫平台年总交易额突破10000亿元。仅8%的佣金却为阿里带来了巨额的财富。

许多人在工作中受不了最开始的低薪或者是地位的卑微,想一下子就晋升到别人用多年努力换来的位置,或者做生意时一味追求高额利润,甚至恨不得一夜暴富。可一口吃成个胖子的事从来都不会发生。

古语有云:"一屋不扫,何以扫天下?"只有先做好每一件小事,最终才能成就大事。许多很有作为的人,他们在低微的薪水下工作多年后,会突然像变魔术一般,跳上一个高级而负重任的位置,为什么?就因为他们不急于成功,不管是薪水少,还是职位卑微,他们都努力去干,去积累更多使他们受益终身的工作经验。所以他们最后的成功来得最稳固。

相比之下,那些急于求成的人往往会对迟迟得不到提升和回报而不满,他们将心思放在如何成名、暴富上,而没有把精力放在脚踏实地的工作中,于是变得浮躁,变得盲从,变得方向和目标不明确,最后使自己备受困扰和折磨。

许振超是青岛港桥吊队队长,他是"文革"时期毕业的"老三届"。他们这一代人因为受教育少,年龄偏大,有很多人后来都成为了下岗再就业的"特困户"。但是许振超不但没有下岗,还成为了世界一流的"技术专家",不仅在合资公司里身担重任,就连外国合资方都佩服他。原因就在于他脚踏实地的精神,他在日记中写道:"悟性在脚下,路由自己找。"

因为一场"文革",打碎了许振超上清华、北大的梦想。但是他没有因此消沉,他选择了用知识改变命运。他刚进青岛港当皮带机电工时,努力学习电工知识,看设备图纸,逐渐掌握了电工技术。领导见他好学,就调他去操作当时最先进的机械门机。这一下,他更来劲了,把队里仅有的几本技术书都看遍了,就到处找别人借书看。还从牙缝里省钱买书。然后,他就挤时间去看书,别的工友打扑克、下象棋、聊天,而他都在读书。

30多个春夏秋冬,许振超从来没有放弃过学习,他家里的书橱里摆满了与机械、电气有关的报刊、书籍等等,他读过的各类书籍有2000多册,写了近80万字的读书笔记。功夫不负有心人,他从一名只有初中文化程度的普通工人成长成了一名有一手绝活、两破世界纪录的金牌工人。

老子说:"合抱之木,生于毫末;九层之台,起于累土;千里之行,始于足下。"许振超的成才之路没有捷径可走,靠的是多年来立足本职工作刻苦钻研业务的结果。

许多年轻人都有浮躁、急功近利的习惯,看不起基层的工作,一进单位就希望自己能够做大事。一旦自己不被重视,就抱怨老板"有眼无珠"。

然而事实上,不肯在小事上下功夫的人,一定做不成什么大事。就像中国古语里面说的那样:"天下大事,必作于细;天下难事,必成于易。"

密斯·凡·德·罗是20世纪四位最伟大的建筑师之一,当他被要求用一句话来描述他成功的原因时,他只说了五个字"魔鬼在细节"。他反复强调的是,不管你的建筑设计方案如何恢宏大气,如果对看似小事的细节把握不到位,就不能称之为一件好作品。

在此,我们应该时刻警醒自己:如果希望成功,千万不能急功近利,而要历练自己的心境,沉淀自己的情绪,学会从零做起,从小事做起。只有这样,才能让自己成为一个能担大任的人;只有这样,才能获得令自己满意的人生。

4. 做好一个,再做第二个

对于企业如何发展,马云说:"不需要多元化的经营,永远做好一个再做第二个。"无论一个人有多大的能耐,多聪慧的头脑,如果他在选择事业上总是三心二意,把精力同时集中在几件事情上,最终的结果就算不是失败,也不会把事业发扬光大。

马云在创业之初,经过认真考虑,他认为推动中国经济高速发展的是中小企业和民营经济,所以,阿里巴巴应该帮助那些真正需要帮助的企业。这是马云最早的构思。显然,马云的这个构思在经过了几年的互联网风潮的沉浮之后,不仅没有动摇,反而更加坚定了。或者可以说,这个构思成为马云决定要"专心"做的唯一一件事,这也是阿里巴巴能走到今天,并愈走愈坚定的关键所在。

有人问马云阿里巴巴要怎样带领中小企业走出国门,向国际化方向发展。马云在回答这一问题时提到:"我觉得我们中国有一个误区,老是想走出去,其实把自己家生意做好,挺好。今天我们出去,并不太受欢迎,我们没想明白,我如果去了美国,我可以给美国的老百姓带来什么好处,为走出去而走出去的企业不管你多大,无一成功。"

在2003年的时候,阿里巴巴的股东孙正义召集了所有他投资的公司的经营者们开会,给每个人5分钟的时间来陈述自己公司的运营状况。当马云陈述结束后,孙正义做出了这样的评价:"马云,你是唯一一个三年前对我说什么,现在还是对我说什么的人。"

马云说:"我想告诉大家,创业、做企业,其实很简单,一个强烈的欲望就是说，我想做什么事情，我想改变什么事情，你想清楚之后，你永远坚持这一点。"

在卖掉海博翻译社，放弃了中国黄页后，马云也曾经自嘲地说自己："打一枪换一个地方的毛病现在看来该改改了。"于是，他从第一天创立阿里巴巴开始，就想好了自己要做什么，并且能一路坚持到底，不受外界影响。

很多人总是看到什么生意好做就做什么，结果什么事也没有做成。那些事业上取得突出成就的人无一不是坚持把一件事做好、做精。他们在事业刚刚起步的时候，的确要讲究灵活，但慢慢的，随着事业的发展，一定会有一个比较专注的目标，并且会专心地做好它。

北京五福茶艺馆董事长、北京福丽特中国茶城总经理段云松说："一会儿想干这，一会儿想干那，忙忙碌碌，人很快就老了，结果一事无成，选择是必须的，但选择之后，还得耐得住、挺得住。"就是在这种思想下，段云松一直坚持下来。在经过多次失败后最终迎来成功。

很多营销大师都在探讨成功的理念，从陈安之、拿破仑·希尔到安东尼·罗宾，从古代的老子、韩非子、孔子到西方的心理学，其理念都是惊人的相似——专注如一。当你定下了目标，就一定要做到对它专注如一，而不是任意改动它。

昆虫学家法布尔曾接待了一个青年，青年非常苦恼地对他说："我不知疲劳地把自己的全部精力都花在我爱好的事业上，结果却收效甚微。"

法布尔听后赞许地说："看来你是一位献身科学的有志青年。"

这位青年说："是啊！我爱科学，可我也爱文学，同时对音乐和美术我也感兴趣。我把时间全都用上了。"

听完年轻人的话，法布尔从口袋里掏出一个放大镜说："那么请你把你的精力集中到一个焦点上试试。"

我们知道,一个人的精力是有限的,只有专心做一件事的人,才能确定一个明确的目标,并集中精力、专心致志地朝这个目标努力。比如伍尔沃斯的目标是要在全国各地设立一连串的"廉价连锁商店",于是他把全部精力花在这件工作上,最后终于完成了此项目标,而这项目标也使他获得了巨大成就。

人有两种能力是千金难求的,其一是思考能力;其二是集中力量在重要的事情上,全身心地投入工作的能力。每天早晨,当你走进办公室或者进入你的工作区间时,无论是否面临着一项新的任务,你都要清楚地、坚定地告诉自己,你将全力以赴地投入这项工作,摒除一切干扰,在工作完成之前决不三心二意。

一次只专心地做一件事,全身心地投入并积极地希望它成功。你可以把需要做的事想象成是一大排抽屉中的一个小抽屉。你的工作只是一次拉开一个抽屉,令人满意地完成抽屉内的工作,然后将抽屉推回去。不要总想着所有的抽屉,而要将精力集中于你已经打开的那个抽屉。一旦你把一个抽屉推回去了,就不要再去想它。

5. 成功就是简单的事情重复做

亚里士多德说:"我们重复做什么,我们就变成了什么。"很多年轻人总是希望干成一番大事业,于是把目标定得很宏大,不屑于做一些简单的平凡的小事。结果经常会停滞在离成功很远的地方,或者是还有一点点距离的地方。

汪中求先生在《细节决定成败》一书中说："芸芸众生能做大事的实在太少，多数人的多数情况总还只能做一些具体的事、琐碎的事、单调的事，也许过于平淡，也许鸡毛蒜皮，但这就是工作，是生活，是成就大事不可缺少的基础。"

马云刚刚创办中国黄页的时候，他和他的同伴们凭着一个美国电话和几张图片到处宣传互联网。这里没有高科技，没有复杂的理念、模式，仅凭着一个推销员简单的推销方式，逐渐让人们认识到互联网，认识到互联网给人们带来的种种好处。

刚创立阿里巴巴的时候，曾有漫长的3年时间一直在亏损，但是，马云明白，成功不是那么容易的事，他和他的团队依然坚持踏踏实实做好每天的日常工作，三年如一日地为赢得每个客户的信赖而奋斗。直到后来，互联网迎来了春天，而所有这些，也为阿里巴巴以后的发展打下了坚实的基础。

海尔集团总裁张瑞敏说："把简单的事做好就是不简单，把平凡的事做好就是不平凡。"很多人认为，一个人的成功，很多时候只是偶然。可是，谁又敢说，那不是一种必然？有许多不起眼的小事情，谁都知道该怎样做，问题在于谁能坚持做下去。许多人终其一生都在追求伟大，最后，他收获的可能只是失败。谁能想到，其实伟大就存在于你身边的平凡之中呢？

事实上，成功往往是简单的事情脚踏实地地做，重复地做，并能持续做好，才能不断地成长，不断地实现自己的目标。

从前在美国标准石油公司里，有一位叫阿基勃特的小职员。无论在哪儿需要签单的时候，他总是在自己签名的下方，写上"每桶四美元的标准石油"字样，在书信及收据上也不例外。他因此被同事叫做"每桶四美元"，真名反倒没有人叫了。公司董事长洛克菲勒知道这件事后说："竟有职员如此努力宣扬公司的声誉，我要见见他。"于是邀请阿基勃特共进晚餐。后来，洛克菲勒卸任，阿基勃特成了第二任董事长。

马云曾说："在学校教书的五年，给我的好处就是知道什么是浮躁什么是不浮躁，知道了怎么做点点滴滴。创业一定不能浮躁。"一个简单的事情重复做，做到了极致就成功了。这是许多成功人士带给我们的启示。

2004年，第57届戛纳国际电影节的评委会主席是一位名叫昆汀·塔伦·蒂诺的美国人。在进入好莱坞之前，昆汀只是曼哈顿的一家音像出租店的伙计。

昆汀从小就有一个梦想，那就是拍电影。但是因为他的家境贫困，没有机会接受系统的电影教育。昆汀在音像店的主要工作就是整理数不清的录相带，当有顾客上门的时候，他就需要帮他们查找他们需要的或者为他们推荐录相带。

除了做好自己的工作外，昆汀会利用闲暇的时间，一盘一盘地观看自己感兴趣的电影。看过无数电影之后，昆汀开始觉得电影并不是那么神秘，他开始自己学习表演，并利用业余时间自己尝试创作电影剧本。在看电影的时候，他开始由原先的随意观看变为有目标的研究。

昆汀一边不停地看电影，一边构思着自己的剧本。每天他都至少要看一至两部电影，就这样，在音像店工作期间，他几乎看遍了全世界所有经典电影，并逐渐熟识了大量电影知识和拍摄技法，对世界各国电影的风格特点、构思技巧烂熟于心，而且摸清了电影创作的基本规律和套路。

功夫不负有心人，昆汀终于完成了自己的第一部剧本。后来还被好莱坞导演看中，昆汀以5万美元的价格把它卖给了好莱坞。这次的成功让昆汀信心大增，并从此开启了他的电影创作之路。

1993年，昆汀的电影《低俗小说》获得戛纳电影节金棕榈奖和奥斯卡最佳编剧奖；2004年，他拍出的《杀死比尔》系列电影风靡全球。他被人们称为好莱坞的鬼才。

昆汀的成功可以用"熟能生巧"四个字来形容。什么是不简单？能够把每一件简单的事情千百遍都做好，就是不简单；什么叫不容易？能够把大家公认是非常容易的事情高标准地认真做好，就是不容易。

有很多事情，虽然很简单，但我们仍然不能马虎大意。我们要把它们看做是一件需要付出全部热忱、精力和耐心的伟大事业。当你能够把一件简单的事情做得非常好时，你就变得很不简单，也就是不平凡。

世界上没有绝对简单的事，只有把事情简单化了的人。许多年轻人总是不屑于做一些小事、简单的事，却总是想着一步登天，殊不知，这样往往也会摔得很惨。

马云告诫我们，一定要甘于从最简单的事情做起，并赋予自己最高的热忱和耐心，脚踏实地地做下去，才能迎来最终的成功。

事实上，成功并不难，任何伟大的事业都有一个微不足道的开始，把简单的事情重复做，你也可以达到常人难以达到的高度。

6. 太极文化：从慢中体会快的道理

"愈学太极愈发现，其实我做企业几乎完全是遵照太极宗旨，无论是与员工关系等内部管理，还是与客户、与竞争同行等外部关系管理。"马云说，"人老都是从手、脚开始的，随着生命体征的下降，血液、气脉打不到最末端，人就没了活力。太极拳可以伸筋拔骨，打通人体经络，恢复活力。做企业同样需要打通经络。"

1999年，互联网在中国掀起了第一轮狂潮。这一年，中国上网人数达500万人，然而，在这中国互联网呈现一片欣欣向荣之景的一年里，阿里巴巴却搞起了"闭关锁门"，马云要离开这最"热闹"的地方。1999年马云带着几个难兄难弟撤回了杭州。回到杭州他们自己商量决定，6个月内不主动对外宣传，一心一意把网站做好。后来，马云称这一年是他的"闭关"时期。

对于当时的市场，马云打了一个生动的比方："互联网是影响人类未来生活30年的3000米长跑，你必须跑得像兔子一样快，又要像乌龟一样耐心。在前100米中，谁都不是对手，你跑着跑着，跑了四五百米后才能拉开距离。"

2000年，阿里巴巴经过了一年的内功修炼，加之马云接连获得两笔融资，才终于认定"时候到了"而开始对外进行宣传。马云打造了"西湖论剑"这个汇集全国最精英的互联网新贵的交流平台，并请了金庸做主持，从而迅速打响了旗号。

当别的网络公司在风光时期风驰电掣时，阿里巴巴被嘲笑慢似蜗牛，可一旦他们自己的发展停滞不前了，才惊诧于阿里巴巴的快速。"其实我从来都是这种速度"，马云笑称自己是一个精于"控制哲学"的人。由此可以看出，马云一直是比较清醒的，也正是因此才有了阿里巴巴今天的发展。

马云提醒自己的客户们，在网上做生意尤其要有耐心。无论对于阿里巴巴还是淘宝网，成功因素中最重要的就是信誉和耐心。由于经营的是国际贸易，地域空间上的无限可能性，常常让买家对商品的品质心存忧虑,所以卖家的信誉非常重要,不仅要百分之百地保证货源品质,还要耐心地与买方沟通交涉,才能促成一笔生意。

马云说:"在整个社会的浮躁中,我希望人能够静下来,慢下来,在慢中体会快的道理。"酷爱太极的马云如今已经把太极转化为自己的管理理念:"太极是综合道家、儒家、佛家三个方面,在管理中,要把虚的做实,实的做虚,虚实结合,虚实变幻,才能发展得更好。"

太极拳主张四两拨千斤,不管别人和外界的环境怎么样,自己只需要把自己的事情做好就行了。因此,马云认为,现在很多企业间你死我活的竞争是不符合太极精神的。马云一直在致力于把阿里巴巴集团打造为一个"同一个生态,千万家公司"的社会商业生态系统。

有个小孩在草地上发现了一个蛹,他捡回家,要看蛹如何羽化成蝴蝶。过了几天,他看到蛹上出现一道小裂缝,但是蝴蝶的身体似乎被什么东西卡住了,挣扎了好几个小时却一直出不来。小孩心想:"我必须助它一臂之力。"所以,他拿起剪刀把蛹剪开,帮助蝴蝶脱蛹而出。但是蝴蝶的身躯臃肿,翅膀干瘪,根本飞不起来。这只蝴蝶注定要拖着笨拙的身子与不能丰满的翅膀爬行一生,永远无法飞翔了。

如果你想成功,那么奋斗的过程是不能省略的,就像你要去任意一个地方,你都必须老老实实地走过去,或者乘坐交通工具过去,省略了其间的过程就注定永远无法到达目的地。在人生路上,既要健步如飞,又需稳妥前行。

马云虽然做事风风火火,但却不是一个浮躁的人。尤其在对待企业的发展上,在观察市场和捕捉信息的时候,他总是比别人快了一步,但在做企业内部产品上,他却总是能不紧不慢,不急不躁,稳稳当当地走好每一步。

很多年轻人在刚开创自己的事业之时,激情四射、豪言壮语,但是在实施过程中,那种激情随着时间和困难的出现日渐消退,豪言壮语也随着现实中大大小小的挫折渐行渐远,直至有一天连他自己都忘了那些曾经让自己骄傲的话语!

在与来自全国各地的大学生和青年网友交流,分享创业心得的时候,马云说:"很多时候我希望大家既要有激情,更要有耐性。我们既要有像兔子一样的速度,也要有像乌龟一样的耐力。你坚持到底,为未来而创业,不是为今天而创业,可能你会心情平淡,做事会方便多了。"

在竞争日益激烈的今天,想要在事业上取得成就,心理方面首先就要保持平衡,不能存在"浮沙筑高台"的心理,要耐得住寂寞,稳中求胜,踏实进取。

7. 如果还能坚持,就不要轻易放弃

马云在阿里巴巴刚成立的时候就曾说:"即使是泰森把我打倒,只要我不死,我就会跳起来继续战斗!"现在有很多在顺境中长大的年轻人,遇到一点儿挫折和打击,就会一蹶不振,整日浑浑噩噩,麻痹自己。

然而在现实生活中,遭遇挫折、失败原本就是非常正常的事。如果一个人因一次失败而失去了希望,放弃了追求,那最终也只能接受彻底失败。

马云说:"今天很残酷,明天更残酷,后天很美好,让我们努力奋斗来迎接后天的辉煌吧!"的确,我们在事业发展的过程中,失败,挫折是不可避免的,只要我们坚持,再坚持,经历过了今天的努力,明天的更加努力,方可迎来后天的成功。

有人说马云的成功是因为他善于抓机遇。但是抓住了机遇还要能够坚持下去才能够成功,要能够经受住冬天的考验,经受住失败的打击,否则,就是有再好的机遇,也不会成功。

马云说:"IT人最重要的是不能够放弃,放弃才是最大的失败。放弃是很容易的,但从挫折中站起来是要花很大力气的。结束,一份声明就可以了,但要把公司救起来,从小做大,要花多少代价。英雄在失败中体现,真正的将军在撤退中出现。"

在遭遇互联网泡沫的时候,面对困境,很多互联网公司不是转行,就是倒闭,即使为数不多的几家也如过街老鼠,甚至不敢说自己是互联网公司。但是马云仍然不改初衷,他坚持认为电子商务事业最终会主导世界的新网络经济体系。

被誉为"全球互联网投资皇帝"的孙正义,在他20岁时就完全凭着自己的智慧在短短一年内赚到了100万美元。在这之前,他还只是一个留学美国的穷学生。当时他逼迫自己不断想各种能最快赚到钱的点子,于是他想到了发明"多国语言翻译机"。

但他不是工程师,对组装机子一窍不通。于是他开动脑筋,向很多一流的电脑领域著名教授请教,请求他们的帮助。最终,一位叫摩萨的教授答应帮助他。但问题又来了:孙正义手上没有钱。他又开始四处说服教授,希望在这项技术销售出去后,再给他们研究费用。终于,他的执著让教授答应与他签订合同。

产品研发出来后,他到日本推销。夏普公司购买了这项专利,而这笔生意让他赚了整整100万美元。

不管干任何事情,最关键的就是不要轻易放弃,不要轻易降低自己的目标,哪怕是再大的困难,哪怕你觉得再也无法突破,只有当你逼迫自己向前再迈一步,你的智力潜能就一定会再次被开发,从而克服困难。

遭遇一次两次的失败,没什么大不了的,我们这辈子的路还很长,并不是遭遇挫折就是世界末日,更不能从此一蹶不振,迷失自己,要知道,所有的挫折、失败都有应对它的措施,只要在遭遇挫折、失败以后,尽快从惋惜和痛苦中走出来,找到失败的原因并加以修正克服,前进途中的你又会是一个全新的、优秀的你!

我们只有将思想聚焦在"怎么才能"而不是"似乎很难"上,我们的脑力机器才会积极地开动起来,才能最终把各种不可能变为可能。只有当你的眼里直指目标,而且不达目的不罢休,梦想才不会因为你的降低标准而贬值。

对于创业者在创业初期遇到的最大困难,马云说:"我觉得真的是不缺钱,想法也满天都是。中国缺的是有一个想法,并且能够持之以恒把这个想法不断坚持做下去的人。"

一个真正有作为的人,肯定是在经历无数次的跌倒后又重新站起来的。破茧成蝶并不是一朝一夕能做到的,有的人中途就不再坚持了,而有的人,无论中途遇到怎样的大风大浪,依然坚定不移,坚持不懈,最终成就了自己的梦想。

第八章

放下抱怨,用左手温暖右手的乐观

1. 论资排辈的时代已经过去,要拼就拼自己

马云在卸任CEO的演讲中说:"工业时代是论资排辈,永远需要有一个Rich Father (拼爹),但是今天我们没有,我们拥有的就是坚持和理想。"生活中,有一些人总是抱怨他们没有一个好的出身,没有显赫的家世。但是我们的出身从出生的那一刻起就被定格了,抱怨出身对于自己未来的命运毫无帮助。

事实上,可以决定我们人生的只有我们自己,只要我们相信自己,无论命运如何、出身如何,机会总是会出现的。

马云在"与80后面对面"活动中告诫年轻人:"我们永远要积极、乐观地看待未来。在我20岁、30岁的时候,我也跟大家一样抱怨过,譬如我父亲为什么没有地位?为什么不是局长?我舅舅为什么不是银行里的?我为什么应聘三十几份工作没有一份录取我?"

马云说自己曾去肯德基应聘擦盘子的工作,结果却遭到拒绝,他说自己也曾抱怨过,但是抱怨并没有起到任何作用。马云说:"我相信在我

20岁的时候,这个时代不是我们的;我相信40岁的时候,这个时代是我们的。为了40岁的时代,我从20岁开始寻找完善的机会,寻找未来而不是埋怨别人。"

马云坚信一代胜过一代。因为我们的先辈是通过报纸、广播来了解世界,马云那一代年轻时是通过电视来了解世界,而现在年轻的一代已经开始了通过互联网了解世界。

"我们需要重新找回价值体系,让年轻人明白不要怪人家富、怪人家有钱,而是要如何改变自己……你们要比的是20年以后。"马云说,"你的职责就是比别人多勤奋一点、多努力一点、多有一点理想,世界才会好起来,我就是这么走过来的。"

在这个流行"拼爹"的年代,我们之中的绝大部分人还是不具有"拼爹"的资本的,因此,对我们来说,"拼自己"才是最积极、最现实、最有前途的选择。

无父辈的权势、财富、关系可拼,对我们来说也是另一种财富。因为当一个人认识到自己没有人可以依靠的时候,更能培养他的独立品质,激发他努力拼搏的意志。没有"拼爹"的资本,我们可以"拼自己",通过自己锲而不舍的努力,我们一样可以拼出属于自己的那份人生辉煌与幸福。

我们所熟知的很多体坛冠军如李小双、李娜等都是通过自己的努力拼上世界冠军的,在我们身边也有很多靠自己的勤劳与刻苦拼出一份体面生活的成功人士。他们中的大部分人跟我们一样,出生在一个普通甚至是贫困的家庭,他们的父母也都是普通人,无权无势、非官非富,但是他们从没有因为家境的平凡而放弃过自己,相反,他们用自己的实际行动证明了他们并不比别人差,甚至还比别人强很多。

对于出身低微的人来说,同样不缺少改变命运的机会,只要你学会选择,你的人生一样可以获得精彩。

2008年，奥巴马当选为美国首位黑人总统，聚集在伊利诺伊州芝加哥市格兰特公园内的13万支持者顿时沸腾了。2012年，奥巴马又成功连任。

奥巴马和绝大多数人一样，并没有优越的家庭背景。奥巴马的父亲出生在肯尼亚西部一个贫穷的小村庄，当过放牛娃，后来因为一个很偶然的机会去美国读书，与奥巴马的母亲邓纳姆相遇，生下奥巴马。但是没过几年，奥巴马的父母就结束了他们的婚姻，并各自组建了家庭。奥巴马的童年是在夏威夷，和外祖父、外祖母一起度过的。

贫苦的出身并没有阻挡奥巴马向上攀登的步伐，他于1983年获哥伦比亚大学文学学士学位之后，又在1991年获哈佛大学法学院法学博士学位。当然，这样的学历也并不足以让一个非洲裔的青年人在政坛平步青云。

毕业后奥巴马成为一名律师，但渴望成功的他不甘于此，他想从政，想当州议员。经过不懈的努力和多方筹措，2004年，奥巴马终于成为了国会参议院内唯一的黑人议员。但是，在整个参议院里面，奥巴马是唯一需要自己去报税的人。

一直到2004年7月，民主党召开全国代表大会，奥巴马被指定在第二天做"基调演讲"。奥巴马以其极具魅力的演说，灿烂的笑容俘获许多民众的心，一跃成为首位在初选前民调获得全国性支持的明日之星。奥巴马在短短两年多的时间里就已在政坛掀起一股旋风。

奥巴马是一个从美国社会底层走出来的男子，他没有殷实的家庭背景可依靠，但是他凭着自己的努力，一步步走向成功的过程，再现了一个真实、生动的"美国梦"。

萨迪说："假如你的品德十分高尚，莫为出身低微而悲伤，蔷薇常在荆棘中生长。"或许我们没有一个良好的出身和家庭背景，或许我们的先天条件没有别人好,但是只要我们敢于正视自己的劣势,敢于选择成功的道路,我们一样能走出精彩的人生。

艰难的环境虽能毁灭人,更能造就人;不过,它毁灭的是庸夫,而造就的往往是伟人!那些真正杰出的人物,绝大多数都是突破逆境,崛起于寒微。即使出身低微、命运坎坷,即使挫折不断、屡屡失败,但请记住一定不要悲伤,要坚定地选择自己的人生道路和目标,相信自己的能力,并不断为之付出,总会有梦想成真的一天。

在社会竞争日益激烈的今天,论资排辈的时代已经成为永久的过去,我们只有靠自己的力量,努力拼搏,才能做出一番非凡的事业来。

2. 不幸换个角度看就是机会

生活中,每个人都不可能总是一帆风顺,总是会遇到这样或那样不幸的事,在遭遇不幸的时候,一些人就认为自己运气怎么就这么差,认为事情没有改观了,于是就放弃了再次努力的念头,甚至也不去想怎么去挽救,任由其发展,结果反而更糟糕。相反,如果能冷静下来,换个角度去考虑问题,也许就会柳暗花明了。

在做客《与卓越同行》节目时,马云表示,现在的年轻人如果先要创业的话,电子商务平台基本上就不用考虑了,如果是其他的创业方向,则还有可能大有作为。

马云解释说:"因为除了阿里巴巴之外,现在我还看不到一个很好的电商苗子。"他还说:"比如做一个伟大的数据公司,这也是我自己未来的方向,因为现在大数据时代已经到来,在未来,数据会像石油一样值钱,围绕数据这个中心大有可为,就像围绕石油会产生汽车、化纤等多种行业一样。"

很多时候,遇到不幸的事情,只要我们能换个角度思考,危机也会成为转机。在世界经济危机来临之时,马云却看到了电子商务发展的机遇。2007年7月份马云向全公司发信,宣告"危机来临"的同时,马云迅速调整了阿里巴巴的战略和产品,专门划出3000万美金用于国际市场推广,其中绝大部分投入到美国,其次是欧洲。

"我们将扩大阿里巴巴在美国办公室的规模,投入更多资金,招聘更多人才——在硅谷,我们就刚刚面试了不少工程师以及即将毕业的学生。"

谈及中小企业,马云显示出一贯的乐观:"我从来不为中国的中小企业担心。他们几乎没有银行贷款,不是靠负债扩张。过去二十年间,这些中小企业凭借自己的聪明、毅力和勤劳走到今天——没有人引领,他们已然用上了互联网,并且他们不断学习,学会利用互联网做生意;目前的艰难时刻,创造工作机会是一切经济刺激计划的核心要旨,而中小企业则可以提供大量工作机会,这使它成为国家经济刺激计划的一部分。最重要的是,这些企业家从不言败!"

提到危机和不幸,人们总是心存恐惧,恨不得离得越远越好。然而,世事多变,没有绝对的机遇,也就没有绝对的危机。事实证明:在通往成功的道路上,从来少不了危机的身影。这些危机可能来自于你的内心,也可能来自于你当下的境遇,但它并非一成不变。

当我们知道自己的生活有多么不幸时,我们不妨想想为何会变成这样。我们为什么不去改变一下呢?什么事都不是绝对的,无论是幸运还是不幸,关键不在事物本身而在于你如何理解事物。扫掉阴霾的迷惘,学会转换自己的视角,眼前的事物就都会变得明亮起来。

有句话说:喜悦在生命转弯的地方。如果人们只看到废墟,而未看到废墟带来的巨大财富,就很难发现拐角的惊喜。

美国亚拉巴马州的人们世世代代都以种棉花为生,但就在1910年的时候,亚拉巴马州的农田遭遇了一场特大象鼻虫灾害。害虫所到之处,棉田几乎全毁殆尽。那是一幕惊心动魄的惨相,棉农们欲哭无泪,一年的辛苦劳作就这样毁于一旦了。

飞来横祸的象鼻虫之灾,绝了棉农的生计。于是他们不再单一只种棉花,开始选择另外的植物种植,像玉米、大豆、烟叶等农作物。出人意料的是,这些农作物的经济效益比单纯种棉花高出了4倍。从此,亚拉巴马州的经济走上了繁荣之路,人们的生活越来越好。

其实事情都是一体两面的,就看你从什么角度去看待它。爱迪生为了发明电灯,做了14000多次试验,都未成功。他的助手都有些失望了,对爱迪生说:"我们浪费了太多时间,都已经试了一万多次了,仍然没找到可以做白炽灯丝的物质。"爱迪生听后,笑着说:"不,我们收获很大,因为我们已经知道有一万多种物质不能当白炽灯的灯丝。"

相信大家都听过两个人去调查鞋子在非洲有没有市场的故事。一个人悲观地说:"非洲不适合发展鞋业,因为那里根本没有人穿鞋。"而另一个则恰恰相反地说:"这里的市场很大,因为所有的人都没有鞋穿。"

正如硬币有正反两面一样,事情也有两面。当你认为一件事很糟糕的时候,说不定其中就暗藏机遇,当你认为你好运连连的时候,后面的发展却不一定好。比如富足优越的生活虽然很好,却容易让人失去上进心,一贫如洗的日子虽然辛苦,或许更能激发你的斗志。

当遭遇不如意的事情时,我们一定要学会转换思维的角度,从好的方面来看待整个事情。学会跳出思维的惯性,避开思路上的习惯,也许你会进入一片未开垦的领域。当我们面对所谓的坏事的时候,要发掘其中的机遇,说不定坏事就从此改变了你的命运。当面对好事的时候,要时刻告诫自己不要过于忘形。

祸福相伴,好坏相依。是好是坏,关键在于我们用一个怎样的心态去看待,还在于我们遇事后采取了什么样的行动。

3. 这个世界不是你能做什么,而是你该做什么

在《赢在中国》中,马云对一位出生在70年代的选手说:"我的建议是在40岁以前能够学会专注,这个世界不是你能做什么,而是你该做什么。如果你把所有的精力和资金都放到你刚才的办公家具项目的话,我相信会做得很好。"在马云看来,一个企业家经常要问自己的不是"我能做什么",而是"该做什么,到底想做什么"。

马云当初选择做电子商务,是经过慎重考虑后的决定,而绝不是出于一时的头脑发热。

1997年,马云在外经贸部中国国际电子商务中心工作,那段时间使马云认识到:当今的亚洲,尤其是中国,是世界的加工厂,是制造业的中心。虽然中国中小企业云集,数量犹如过江之鲫,但是由于种种限制,他们在商业舞台上一直属于"弱势群体"。面对国际和国内市场,这些中小企业自身无力投入大量资金进行市场推广。因此,在以出口导向型经济为主的亚洲,小出口商很难打开渠道,拓展海外市场十分费力。

马云不甘心让中国的中小企业饱受被"施舍""盘剥"之苦,他要为中小企业找出路。通过苦苦思索,马云想到了互联网。他觉得,这些中小企

业是最需要互联网的。如果用互联网为他们服务，他们就可以在世界范围寻找客户；只要通过互联网，这些小公司就可以把它们的产品带到世界的各个角落……马云找到了自己的方向，所以下决心舍弃了自己在北京的事业，带领部下回到了杭州，开始了阿里巴巴的创建之路。

一个人如果只是满怀壮志、空有激情，就很容易变得刚愎自用、不明方向，空洞地坚持着自己所谓的理想。马云没有让自己变成这样，他知道，要想创业成功，首先要做出切合实际的判断，明确自己该做什么而不是能做什么。

马云说："不是你的公司在哪里，有时候你的心在哪里，你的眼光在哪里更为重要。"这也是在告诫年轻人，创业虽然需要激情，甚至需要一时冲动，但是如果在选择项目时，没有经过深入的调查，只凭自己的臆想，或者一味跟风，随波逐流，其结果非但不能够成功，反而会使自己陷入"万劫不复"的悲惨境地。

有一句话说得好："对一艘盲目航行的船来说，任何方向的风都是逆风。"我们在做事的时候，如果没有一个明确的目标，也就会像一艘没有航向的船，只能漫无目的地漂泊。

如果把人一生的过程看作是一次旅行，那么我们首先要做的就是找对方向，有了奋斗的目标，我们才可以没有负担一往无前。跟着目标走才不会迷路，如果只是盲目努力，做得再多都是徒劳。

有了明确的目标，你才不会彷徨，才不会上演南辕北辙的悲剧。如果你像骏马一样，每天都向着自己的目标前进，看着一点点接近的目标，你会很有成就感，很幸福，以致忘记了路上的艰辛和困难。

在肯·莱文发现比赛尔之前，比赛尔只是西撒哈拉沙漠中一个与世隔绝的地方。当地的人都认为他们不管用什么办法、朝哪个方向走，最终还会回到原点。肯·莱文对此并不相信，他认为真相只有自己试过了才会揭晓。

于是,肯·莱文从比塞尔村向北走,他只花了三天半的时间就走了出去。这就证明了他的想法是正确的,但是同时,肯·莱文对当地人为什么走不出去而感到奇怪。为了弄清楚这个问题, 他雇了一个比塞尔人带路,自己只拄一根木棍跟在后面。结果,他们果然又回到了比塞尔。

原来,与世隔绝的比赛尔人根本就不认识北斗星,而且也不懂得用指南针,他们只是凭着感觉往前走,大漠上上千公里也没有任何参照物来为他们指引方向,因此他们一直走不出大漠。肯·莱文告诉那个为他引路的当地人,让他白天休息,夜晚只朝着北面那颗星走,最终一定能走出沙漠。引路人照着他的话去做,结果只用了三天就走出了沙漠。

那位引路人因此成为了比塞尔的开拓者,他的铜像被竖在小城的中央。铜像的底座上刻着一行字:新生活是从选定方向开始的。

如今的比赛尔已经成为了著名的旅游胜地,每年都有成千上万的旅游者去那里旅游。

世界著名的潜能激发大师安东尼·罗宾先生有个 “必定成功公式”。这条公式的第一步是要知道你所追求的,也就是要有明确的目标。第二步就是要知道该怎么去做,然后立即采取最有可能达到目标的做法。

一个有明确目标的人,生活会很充实,自己心里也会感到很踏实,他的注意力会神奇地集中起来,不再被许多繁杂的事所干扰,干什么事都显得成竹在胸。相反,那些没有明确目标的人,总是感到心里空虚,遇事犹豫不决,分不清主次轻重,不知道自己该干什么,不该干什么。

因此,一个人越早地明确自己的目标,就意味着他可以越早地为实现自己的目标做准备,并集中精力,更快地实现自己的理想。如果你想在事业上拥有一番成就,那现在就给自己设立一个明确的目标吧。

4. 创业每天要面对的是困难和失败，而不是成功

马云说："对所有创业者来说，永远告诉自己一句话：从创业的第一天起，你每天要面对的是困难和失败，而不是成功！我最困难的时候还没有到，但有一天一定会到！困难不能躲避，不能让别人替你扛！"

很多刚开始创业或者正打算创业的人，总是幻想着自己成功后的样子，却忽略了在创业过程中会遇到的种种困难，因此一旦遭受打击，就很容易丧失信心，甚至从此一蹶不振。因此，马云告诫那些想要创业的年轻人："如果你没有在创业路上摔100个跟头的准备，你不要创业；如果你没有无数次被拒绝甚至被嘲讽的准备，你不要创业；如果你没有做好'被全世界人抛弃'的准备，你不要创业。"

1995年，当马云打算创办中国黄页时，中国还没有开通互联网，而当时的马云和他的几个合伙人，凭着几份美国寄来的打印纸和一个美国电话，向人们兜售一种在国内还看不到的商品。

尽管马云是真诚的，尽管马云在老老实实做生意，甚至不辞劳苦地义务宣传互联网。但是当时国内的人们对互联网还一无所知，有人怀疑这些打印纸是马云他们自己在电脑上制作出来的，并不在网上，因此他一次又一次地被人当成骗子。

另外，由于资金匮乏，公司举步维艰。为了寻找资金，马云费尽了心机。1995年下半年，五个深圳老板主动到杭州找马云，说愿意出资20万元，做黄页的代理。马云一听感激涕零，立刻将公司模式、技术支持和盘托出，老板们听完说还没弄明白，马云便派技术人员到深圳，昼夜不停

地为其建立系统,老板们终于满意了,通知马云说他们三天后到杭州与黄页签合同。马云苦等了三天,音信全无,再催,得知老板们刚刚开过新闻发布会,拿出来的东西与黄页一模一样。此时马云才知道受骗了。"当时真受不了,但我还是把它扛下来了。"事后马云这样说。

面对困难和失败,马云也有自己的见解,他说:"人生是一种经历。成功在于你克服了多少困难,经历了多少灾难,而不是取得了什么结果。我希望等我七八十岁的时候,我跟我孙子说的是,你爷爷这辈子经历了多少,而不是取得了多少。"

马云回首自己的创业经历时说:"从创业的第一天起就要有这个心理准备:每天要思考自己未来的十年、二十年要面对什么。要记住,你碰到的倒霉的事情,在这几十年遇到的困难中,只不过是很小的一部分。创业的过程虽然有很多的痛苦,但只要克服了这些困难,你就会获得最终的成功。到时候你就会说:我奋斗过了,我得到了快乐。"

在马云的创业之路上,就是这样不断摔跟头,不断爬起来。不管有多少损失,多少委屈,也不管有多大打击,多大压力,马云都扛下来了。他和他的创业团队经受住了一次次磨难的考验,不断成长,并逐渐走向成熟。

马云曾说:"创业者就是面对困难!"据一份调查数据显示,在中国,创业失败的案例占所有参与创业人的85%,可见,创业的过程就是要面对困难和失败,以及战胜困难并坚持的过程。一个人,既然选择了创业,虽不说非要置之死地而后生,这种心理准备还是要有的。

李嘉诚创办长江塑胶厂后,凭着自己的商业头脑,发了几笔小财。生意做得也算是不错。但是年轻的李嘉诚忽略了商战中变幻莫测的特点,他开始过于自信了。几次成功以后,李嘉诚开始扩大他的塑胶企业,没过多久,企业的资金开始周转不灵,工厂亏损愈来愈重。

过快地扩张，承接订单过多，加之简陋的设备和人手不足，极大影响了塑胶产品的质量，迫在眉睫的交货期使重视质量的李嘉诚也无暇顾及愈来愈严重的次品现象。于是，仓库开始堆满了因质量问题和交货延误而退回来的产品，塑胶原料商开始上门催缴原料费，客户也纷纷上门寻找一切借口要求索赔。

面临灭顶之灾的李嘉诚浑然没了主意，这一段时期，是他在商场中最困难的时期。直到今日，李嘉诚回想起来都有心有余悸的感觉。后来在李嘉诚的努力下，工厂终于转危为安，重新焕发活力。

我们看到很多大企业，羡慕他们的耀眼光辉，却不知道它们在发展初期也曾遭遇过很多艰难困苦，付出过很大的代价。哪怕是李嘉诚的长江实业和马云的阿里巴巴在成长的过程中也并不是一帆风顺的。马云说："我们阿里巴巴所经历的，大家看到辉煌的一面只占20%，艰难的一面达80%，五六年以来我们都是一路挫折走过来，没有辉煌的过去可谈。"

那些成功的企业家遇到的困难和失败并不比常人少，甚至比常人还要多很多。但是他们在面对失败和困难时，始终是微笑面对，并积极找出解决的方法。

美国有一位哲学家说过："失败并不是最可怕的，最可怕的是你不敢去接受、面对失败。"在创业之前，如果你没有足够的抗打击能力、抗失败能力、承受各种挫折和委屈的能力，而只看到光明的未来，还是不要开始为好。要知道人生之路正如松下幸之助所言："人的一生，或多或少，总是难免有浮沉，不会永远如旭日东升，也不会永远痛苦潦倒。"想要创业，就必须以率直、谦虚的态度，乐观地向前，始终把面对失败、克服困难当成迎接成功的最佳磨炼！

5. 变通,你永远不会走投无路

梁启超说:"变则通,通则久。"在生活中,很多事情都不是一成不变的,面对变化着的事物,如果我们固守过去的思想或者按照常规的思路,很可能会陷入死胡同里出不来。

知变与应变的能力是一个人的素质问题,同时也是现代社会办事能力高下的一个很重要的考察标准。办事时要学会变通,放弃毫无意义的固执,这样才能更好地办成事情。如果你陷入了思维的死角而不能自拔,不妨尝试一下改变思路,打破原有的思维定势,反其道而行之,开辟新的境界,这样才能找到新的出路。

在2004年9月阿里巴巴成立五周年时,马云宣布了公司战略从"Meet at Alibaba"全面跨越到"Work at Alibaba"。马云为这个转型做的解释是:

"Meet"就是把客户聚在一起,就像做水库,如果养鱼,没什么意思;如果做旅游,还要花费水电。所以,"Meet"的钱都是小钱;"Work"则意味着水库要铺管道,把水送到家里变成自来水,自来水厂赚的钱一定比水库多。我就希望电子商务对每一个中小企业来说都能像拧自来水一样方便。

这次转型主要是向更专业化的方向调整。马云认为到了2008年、2009年电子商务必然有一个爆发。因此阿里巴巴必须抢在这个变化前先变,而不是等到出了问题再去想办法解决。这是阿里巴巴保持变革能力的关键。

马云说:"我们阿里巴巴在过去的七年里和我本人近十年的创业经验告诉我,懂得去了解变化,适应变化的人很容易成功,而真正的高手还在于制造变化,在变化来临之前变化自己!"

因此,马云给那些有志创业的人们提出了这样的忠告:面对各种无法控制的变化,真正的创业者必须懂得用主动和乐观的心态去拥抱变化!当然变化往往是痛苦的,但机会却往往在适应变化的痛苦中获得!

苏轼的《题西林壁》一诗中有这样的名句:"横看成岭侧成峰,远近高低各不同。"原本同样的事物或问题,只要选择不同的角度去观察分析,就能够得出大相径庭的结果。

美国威克教授曾经做过一个有趣的实验:将一些蜜蜂和苍蝇同时放进一只平放的玻璃瓶里,使瓶底对着光亮处,瓶口对着暗处。结果,那些蜜蜂拼命地朝着光亮处挣扎,最终气力衰竭而死,而乱窜的苍蝇竟都溜出细口瓶颈逃生。看来,在逆境当前时,我们有时候需要的不是对规则的遵循,而是对规则的突破。我们应该看到,在一个经常变化的世界里,灵活机动的行动比有序的衰亡好得多。

循规蹈矩,一味守旧的求稳求安,只能裹足不前。要有所发展,就要能够变通、勇于创新,要学会变通的本领,善于打破一切常规。

1924年,美国家具商尼克尔斯的家突然起火,大火将他准备出售的家具烧了个精光,只留下一些残存的焦松木。

看着家中一片狼藉,尼克尔斯伤心不已。但是突然,这些烧焦松木独特的形状和漂亮的纹理却将他的目光吸引住了。他小心翼翼地用碎玻璃片削去焦松木上的尘灰,用砂纸打磨光滑,然后涂上一层清漆,居然产生了一种温馨的光泽和红松非常清晰的纹理。尼克尔斯惊喜地狂叫起来,不久便制作出了仿木纹家具。一场大火,给他带来了灾难,同时也带来了创造和财富。现在,尼克尔斯的第一套仿木纹家具还完好地收藏在纽约州美术馆中。

俗话说:"树挪死,人挪活",种子落在土里长成树苗后最好不要轻易移动,一动就很难成活。而人就不同了,人有脑子,遇到了问题可以灵活地处理,用这个方法不成就换一个方法,总有一个方法是对的。

即便有一天我们失业了,或者是我们的生意做不下去了,这并不是上帝要逼我们走向绝境,而是在告诫我们该转弯了。

事实上,坚持一个方向走到底是不太现实的,就像你开车,不可能总是方向不变,而是不时调整方向。有时候,环境变化得太厉害,如果你还不另辟新路,你一定会栽跟头。同样的动作、语言、事情,会使我们的头脑产生一种定式。要摆脱这种思维定势,需要你发挥想象力。想象力是创造力的灵魂。有了它,你才会变化自如。

马云说:"市场变化的很重要原因是需求变化了。"他在讲述这一问题时举例说,在他很小的时候,人们听说哪一件衣服在北京城里一天能卖出五千件,那大家就会争相来买这件衣服,因为这就是当时人们眼中的时尚观;但是现在的人们则开始追求个性化,因此如果一件衣服只有一件,就算价格非常贵也会有人买,但是如果你宣扬说这件衣服已经售出了五百件,那么人们就会立刻对它失去兴趣。

经验是我们的宝贵财富,我们常常以过去的成败来看将来的机会。但是,经验常常限制了我们的头脑,使我们看不到新东西,创造不出新方法。

变通不是朝令夕改,不是故意寻求不同,它只是让你更好地实现目标。我们要敢于打破一切常规,有积极进取的精神和挑战的勇气,善于改变不适宜的东西,重塑新的起点。只有懂得变通,才可以灵活运用一切他所知的事物,还可巧妙地运用他并不了解的事物,在恰当的时间内把应做的事情处理好。

6. 时代属于坦荡乐观的一代

有人问马云,对于男性身上的品质,他最喜欢的是哪一点。马云回答说:"乐观地看待这个世界。"

在阿里巴巴处在最艰难的时期,马云和他的团队们依然保持着这样乐观的态度,他说:"那时我们每编辑一条信息,都在告诉自己,也许这条信息能够救一个客户,能够救一家企业,也许淘宝的这一个订单能够帮一个人改变他的生活。"也就是因为这些自我安慰、自我鼓励和坚持,让他们挺过了一个又一个难关。

2001年,受世界经济衰退及IT泡沫破灭的影响,中国的互联网行业跌入低谷。这一时期,一些知名的网络公司,例如新浪、网易的处境都很艰难,不少网站倒闭了,而一些还未成气候的公司也大批大批地死掉了。

在这样艰难的境况下,马云相信,人总是需要有些狂热的梦想鼓舞自己,做阿里巴巴不是因为它有一眼可见的前景,而是因为它是一个不可知的巨大梦想。

2002年是网络泡沫破灭最为彻底的时期,马云将阿里巴巴当年的发展主题定位为"活着",他希望公司员工坚持下去,等待来年春天的到来。就在这个时候,他们收到了很多小企业客户的感谢信,写着:阿里巴巴,因为你们,我们拿到了订单,招到了新的员工,扩大了公司规模。马云说:"这让我觉得,假如今天我能帮10家小企业,将来就能帮100家,未来还有10万家在等着,这个市场一定存在。"

就在同年年底,阿里巴巴不仅奇迹般地活了下来,并且还实现了盈利。

马云说:"我能走到今天没有任何理由,唯一的理由是我比我的同龄人更加乐观,更加会找乐子,更加懂得左手温暖右手,相信明天会更好,就是这样。"很多人,在事业发展的过程中一旦遇到一些困难、挫折便开始抱怨自己机遇不好,没有人支持,资金不足等等,因此整日生活在闷闷不乐当中,从而也失去了创造奇迹的动力和信心。

中国有句古训:"黯然神伤时,则所遇尽是祸;心情开朗时,则遍地都是宝。"这就告诉我们,越是遭遇不测就越该打起精神来面对,若是一味地难过,那么遇到的事也一定都是不好的;如果心情保持愉悦,那么也会有好运气找上门来。

事实上,没有一个成功者能够一帆风顺地达成自己的目标。马云也曾告诫年轻人说:"这么多年来的创业经历,和这么多朋友一起交流,我发现悲观的人是不可能成功的,悲观的人是不能去创业的。"

曾任华中师范大学文学院院长的李宇明先生,刚结婚不久,妻子就因为患类风湿性关节炎成了卧床不起的病人。女儿出生后,妻子的病情又逐渐加重。面对常年卧床的妻子、刚刚降生的女儿、还没开头的事业,李宇明感到矛盾重重。

然而,李宇明并没有因为这些不幸对生活失去信心。一天,他突然想到,应该将自己的研究方向定在儿童语言的研究上。从此,妻子成了他的最佳合作伙伴,刚出生的女儿则成了最好的研究对象。家里处处都是小纸片和铅笔头,女儿一发音,他们立刻作最原始的记载,同时每周一次用录音带录下文字难以描摹的声音。

就这样坚持了6年,到女儿上学时,他和妻子开创了一项世界纪录:掌握了从出生到6岁之间儿童语言发展的原始资料,而国外此项纪录最长的不过3岁。1991年,李宇明的《汉族儿童问句系统探微》的出版,在国内外文字语言界引起了震动。

一位伟人说："要么你去驾驭生命,要么是生命驾驭你。你的心态决定谁是坐骑,谁是骑师。"对于同一件事情,人们所持心态不同,形成的看法也不尽相同。例如高考学生落榜,悲观的人会想到我的一辈子完了,结果越想越觉得沮丧、委屈、绝望,最后放弃了努力。而乐观的人,则会找出落榜的原因,把自己不足的知识补充起来,在来年获得成功。这两种人,结局大不一样。无数的研究也表明,乐观心态有助于解决问题。

马云告诉年轻人："眼下的困境不是最重要的, 关键是心存理想,把握自己的未来,看到事物积极的一面,改变自己。"生活折磨我们的时候,我们只要不那么斤斤计较上天对我们的那一点不公平,积极寻找解决问题的办法,我们就拥有了胜利的希望。

人们常说,当上帝为你关上一扇门的时候,可能又给你打开了一扇窗。但在很多时候,他更有可能在你倒下后才打开那扇窗。而你是不是能够坚持到最后,恰恰取决于你对待挫折和困难是否抱有乐观的心态。

当然,这种心态不是要你盲目乐观,你要抱有成功的信念,但更要面对现状中最残忍的事实。只有这样,你才能克服和解决在创业过程中遇到的种种事情,从而走向黑暗之后的黎明。

7. 摆脱抱怨,才能拥抱生活

马云说："人不是为了惊天伟业而生的, 人是为了感受生活而生的,只有摆脱抱怨,才能拥抱生活。"

只要我们生活在这个世界上,我们就会遇到各种各样的问题。小的时候要解决说话、走路、穿衣的问题;上学的时候,要解决读书、写字的问题;参加了工作,也是为了解决生活中的问题。此外,还有结婚的问题,生孩子的问题,买房子的问题,购汽车的问题,生病的问题,失业的问题等等。可以说,生活中有问题是很正常的事,没有问题才是不正常的。

如果我们一遇到问题就开始无休止地抱怨,一味沉溺在已经发生的事情中,那么我们只会活在迷离混沌的状态中,看不见前头一片明朗的人生,生活也会失去很多乐趣。

马云说:"我们每个人都学会了埋怨,埋怨政府、埋怨体制、埋怨社会、埋怨没有机会,总是埋怨,而自己好像没有一点问题。"

对于已经存在的商业环境和人们的心态,马云认为,我们需要不断地研究自己的姿态和做事方法。他说:"我相信心态不好,姿态一定不好,心态和姿态不好的话,整个生态只会越来越差。也许我们应该停下来做些事情,思考如何把自己的心态调整更好,如何把自己的姿态做得更好,如何保持商业的生态。比如互联网就不是消灭谁,而是完善谁。"

人生就像骑单车,如果不左右调整以保持车的平衡,那么必定会摔个大跟头。遇到问题的时候,如果你不善于调整自己,重新把握好平衡,那我们就将陷入一个十分被动的局面中。

当我们身处困境的时候,如果总是一味沉浸在抱怨、失落、悲伤的情绪中,就会感到生活也是灰暗的。但当你以积极的心态去看待你所处的环境,当你抬头看看阳光,你就会积极地采取有效的措施和方法去改变你的现状。

无论是在工作中还是生活中,每个人都会遇到不顺利的事情,都会有心情郁闷的时候,如果让这种心情任意发展下去,将自己囚禁其中,郁闷的程度会越来越厉害,不仅于事无补,还会衍生出新的烦恼。

美国人马克·维克多·汉森的破产，宣告了他所经营的建筑业的彻底失败。马克也曾低落过，但他在几天的自我反思后，觉得这样颓废下去无异于自我毁灭，只会让自己的生活越来越糟。他想，也许建筑业并不适合自己，那何不去开辟另外一条道路呢？

于是，马克果断地选择了放弃，选择了彻底退出建筑业，他决定去一个截然不同的领域创业。很快他发现，自己的才能也许并不仅仅局限在建筑业上，他开始对公众演说有了热情。

一段时间之后，他成为了一个颇有感染力的一流演说家。他的号召力与日俱增，看到了自己的人气，马克抓住了时机，充分发挥自己的优势，他开始写书。他的著作《心灵鸡汤》和《心灵鸡汤2》一再登上畅销书排行榜。他不仅名噪一时，更因此拥有了巨大的财富，最重要的是，他重新找到了自己人生的方向。

马克用自己的亲身经历告诉了人们：只要你结束哀叹，集中精力解决问题，那么挫折就可以转化成转机，压力也完全可以被转化成动力，最主要的是看你是否有一个积极的心态去处理，有没有从零开始的勇气。

如果你失业了，抱怨只会让你远离下一份工作；如果你赔钱了，抱怨只会继续糟蹋你的心情和健康。没有一种生活是完美的，也没有一种生活会让一个人完全满意，不幸会随时光临任何一个人。如果你用抱怨对待它，那么不幸就会缠上你，让你永远没有好日子过，永远看不到成功和希望。如果抱怨成为习惯，就会把一个不幸复制出若干个不幸。

遇到问题，如果我们只是抱怨，不能冷静地分析形势，调整心态，认真地寻找解决问题的方法，也许就会越陷越深，情况就会变得愈加糟糕。一个积极的想法，一个果断的行动，都比毫无意义的抱怨要有用得多。

人生际遇丰富多彩,当我们身处逆境时,谁知道会不会是命运给我们的一次考验、上天与我们开的一个玩笑,或者为我们提供的一次转机呢?消极地悲叹、抱怨,只会让我们与上天提供的另外机遇擦肩而过。所以无论怎样,哪怕身陷绝境,也永远不要被坏情绪束缚。只有停止抱怨,我们才能拥抱更美好的生活。

第九章

放下贪欲，明白什么是你不要的

1. 贪多嚼不烂

美国成功学的奠基人和最伟大的成功励志导师奥里森·马登曾说过："成功人士的人生就像一个枪手射击靶标。如果没有靶标，无异于浪费弹药。不管干什么，都必须命中靶标。因此，人的一生当中，必须做有用的事情，否则将一事无成。"

凡是在事业上有所建树之人，几乎都不是干得多，而是干得精。就如阿里巴巴，其企业战略之一就是"专一"。

曾有一段时间，房地产行业炒得如火如荼，许多企业纷纷摩拳擦掌向着这一领域进军。面对这股大潮，阿里巴巴始终无动于衷，有人问马云为什么不学着别人去房地产捞上一把，他却打了这样一个精妙的比喻：

"看见10只兔子，你到底抓哪一只？有些人一会儿抓这个兔子，一会儿抓那个兔子，最后可能一只也抓不住。CEO的主要任务不是寻找机会而是对机会说NO。机会太多，只能抓一个。我只能抓一只兔子，抓多了，什么都会丢掉。"

马云又接着明确表示说："阿里巴巴的资金储备可能在中国网站中是最多的，我们还有十亿元以上的现金储备。很多人讲，阿里巴巴现在有那么多钱，为什么不做房地产？绝对不能这么想。在座的每一个人都要问自己一个问题，一个企业创办的时候，它的出发点是什么。第一天阿里巴巴说，我们专注做中国的电子商务，我们要把中国的电子商务做成全世界一流的，那么我们的钱就是为电子商务服务的。"

美国著名半导体公司德州仪器公司的口号是："写出两个以上的目标就等于没有目标。"这句话不仅适用于公司经营，对个人的工作和生活也有很强的指导意义。

俞敏洪说："在自己的能力范围内做有把握的事情，贪多嚼不烂就是这个道理，身为管理者，更应该留一些平常心，不紧不慢，不紧不慌，不忙不暴，这不是更有利于自己的工作吗？"在我们周围，有的人喜欢为自己确立很多人生目标，尽管为之奋斗过，但终究成绩平平；而有的人执著于一两个目标，却往往能够取得令人羡慕的成功。

一位父亲和三个儿子在山上打猎，他问三个儿子看到了什么。老大说："我看到遍山的绿树红花，还有爸爸和两个弟弟。"老二说："我看到了一只野猪，两只野兔，还有好多只大雁。"老三说："我看到了那只我想射杀的野兔。"

听了老大和老二的话，父亲皱皱眉，听了老三的话才点点头说："没错，对猎人来说，一次只能瞄准一个目标，否则你根本无法射中目标。"

巴菲特从11岁开始买第一只股票，现在70岁了，还没有改行的迹象。他只做投资，所以被称为股神。世界首富比尔·盖茨，这位浑身上下充满传奇色彩的人物谈起他的成功之道时平静地说：我之所以取得了成功，是因为我一生只选定了一把椅子。

如今无论是公司聚餐,还是地铁里,你会发现几乎人手一个苹果产品。如果我们再注意看一下苹果的产品线就会发现,苹果这几十年走过,好像只有这么几款产品,但也就是这么几款产品,却支撑了整个苹果帝国。

我们也发现诺基亚公司只做手机、宜家卖场只卖家具、百事公司只生产饮料,我们从来没有见过诺基亚跑去卖矿泉水、宜家跑去开连锁酒店、百事公司拿出钱投资房地产,是这些行业不挣钱吗?当然不是,而是因为他们懂得想要的太多,结果就会像猴子掰玉米,一无所获。

现在的我们面对太多的诱惑和选择,人也变得越来越浮躁,"想做的事"总是要比"能做的事"多得多。今天想做超市,明天想开美容店,后天又想去跑销售……于是"跳槽"的人多了,投机的人多了,每件事却都是虎头蛇尾、半途而废,皆因"欲多则心散,心散则志衰,志衰则思不达也"。

古语说,十鸟在林,不如一鸟在手。世上看起来可做的事情很多,但真正能够抓住的却少。人生的机遇,可能就只有那么一两次。何况任何一个行业都博大精深,够你花一辈子的精力去钻研和奋斗。所以,任何一个大师级的人物,都只是自己那一个领域内的大师,而非涉猎广泛。

2004年12月,数学大师陈省身走完了他93岁的人生。他有一个信条就是"一生只做一件事"。他说自己只会做一件事,就是研究数学。并且他要求自己,一生做好一件事。

一生做好一件事,只要真正做好了,就是了不起。列文虎克喜欢磨镜子,一磨就是60年,最终发明了精细显微镜;曹雪芹劳累终生,一本《红楼梦》写尽人生百态、世态炎凉;徐悲鸿一生画马,齐白石专注画虾,居里夫人一生致力于镭的研究……

分散的阳光并无任何的效力,但如果将光通过聚光镜聚集起来,它便可以融化无坚不摧的花岗岩,甚至钻石,那是聚集的力量。正如德国诗人席勒曾说过的:"把雷鸣的声音分散开来,就可以变成儿童的催眠曲;如果把雷声集中起来,就可以震天动地。"

目标太多等于没有目标,心无旁骛奔着一个方向,总有一天会达到终点。

2. 上当不是别人太狡猾,而是自己太贪

贪婪是人类身上最大的弱点之一,生活中数不清的悲剧都和人的贪婪直接挂钩。许多人就是被人抓住贪心这一弱点牵着走,最终身陷囹圄。而当万劫不复时,他们总会痛心疾首地大骂别人阴险狡诈,却从来没有反思一下,如果不是自己太贪,又何至于如此?

说到底,人们只要不抱着贪图便宜、不劳而获的心理,再精明缜密的骗局都不会伤害到你。

马云曾把企业资金比做国家的军队,他说:

"资金就像一个国家的军队,军队做什么?就是为了定国安邦。只要你有足够的资金,市场会稳定,客户会稳定。你不能有军队空着,你就这里骚扰骚扰,那里骚扰骚扰。所以善用好你的资金,什么资本的运作,所有人都跑到你家门口叫你做这个做那个,那永远不是机会。我永远不相信别人对你说这是好机会,如果他对你说这是个好机会,那你就让他做。人上当就是因为贪婪,永远要知道什么是你做的,什么不是你做的。企业最重要的不是你能做什么,而是要想你应该做什么。要知道,比你能做的人太多了,所以不要问你能不能做,而是问你该不该做,想不想

去做。想不想做是一个企业创办的最初的出发点。"

生活总是在人面前摆放上各种钓饵,比如荣誉,比如金钱,比如地位,以此来测试我们对于人生的态度。当你起了贪念不知收敛,有人就会利用你的这个心理,将你斩杀得遍体鳞伤,甚至赔上性命。有这样一则寓言故事:

沙漠中,骆驼的天敌只有狼。凶残的狼有锋利的牙齿,奔跑有速度,作战骁勇,骆驼怎么能是他的对手?

但骆驼有另外一手——它的生存手段不是进攻,而是逃跑。

每当两者相遇,狼总是急于发起进攻,好饱餐一顿。但骆驼从不仓促应战,通常是叫一声,转身就撒开蹄子狂跑。

狼当然不肯轻易放弃到嘴的美味,就拼命追赶。

开始的时候,狼眼看就要追上骆驼了。但渐渐的,距离就越来越大,因为要拼耐力,狼当然要输一筹。

骆驼见狼落后得远了,就主动放慢一点速度,给狼一点鼓励,一点希望。

贪婪的狼果然中计,继续全力追赶。骆驼继续跑跑等等,引诱着狼走向无水无食无生命的大漠深处……

终于,狼迈出最后一步,精疲力竭而死。

骆驼能打败狼,不是因为自己很厉害,而是因为狼太贪。生活中,很多人被骗,也不是因为自己不够聪明,而是因为内心的贪婪。庞氏骗局大家都熟悉吧?这种骗局以"庞氏"命名,是因为一个名叫查尔斯·庞兹的投机商人首次在美国波士顿精心策划了一个以高资金回报率为许诺,骗取投资者投资的骗局。

一位53岁的加拿大男子斯米尔诺设立了一个在荷兰注册的网站"致

富之路"，以高回报、低风险的投资计划诱骗投资者，声称每年回报率达546%甚至17000%，并提供7天、15天、30天和60天的计划以供选择。

在2007年至2009年间，他成功诈骗4万人的钱财，总共逾7000万美元。受害人遍布全球120个国家，包括中国、美国、英国、冰岛等。

臭名昭著的类似骗局还有很多，如彩票骗局，有组织的犯罪团伙给一些家庭打电话，告诉他们中了彩票大奖，而要兑奖，必须先缴纳一定数额的手续费。

尤其是随着通讯业的发达，各种骗术更是不断花样翻新，令人防不胜防。但纵观形形色色的骗局，一个基本的特点就是以高额利润为诱饵，诱使贪财的人上钩。

防骗没有什么特别的招数，唯一的就是控制自己的贪婪和欲望，时刻保持理性的头脑，方能避免被人卖了还帮人数钱。

当然，欲望不只是上当受骗的诱饵，更是毁掉你幸福的罪魁祸首。有人说，人生最危险的境地就是贪婪，世间美好的事物太多，当我们拼尽全力不断聚敛，甚至不惜代价，却不知心灵就在这贪婪的占有中被腐蚀掉了。

马云曾参加美国知名主持人查理·罗斯(Charlie Rose)的脱口秀节目，查理·罗斯问他：

这是一个日新月异的世界，那么有哪些变化让你感到担忧，而哪些又让你觉得欣慰？

马云答：贪婪和拜金主义让我感到担忧，其实造成金融危机的其中一个原因就是贪婪。国家想的是GDP，公司想的是收入、赢利、上市，人们事事以金钱为先。我们来到这个世界是为了体验生命，而不是刚刚讲到的这些。

欲壑深不见底，贪婪的人一心想填满它，越是填不满，越是想要填满。最终使心境失去平静，生活失去平和，整个人生长河就像老式座钟上的钟摆，永远不得安宁地在两极情绪间起落挣扎，品尝着绵绵无尽的焦虑与惶恐、无奈与苦涩、疲惫与怨怒、失落与惆怅,最终陷入一种恶性循环。

何不以平常心去对待呢?平常心是一种中庸的处世心态,既不清心寡欲,也不声色犬马;既不自命清高,也不妄自菲薄;既不吹毛求疵,也不委曲求全。平常心并非自甘平庸不思进取,而是以一颗平静的心态耕耘在自己人生的土壤上,不人浮于事,不随波逐流,踏踏实实履行自己生命的职责,一步一个脚印走好自己的人生路。

3. 不抓鲸鱼只抓虾米

关于阿里巴巴的发展目标,马云的定位是"要做和别人不一样的企业"。为此,马云在"亚洲电子商务大会"上发言说:"美国是美国,亚洲是亚洲,我们不能照搬eBay、AOL、亚马逊和雅虎的模式,亚洲80%是中小企业,亚洲一定要有自己的模式。"

马云曾把大企业比作鲸鱼,小企业比作虾米,而阿里巴巴将不抓鲸鱼只抓虾米。这是马云通过对"网络的普及将是对大公司模式的终结"的预测得到的最终决定。

所以,当中国互联网上都在争相复制雅虎、eBay、亚马逊,复制网上门户、网上书市、网上拍卖的时候,马云推出的却是一种新式的B2B模式——这就是后来被国内外媒体、硅谷和国外风险投资家誉为"与雅虎、亚马逊、eBay比肩"的互联网第四种模式。

而马云这样决定的原因也很明确:亚洲是最大的出口基地,而阿里巴巴就是以出口为目标,那么,帮助全国中小企业出口便是阿里巴巴的方向。可以说,这种以服务中小企业为主的模式也是阿里巴巴独创的。

事实证明,马云对中国市场的分析是正确的。世界需要中国这个潜力无限的大市场,而中国也需要世界。所以很快,中国就顺利地加入了世贸组织。由于劳动密集型产业的发达,使得中国成为世界的工厂,一时间"中国制造"风靡全球。

而中国商业发展的独特模式都是以中小企业为主的B2B模式。于是,因为马云的"前瞻",阿里巴巴每年的续签率达到75%——要知道中小企业的死亡率都可以达到15%,他们续签首先说明他们已经存活下来了。

"让别人去跟着鲸鱼跑吧。"马云说,"我们只要抓些小虾米。我们很快就会聚拢50万个进出口商,我们怎么可能从他们身上分文不得呢?"也正是在马云这样的领导者的英明决策之下,阿里巴巴才能一直领跑在网络帝国的世界中,继续着一个又一个的商业神话!

面对鲸鱼与虾米这两个尺码差距相当大的目标,马云义无反顾地选择了后者,因为他对局势有着很明确清晰的认知,并且知道,目标越具体,越现实,达成度越高。李开复曾经这样解释清晰具体的目标:在"SMART"目标中,S是Specific,即你的目标必须是特定的、范围明确的,而不是宽泛的;M是Measurable,即你的目标是可以度量的,不是模糊的。

1952年7月4日清晨,加利福尼亚海岸下起了浓雾。在海岸以西21英里的卡塔林纳岛上,一个43岁的女人准备从太平洋游向加州海岸。她叫费罗伦丝·查德威克。要是成功了,她将是从英法两边海岸游过英吉利海峡的第一个妇女。

那天早晨,雾很大,海水冻得她身体发麻,她几乎看不到护送他的船。时间一个小时一个小时的过去,千千万万人在电视上看着。有几次,鲨鱼靠近她了,被人开枪吓跑了。她仍然在游着。

15小时之后,她又累,又冻得发麻。她知道自己不能再游了,就叫人拉她上船。她的母亲和教练在另一条船上，他们都告诉她海岸很近了，叫她不要放弃。但她朝加州海岸望去，除了浓雾什么也没看到……

几十分钟后——从她出发算起是15个小时55分钟之后——人们把她拉上船。她渐渐觉得暖和多了，这时却开始感到失败的打击。她说："说实在的，我不是为自己找借口。如果当时我能看见陆地，也许我能坚持下来。"人们拉她上船的地点，离加州海岸只有半英里！查德威克一生中就只有这么一次没有坚持到底。

目标要看得见，够得着，才能成为一个有效的目标，才会形成动力，帮助人们获得自己想要的结果。《爱丽丝漫游奇境记》里爱丽丝问猫该走哪条路，猫说："那要看你想去哪里。"爱丽丝说："去哪儿无所谓。"猫给出的回答是："那么走哪条路也就无所谓了。"当一个人没有明确的目标的时候，自己不知道该怎么做，别人也无法帮到你。

而从另一个角度来讲，目标的制定既要基于现实，又不能超过自己的能力范围。现实生活中的许多人并不是没有梦想，而是很多人的梦想都不切实际，遇到挫折的时候就怨天尤人，梦想也成了幻想。因此，只有在自己能力范围内的目标才有可能实现，才会成为你前进的动力。

孟子用仁政思想来游说齐宣王的时候，问他：是吃得不够美味还是穿得不够舒服？是看到的不够养眼还是听到的不够悦耳？难道说是服侍你的人不够多、不够好？……

在听到齐宣王多番否认后，孟子直截了当地点明了齐宣王的心思："大王是想开疆辟土，让秦、楚这些强国都向你俯首称臣，朝拜进贡。不仅如此，你还要成为中原霸主，让四夷归顺。可是，以你现在的实力来看无异于缘木求鱼啊！"

齐宣王倒笑了："不至于吧，先生说得太夸张了。"

"殆有甚焉！缘木求鱼，虽不得鱼，无后灾。以若所为，求若所欲，尽心力而为之,后必有灾。"孟子此番话令齐宣王如梦方醒,求教治国之道。

我们在满足自己物质需要和心理追求的时候要遵循一个前提,那就是不要超出你的能力范围。因为,适当追求,力所能及的时候,人们往往可以做出理智的决定,心之所向也就容易达到。但是,不切实际地追逐完满,总是会将自己的"需要"和"想要"两个概念混淆,人们就容易投机取巧,违背客观规律,因而被诸多烦恼所害。

从一个人为自己订立的目标上就可以窥视到他的欲望,由此,我们在给自己订立目标的时候还是要从自身能力与实际情况出发,一旦贪心太大,目标超出了自身能力范围,欲望也就迅速膨胀,这就是"贪心不足蛇吞象"。

4. 舍得放弃小"金子"

为了使阿里巴巴成为世界上最好的电子商务平台,马云为阿里巴巴制定了新的战略。但很不幸,这些战略使新成立的业务一直处于亏损状态。当有人开始质疑马云决策的正确性,并指责他"不能赚钱"的时候,他说:"要开始考虑赚钱的时候,是你帮别人真正赚了钱的时候。但现在,还不是淘宝收费的时机,因为市场还需要培育。就像几年前我经常讲的,如果阿里巴巴在路上发现小金子,不断捡起来,当他身上装满的时候就会走不动,就永远到不了金矿的山顶。"

马云一直认为,为了赚钱而去创业的这种功利心是不可取的。他曾说:"做企业赚钱,赚很多的钱,许多人都这么想,但这不是阿里巴巴的目的。"功利心人人都会有,它和创业之间是正向的关系,会激发创业的潜能。但是功利心并不是创业的原动力,它虽然也会促进创业,但是容易使人为了眼前的利益而放弃长远的打算,这对企业的长远发展是不利的。

马云说:"我们不想做商人,我们只想做一个企业,做一个企业家。"当阿里巴巴收购雅虎得到其全部中国的业务和10亿美金时,有人说阿里巴巴赚了,但马云坚持认为:经济利益我往往很少考虑,对阿里巴巴有一点事情是永远围绕我们的,我们想创办一个中国人创办的全世界最好的公司,我做的任何收购兼并我首先看看是不是围绕这个目标,围绕这个目标的情况下我再考虑经济利益。

很多生意人就是想把赚钱作为目的,怎么做也做不大。所以马云认为,赚钱是一个企业家的基本技能,而不是所有技能。马云说:"你赚的钱能不能持续赚钱,能不能持续创造价值,影响社会,领导整个电子商务互联网,这是我觉得最难的事情,我要挑战的是这些。很多人都懂得怎么赚钱,世界上会赚钱的人很多,但世界上能够影响别人、完善社会的人并不多,如果做一个伟大的公司,你就做这些事儿。"

企业家不能被钱引着走,企业家是被责任、团队带着走,钱是围绕优秀的企业家走的。帮助更多的人赚到钱。这种舍得放弃小金子,旨在创造社会价值的理念,使得马云把握住了互联网的命脉。也正是基于这种对电子商务的坚定信念,马云立志于将阿里巴巴做成世界十大网站之一,从而实现"只要是商人,一定要用阿里巴巴"的目标。

法国小说家巴尔扎克曾说:"在人生的大风浪中,我们常常学船长的样子,在狂风暴雨之下把笨重的货物扔掉,以减轻船的重量。"可见,当命运的船只走到死角的时候,果断地放弃是最明智的选择,所谓留得青山在,不愁没柴烧,就是这个道理。

有位名人说得好:"如果一个人面对着两件事情犹豫不决,不知该先去做哪一件事情好,那么他最终将一事无成。他非但不会有什么进步,反而会后退。唯有那些具有如凯撒一般的特性——先聪明地斟酌,再果断地决定,然后坚定不移地去行动的人,才能在任何事业上,都做出卓越的成绩来。"

天津天狮集团事长兼总裁李金元,回忆起自己走过的路,感慨地说:"做大事的人一定要学会放弃。成功的过程实际上就是放弃的过程。"如果此前离开学校、离开油田都算是放弃的话,让李金元最难放弃的是那次陷入三角债中的40多万元。

当时,亲友都劝他打官司,把这些钱追讨回来。然而,22岁的李金元却选择了放弃,他说:"往前走,有更多的40万元在等着,可要原地踏步,最多也就只有这40万元了。"

于是,李金元从银行和亲戚那里凑够了14万元现金,建起了自己的面粉厂。也正是从这时候开始,李金元挣来了自己的第一个100万。

"如果当时不毅然放弃这40万元的三角债,恐怕此后最好的年华都搭在这40万元上了。"李金元说。李金元没有透露他与职业经理人之间相处的秘诀。他只是说,在海外91个国家的104家子公司如果都让他亲自管,即使有三头六臂也不够。

不懂外语,却能让自己的公司在全世界赚钱,这就是李金元的"放弃之道"。

电影《卧虎藏龙》里有一句很经典的话:"当你紧握双手,里面什么也没有;当你打开双手,世界就在你手中。"人生就是一个选择的过程,而放弃正是一门选择的艺术,是人生的必修课。我们常说:坚持到底就是胜利。可是我们都知道唐·吉诃德是个勇于坚持的人,可最终的下场也只是失败。

人生有取有舍,有得也有失,不理智地抓住有些不属于自己的东西,只会活得很累。诗人泰戈尔说过:"当鸟翼系上了黄金时,就飞不起来了。"可见,放弃是一种智慧,是一种清醒的选择,为了更好地得到,去获得更大的成功,就必须放弃。即便你有时候舍不得。

其实,我们每个人都有自己的一份执著,它或许是信念,或许是一种习惯,或许是一份感情……合理的执著固然可以成为我们生活的原动力,可是有时候过分的执著却会变成一份盲目的坚持。因此,执著追求和果敢放弃是走向成功的双翼。不执著容易半途而废;不放弃,便容易一条道走到黑。

因此,不要什么都不愿舍弃,什么都想要抓到手里,只有撇开过多的贪心与欲望,依据形势做出准确的判断,选择属于你的正确方向,才能一步步踏上成功的快车道。

5. 很多人失败的原因不是钱太少,而是钱太多

在许多人看来,钱越多越好,难道钱多了还烫手?甚至还有人说:"所有能靠钱解决的问题都不是问题,解决不了的,多砸些钱就行了。"他们却未能认识到,有很多钱和钱不够同样有麻烦。而这些麻烦,恰恰就在于不知道如何解决钱太多的问题。

在《赢在中国》里,有个叫贾豫的男硕士,其参赛项目是AUTOFANS车友汽车生活馆,主要为汽车用品厂商和消费者之间搭建一个互利、共赢的服务平台,为车主提供优质、快捷、贴心、周到的产品和施工服务。

马云问他：加入你公司需要什么条件？

贾豫：首先要认可我的产品，认可我服务的模式，另外要交质量保证金和加盟费用。

马云：你觉得像你这样注册资本仅3万块钱，人家怎么相信你？

贾豫：因为之前我开店，说句实话，都是在个体户想法上做的，这个公司是我注册的第一个公司，刚开始公司这一块也不是很了解，然后找了一个代理，我说怎么快，怎么来，想个办法。多少钱？3万块钱就行，给了3万块钱。

最后，马云表态说："很遗憾这次我没有选任何一位……我想提点我的建议和想法，13号（贾豫）你的项目不错，人很踏实，但是不应该给你钱，给你钱会害了你。很多人失败的原因不是钱太少，而是钱太多。在开始做得小一点，一点点积累，你会做得很踏实，所以你这个项目最好3年以内不要考虑盈利，不要考虑融资，做扎实、做踏实，这个比较好一点。"

接着，马云又说："我发现很多选手有这么一个趋势，数字张嘴就来，没有经过思考，不真实，这就是对评委，对任何一个投资者来讲心里都会发虚……300万挺好，慢慢做到3000万，3000万到6000万很累，300万到3000万还是有可能的，要把自己真实的数字说出来。"

马云提出的这个问题很现实，但却并不为大多数人所意识到。比如说，有些上市公司，不管有没有需要，总是在不停地集资。问题是，企业拥有的资金愈多，并非意味着成功的机会愈大。

2003年，美国一家创投公司分析了400多家资讯储存公司过去30年的资料，发表了题为《储存行业的风险投资：冷酷的事实》的报告，指出创投公司看中的企业，死亡率超过70%，原因之一是钱太多！

事实上，创业资金只要足够便可，有时资金太多反而累事。对于一个人来说，也是一样的道理。因为有时候，金钱上的成功，对应的往往是生活上的失败。

曾经有一段时间,比尔·盖茨在为钱而犯愁。普通老百姓整日奔波忙碌只为能多赚点钱,但是盖茨的烦恼却是"钱太多"。盖茨已经不止一次地表示,希望自己有一天不再是世界上炙手可热的富人。

早在2006年,美国《福布斯》杂志在评选年度全球超级富豪时评估说,比尔·盖茨目前的个人财富已经达到大约500亿美元。有人甚至开玩笑说,盖茨那么有钱,估计在街上看到1万美元都不屑弯腰去捡。

但是有一次,盖茨在一次高层会议上抱怨道:"我希望,我不是(富人)。这个虚名并没有为我带来任何好处……因为它,你会变得毫无隐私可言。"盖茨表示,在公开场合,他并不常被打扰,很少有人找他要签名。但是尽管如此,他仍然觉得不自在。

虽然拥有"富可敌国"的财富并未让盖茨感到多快乐,但是盖茨却希望用自己的钱为社会做点事。在过去几年里,盖茨把他的大量个人财富捐献给了慈善事业。盖茨夫妇成立的世界上最大的私人慈善机构迄今已经在世界各地捐赠了约291亿美元,以帮助那些正和艾滋病、疟疾、肺结核以及饥饿作斗争的弱势群体。

在这个快节奏生活的社会里,很多人不知道人生中的目标与追求到底是什么,甚至不知道自己究竟想要什么。当别人问起来的时候,大多数人都会回答:"赚大钱。"这种缺乏信念与理想的表态,必然不能获得一个成功人生。

希腊有位女船王有个两岁的小女儿。女儿从出生开始便拥有40亿美元的财产身价。但是相对应的,她平均每周要收到将近50封的恐吓信。为了女儿的安全,女船王不得不把她关在壁垒森严的别墅里。平常只要有外人来访都要通过别墅的警报安全监控系统,而且女儿的成长与生活几乎完全是和外界隔断的。

这个拥有40亿美元的小女孩算得上"巨富"了，可是她的生活糟糕得一塌糊涂——40亿美元恰恰成了一堵墙，天真的小女孩就被堵在这个墙里面成了"囚犯"。

像这样因钱太多而遭遇恐吓的事情很多，比较有名的是印度首富穆凯什·安巴尼，他是《财富》500强企业信实工业主席，董事总经理。靠投资石油、零售业、生物科技和电信业积聚了巨额的财富。风光无限的他却因收到伊斯兰武装分子的恐吓而惶惶不可终日。由此可见，钱多未必是好事，商场虽得意，生活却失意，并不能带给人们由衷的快乐，它甚至最终会酿成悲剧。

6. 商人：有所为，有所不为

明朝巨贾沈万三，将"成为一个伟大的商人"作为自己的高远目标。成功后却又开始穷奢极欲，甚至变相做欺诈生意。这样的不齿手段没有维持多久便被人坑骗遭遇破产。后来靠着顽强打拼再次东山再起后，清醒地意识到"商人"的真正含义：该赚的钱要赚，不该赚的，打死也不能伸手。

商人，在人们眼中素来是这样一副形象：穿着名贵衣，打着小算盘，一双小眼睛里透露着精光。或许这也是"无商不奸"的来由了。

但是，并不是所有的商人都是如此，或者再从更高层次来讲，真正的商人并不如此。

马云说过:"在我看来有三种人——生意人,创造钱;商人,有所为,有所不为;企业家,为社会承担责任。"在马云看来,征战商场之人因着目的与所发挥的作用以及价值的不同,可以分为三类。但无论是哪一类,都要有原则,有底线,懂得经营。如此,才不失为一个既为自己又为社会创造价值的有用之人。

前段时间,因为阿里巴巴B2B业务中出现了0.8%的欺诈,CEO卫哲和COO李旭晖以负有领导责任而引咎辞职。阿里巴巴集团董事局主席马云在内部邮件中称,"过去的一个多月,我很痛苦,很纠结,很愤怒;对于这样触犯商业诚信原则和公司价值观底线的行为,任何的容忍姑息都是对更多诚信客户、更多诚信阿里人的犯罪!"

马云用自己的行为坚持了诚信和原则。他用行动告诉我们:诚信是基石,企业家不要为了钱丢了真诚和品格。而且,这种刮骨疗伤的勇气和担当,让更多的人了解阿里,理解阿里,信任阿里。

2006年央视曾有一个节目叫《在路上》,马云曾被邀去做客指点创业者的迷津。他在告诫创业者时说:"商业社会其实是个很复杂的社会,能够让自己有把握起来就是诚信。"

而这次马云的"忍痛断臂"事件是捍卫诚信和坚守着良知,他折损了两员大将,可他收获的却是世人对他的信赖。阿里让更多人看到了诚信企业,看到了企业家的良知。

阿里巴巴最初创建之时还只是一个小小的商务网站,但在"西湖论剑"后,马云就带领阿里巴巴管理着全球最大的网上贸易和商人社区。而现在,阿里巴巴网站为来自220多个国家和地区的600多万企业和商人服务,两次被哈佛大学商学院选为MBA案例,连续五次被《福布斯》选为全球最佳B2B站点之一……这些荣誉是阿里的成功,同时也是阿里人本着诚信而得到的最大收获。

马云在一个电视节目中对主持人说："我们不想做商人，我们只想做一个企业，做一个企业家，因为在我看来，生意人、商人和企业家是有区别的，生意人以钱为本，一切为了赚钱，商人有所为，而有所不为。在企业家来看是影响社会，创造财富，为社会创造价值，影响这个社会。赚钱是一个企业家的基本技能，而不是你的所有技能。"这是一位中国企业家一段宣言式的告白，代表中国企业家的自省与觉悟。

让我们再将话题引回"商人"上面来。俗话说："人为财死，鸟为食亡"，但俗话又说："君子爱财，取之有道"，即使是草莽小贼，也讲究"盗亦有道"。都说忍字头上一把刀，但谁又明白"贪"字头上同样有把锋利的刀。

冼冠生是冠生园品牌的创始人，早在1918年就从广东远到上海做粤式茶食、蜜饯、糖果的生意。1925年前后，上海冠生园在天津、杭州、重庆等地开设分店，在武汉、重庆投资设厂。1934年，其生产出的品牌月饼聘请当时的影后胡蝶为形象代言人，广告词是"唯中国有此明星，唯冠生园有此月饼"，从此，冠生园声名大噪。

在计划经济向商品经济的过渡中，南京冠生园为扭转亏损局势，成立"中外合资南京冠生园食品有限公司"。此后，利润连年递增，累计上交利税1560万元，由小型企业发展为南京市政府核定的240家大中型企业之一。

直到2001年9月3日，中央电视台报道"南京冠生园大量使用霉变及退回馅料生产月饼"的消息，举国震惊。当年，各地冠以"冠生园"的企业深受连累，减产量均在50%以上。2002年，南京冠生园正式启动破产程序，经过法院的核资清算和最终裁决，一家具有70年历史的知名企业轰然倒地。

爱财本无可厚非，并不是所有人都具备圣人那种"视金钱如粪土"的境界。但是，在竞争越来越激烈的今天，很多人早已摒弃了道义和原则，不择手段地赚取违背良心的黑心钱。先前的"地沟油"、"瘦肉精"、"假药"等事件层出不穷，直到后来的"毒奶粉"更是将安全问题推向了风口浪尖：三鹿、南山、雅士利等二十余个厂家受到舆论强烈冲击，而"奶界龙头"三鹿更是大势已去、无力回天，其老总田文华更是永远地被钉在道德的耻辱柱上。大家激愤之余不免也感叹——早知今日，何必当初！

其实，很多企业的人力资源管理者的用人理念是"能力差点儿不要紧，品行必须端正。"曾有一位人力资源总监，邀请一位知名市场总监，薪酬给到50多万。但该人力资源总监对他做了背景调查，得知其离开前任公司的真实原因是经济问题，遂断然拒绝。

犹太人认为，灵魂的纯正是最大的美德，贪占不义之财就会受到神的惩罚，一旦人的灵魂变肮脏了，那么人也就完蛋了。因此，虽然犹太人没有止境地追求财富，但是，他们靠头脑和双手光明正大地获得财富。

因此，君子有所为有所不为，商人亦是如此。在这个处处功利的时代，"童叟无欺"依然是商家最基本的经营原则。

7. 小而美的力量，做大"很变态"

有人说：如果大人与小孩比赛哭鼻子耍赖，大人一定不是小孩的对手。这句话从侧面说明了，很多时候，那些看似没多大实力或价值的事情，反而会在某方面取得优势甚至最终胜出，比如小型的公司或企业。

马云在做客《与卓越同行》时曾说：我相信很多人都看过《2012》这个

电影,大家发现整个世界的政治在发生变化,经济在发生变化,环境在发生变化。这个世界有钱的人不高兴,没钱的人也不高兴;有事业做的人不高兴,没事业做的人也不高兴。到底发生了什么事情,从我这个行业来看互联网,人类真正开始进入了互联网信息时代,进入信息时代一个最大的变革。经济行业,以前在上世纪工业时代,所有的企业都讲究规模、讲究大、讲究标准。现在的企业都开始要讲究小、特色、附加值,以前是企业越大越好,今后的企业是越小越好,是小而且美。这是我自己的看法,而且我坚定不移地认为,未来的世界一定是小企业越来越好,大企业越来越累。

主持人吴小莉从马云的话中总结的点评一语中的:"您刚才的核心观点,其实就是未来小企业,可能因为它的小而美,具有改变世界的能力。"

马云举例说:我记得有一年我去日本,看见一个小店,门口贴了一个条说,"本店庆祝成立147年",我估计,总共也就小20平方米的一个店,里面卖各种糕点,你能看见那老头、老太太脸上洋溢着笑容对人说,"我们家这个店开了好几代了,147年,日本什么天皇啊,什么什么大家族的人,都买我们的糕点"。你觉得特别有一种幸福感,互联网时代速度会发展越来越快,变化越来越快,每一个人,每一个很小的单位,都可以做出以往一个大企业可能做不到的事情。所以,我个人觉得,未来的世界是小的世界,影响中国经济未来的一定是小企业。

最后,马云表态说,有创新力的小企业才能获得稳定而持久的发展,做企业做大了,是一种变态行为,就像姚明的身材不正常一样,一般一米七八才算正常。

在大多数人眼里,企业做得越大越好,因为企业越大,就越代表着其具有丰厚的资金资源,以保证企业拥有更加开阔的市场前景。但凡事皆有利弊,而且很多时候,小企业在运营过程中比起大企业还要有胜算。

"面对国外珠宝大品牌蜂拥而至，国内珠宝企业却在夹缝里苦苦求生存，停留在低附加值的中国制造……"上海一家珠宝公司老板李敏，近日在云计划(yun.1688.com)上提问：小珠宝公司该如何突破发展瓶颈？想把企业做大是不是该融资？

在李敏看来，中国珠宝市场的强大潜力是毋庸置疑的，并且立志要"用自己毕生精力打造一个能和卡地亚、蒂芙尼并驾齐驱的世界一流的中国珠宝品牌"。如今，面对如何推进企业品牌之路，如何突破自己企业发展的瓶颈，李敏却犯难纠结，无从下手。

云计划导师、阿里巴巴董事马云给出的意见言简意赅，一针见血，他说："企业想做大，不是融资就能马上或者一定能成功的，企业想成功，和融不融资没关系。"

马云的态度是，创中国一流珠宝品牌的想法很好，但要为这样的想法付出巨大努力，只有不断努力才有机会，毕竟像蒂芙尼和卡地亚这样级别的品牌，全世界也屈指可数，不是一朝一夕就能创立起来的。

当初，马云给阿里巴巴设定了宏大愿景，就是要走102年，现在走到了第14个年头，已经成为了全球领先的中小企业电子商务服务提供商。谈到自己的公司融资，马云解释，阿里巴巴不是为了做大而融资，而是客户越来越多，为更好地服务客户而融资的，做大是后来的结果。

在现实生活中，大事都是由小事构成的，即使是修建万里长城，也得一块砖一块砖地垒，不做平常小事，又何来成功大事呢？正所谓：一屋不扫，何以扫天下？

这体现在一个人身上也很贴切，许多人都有"一举成名天下知"的梦想，但现实却是，天下并没有那么多的大事来供你努力去做，或者你要做的时候才发现根本无从下手。这就要胸怀大志的我们，不妨从细微处着手，在小事中成就不凡大事。

曹祥云是格力电器公司一名普通的搬运工。在这么一个又脏又累的艰苦岗位上,他不但坚持住了,而且工作起来很认真,从不听从工友们"只要混得过去就行"的劝说,以致在公司每季度工作成绩评比中屡屡荣登光荣榜。

后来,他被推荐去学习开叉车,并为之付出了诸多艰辛努力。一年后,他开叉车的准确率位居公司第一名,笨重的叉车在他的操纵下已变得像绣花针一样灵巧,但他还是不满足,一有空又练起用叉车开啤酒瓶盖的技术。

2005年,他应邀参加央视挑战类节目时,在3分钟内用叉车完成了开启30个啤酒瓶的目标,刷新了吉尼斯世界纪录,曹祥云成了万人瞩目的挑战类节目明星。他凭借诚恳的工作态度、高超的技术、优异的工作业绩,在2008年被评为全国劳动模范。

大家都羡慕那些大人物头顶上的荣誉与外表的光鲜,却忽略了他们能取得如今这般风光的成就,来源于最初的在小事上将工作做到了极致。对于个人来说,别总是奢望着自己能披荆斩棘,瞬间就干出一番大事业来,将一件小事做好就已经很不错了。

第十章

放下人言，不要在乎别人说什么

1. 新生事物都是在非议中成长的

由于社会原因或思维的惯性，人们对新生事物的反应都是迟钝的、怀疑的甚至是反对的。每当一种新生事物出现时，必遭一部分人反对，而且还声势浩大，危言耸听，闹得人心惶惶。于是，很多新生事物的带头人就熬不住这样的言论冲击，最终放弃了原来的坚持，偃旗息鼓了。

但是，大浪淘沙，总有一些新生事物会经受住社会舆论以及怀着敌视态度的人们的考验，坚持到最后，获得成功。

马云称阿里巴巴从成立以来一直备受质疑，"我做阿里巴巴的时候一路被骂过来，都说这个东西不可能，不过没关系，我不怕骂，在中国反正别人也骂不过我。我也不在乎别人怎么骂，因为我永远坚信这句话，你说的都是对的，别人都认同你了，那还轮得到你吗，你一定要坚信自己在做什么。"

马云说："我一路走来备受质疑，许多人怀疑它，拒绝它，诽谤它，这就是新生事物。如果每个都认同了还轮到我们做吗？每个新生事物都是在非议中成长的，要成就一番事业需要超前的眼光，敏锐的触觉，就是要做一些别人暂时不敢做的事，才能把握住先机，当别人明白了，我们已经成功了。当别人理解了，我们已经富有了。"

一个机会只要有三分把握都要去试。自古以来，成功都是从尝试开始。马云于1995年去美国知道了互联网，回来后创办中国第一家网络公司：中国黄页。那个时候他宣传互联网，人人都认为他是骗子，结果到了今天，阿里巴巴的市值足有四千亿港币。

所有的例子说明了一个问题：机会并不被大多数人认可和了解。任何一个新事物都是先被少数人了解和接受、大多数人排斥，然后到多数人了解认可。但是，只有那少数人才是最后的成功者。

一件事，不管它看起来有多么匪夷所思，但只要你能够做到心无旁骛，哪怕只有微弱的希望，你都能义无反顾地走下去，一步一步接近路那头的成功。

有人问余光中："李敖天天找你茬，你却从不回应，这是为什么呢？"余光中沉吟片刻答："天天骂我，说明他的生活不能没有我；而我不搭理，证明我的生活可以没有他。"

如此巧妙的回答不得不让人为之拍手称赞。

而在现实生活中，我们经常会被动地接受一些意见，比如有人会说："我认为……"、"如果是我就……"或许这些人本来拥有着很好的想法，但因为别人的一句"这样不太好吧"，就开始变得忧心忡忡、畏首畏尾，甚至干脆放弃掉自己的主张，按照他人的指示来。照这样发展下去，他们就只能越来越怀疑自己，越来越甘愿受到别人的支配。

有人采访美国国际公司总裁马休·布鲁斯，问他对别人的批评与质疑是否敏感。他说："是的，我年轻时确实对别人的非议非常敏感，因为当时我渴望全公司的人都认为我是完美的。如果他们不认为如此，我就会很烦恼。为了取悦第一个有反对意见的人，往往我得罪了另一个人。于是我又得安抚第二个人，结果搞得一群人都有意见。"

"最后我终于发现，为了避免别人对我个人的批评，我试图安抚的人越多，我也同时得罪了更多人。我只有告诉自己：'如果你身居领导地位，就注定了要被批评，想办法习惯它吧！'这对我很有助益，从那以后，我只管尽力而为，然后撑起一把伞，让批评之雨顺伞滑落，而不再让它滴到脖子里，让自己难过。"

正是因为布鲁斯的这把"伞"为他遮挡了许多"批评之雨"，才得以让他有了这样庞大的事业。问问自己：我对他人的批评敏感吗？是否会为他人一句抢白暴跳如雷？是否会因人家一个讥诮就沮丧颓废？是非天天有，不听自然无。不把他人的批评放在心上，自然也就没那么多烦心事儿，才能将心思与精力更多地投入到自己要做的事情之上。

越成功的人，受到社会各界的批评、讽刺甚至诽谤就会越多——这已成为整个社会的共识，所谓"人怕出名猪怕壮"。你默默无闻的时候，谁都不会注意到你；而当你初露头角时，大家开始多看你两眼；最后你声名大振了，各种各样的负面新闻潮水般涌来。

总而言之，总是被他人言论所左右的人是不可能或者很难做出大事业来的，无论你在做什么，或者准备做什么；无论你要做的事情是不是不为他人所看好，甚至引起反对和抵制……都请义无反顾地坚持下去。坚持就是胜利，这句被人嚼烂了的话，仍旧有着它独特的巨大作用。但前提必须是，你要确定你的选择与坚持是正确的，并且在成功之后对社会有着一定的价值。

2. 坚信自己是对的

爱因斯坦的"相对论"发表之后，受到来自学术界四面八方的怀疑和炮轰。更有甚者炮制了一本《百人驳相对论》，搜集整理了一批所谓名流的言论，以此来对这一理论进行声势浩大的抨击。

即使外界人声鼎沸，爱因斯坦却丝毫不为所动，他对他们的挞伐不屑一顾。他说："假如我的理论是错的，一个人反驳就够了，一百个零加起来还是零。"他坚定了自己的信念，由外界的风声鹤唳随便去，潜心坚持研究，终于使"相对论"成为20世纪伟大的理论。

有句话说得好：当你坚信自己是对的时候，你的世界都是对的。有很多人，相信别人很容易，却在"相信自己"这个问题上优柔寡断，可想而知，这是一种多么软弱而愚蠢的行为。

马云创立阿里巴巴的时候，提出了独特的B2B商业模式。从它成立的第一天起，很多人都说："如果阿里巴巴能成功，无疑是把一艘万吨轮抬到喜马拉雅山顶峰上面。"

而马云就跟他的同事说："我们的任务是把这艘轮从山顶上抬到山脚下。别人怎么说，没办法的事，你自己要明白，我要去哪里，我能对社会创造什么样的价值。我们希望创造一个真正由中国人创办的全世界感到骄傲的伟大公司，那是我的梦想和我们这一代人的梦想。"

2001年、2002年是互联网最寒冷的冬天。马云回忆说：从1995年开始创业，我已经吃了六年的苦，六年来碌碌无为犯了许多的错误，没办法，后面六年只能继续干下去。即便是再吃六年甚至是十六年的苦，也一定要把它做出来为止。结果是不被大家看好的B2B模式使阿里巴巴成为中国互联网第一个赢利的企业。

在eBay与易趣强强联合，占领了中国80%以上C2C市场份额的时候，马云宣布进军C2C领域，打造淘宝网。这种蚂蚁挑战大象的行为，再一次让人大跌眼镜。结果是在人们怀疑的目光中，eBay选择退出。马云说："他们从第一天开始已听不懂我的话，但还是每年投钱进来，现在他们都说：'Jack，我不跟你吵，你去干吧！'我跟公司COO也是吵了六年了。每年我们打赌一万元看我说出的话能否做到，结果第七年他就不跟我吵了，也不再跟我赌了。"

马云用事实证明了自己的正确，用实实在在的成绩使投资商和同事心服口服。回顾以往的经历，马云认为一定要坚信自己是正确的。在这一点上，马云对年轻人的建议是这样说的：人必须要有自己坚信不疑的事情，没有坚信不疑的事情，那你不会走下去的，你开始坚信了一点点，会越做越有意思。他鼓励大家："不管别人怎么说，我们坚信一定不在乎别人怎么看待我们，我们在乎怎么看待这个世界，如何按照我们的既定梦想一步步往前走，这是做任何事一定要走的一条路。"

布沃尔说过："恒心与忍耐力是征服者的灵魂，它是人类反抗命运、个人反抗世界、灵魂反抗物质的最有力支持。"做事应该有恒心，尤其要有自信心。你必须相信，自己正在做的事是有意义的，无论发生什么，都不能干扰你奋勇向前的脚步。这种自信与专注，会成为成功之帆。

在一个不起眼的小军营里，有一个每样训练的成绩都垫底的小兵约翰。军官训斥他，伙伴们嘲笑他，但他并未灰心丧气。他在枪托上刻下了这样一句话："约翰，你行，你是一名好兵，也一定能成为一名将军！"后来，他果然成为了一名将军。

著名漫画家几米自幼喜爱画画，他对线条和色彩有着天生的敏感和兴趣。可是，赏识他作品的人屈指可数，为了鼓励自己，他在每幅画的后面写了一行小字：这是几米的画。后来他成功了，他的每幅画，都能卖到成千上万英磅，许多资深收藏家争先恐后地购进他的画。

俗话说："功到自然成。"有些人之所以失败，往往缺少的就是这种坚持到底的精神。瑞典曾有一位化学家在海水中提取碘时，似乎发现一种新元素，但是面对复杂的提炼程序与繁琐的实验过程，他退却了；而当另一位化学家用了一年时间，经过多次实验，终于为元素家族再添新成员——溴，而他也同时名垂千古。于是，那位瑞典化学家只能默默地看着对方沉浸在胜利和成功的喜悦中。

许多因为放弃而导致失败的人，都吝于在工作上全力以赴。他们常找这样的借口："太难了，我不想在这条走不通的路上再浪费时间！"他们之所以失败，是因为他们习惯了放弃，虽然有希望就可能会有失望，但若是放弃希望就等于永远绝望。

当然，如果你在目前选择的路上一再碰壁，并且在多次实践之后确定此路不通，那么，坚持就不再是正确的选择，这时我们要做的，是果断放弃。

有位企业家被问到自己的成功秘诀时说："归纳起来也只是四条：坚持；坚持；坚持；放弃。"众人大惑不解：既然前三条都是坚持，还差最后一步吗？

企业家说："当我们需要放弃的时候，就应该果断地放弃。因为如果你确实把自己百分之百的努力都用上了却还没有成效，很可能就是此路不通，坦白说，它已经不值得再去挖空心思拼命做了。这时候最明智的选择就是赶快放弃，及时掉头，寻找新的方向，千万不要在一棵树上吊死。"

每天让自己纠缠于那些不值得做的事情，影响的不仅是自己的心情，更是对时间最大的浪费。所以，在我们做事之前，一定要辨别这件事有没有价值,到底值不值得花费时间和精力去做。如果它果真没有什么坚持下去的意义,不如现在就放开,另辟蹊径。

3. 忍无可忍,就重新再忍

我们常说:"忍无可忍,无须再忍"、"我的忍耐是有限度的"等等,意在向别人表明我们的立场与原则,警告他人的无端甚至是恶意挑衅行为。但是,最近网络上又流行一句话——忍无可忍,就重新再忍。这绝不是一句简单的调侃,而是一条至理名言。

2011年10月,马云在一次采访中一脸疲惫地说:"刚有记者问我手上写了几个什么字,我告诉大家是四五个忍!"马云感叹今年麻烦真的很多,"一是央视打淘宝假货;二是支付宝事件扯出了VIE,我至今也没搞懂VIE是什么;三就是这次出新规目的是打击假货水货,没想到又扯出了小卖家的激烈反对。"

马云所指即为10月11日淘宝商城小卖家集中攻击大卖家一事。因淘宝商城新规提价,在YY语音频道上聚集了几万网友,对韩都衣舍、七格格等大卖家进行群拍商品下架等攻击,以此对淘宝商城施加压力。

面对大家的声讨与诋毁,马云表示,新规目的是打击假货水货,想法是对的,淘宝商城绝对不会退让,但在具体方法和沟通上需要完善。并且宣布向淘宝商城追加投资18亿元,以及五项对商家的扶持措施。

马云说,经历过很多风雨,但受不了有人攻击自己的家人、朋友,"但我还是坚信小卖家是好的,人总有发脾气的时候。"马云赞赏一句话:热爱你的邻居,但记着家门要上锁。这十多年来,阿里巴巴的发展与中国小企业的发展荣辱与共,纵然遭受到如此空前打击,他依然回归强人本色,说:"我不是一个轻易放弃的人,只要没有搞死我,我会越战越强。"

"忍无可忍"并不是不得不还手的最后底线,若把它理解为"忍,无可忍",那就是一种大度宽容的崇高境界。忍,心字头上一把刀,人生有许多话、许多事、许多痛、许多苦、许多情、许多欲需要忍。小不忍则乱大谋,不能忍,就难成大事。

《呻吟语》中有云:"忍激二字,是祸福关。"在生活中,我们难免会遇到别人的挑衅和刁难,这个时候,如果我们依然秉持着"不争馒头争口气"的"大丈夫原则",向对方下一帖"死亡战书",那事情的结局只能更加糟糕。

禁不起激,抑不住怒的人,永远都为生活所不容。因为生活时时坎坷步步险滩,你若不能有一颗良好的心态来对待它,它能助你一路平顺吗?

《三国演义》中,曾有一山"孔明骂死王朗"的好戏,这其实就是一场心理战。

公元227年,孔明兵出祁山,曹真率兵迎战,两军对垒于祁山之前。

在决战前,双方先来了个"骂阵"。

先是王朗策马阵前,向孔明劝降,他说:"你通达天命,亦识时务,为何要毫无理由地挑起战争?要知道,天命有变,帝位有新,归于有德之士,这是大自然颠扑不破的道理……"接着便大赞曹操一番,指出"顺天者昌,逆天者亡",旨在劝其还是快快归顺大魏吧。

王朗讲罢,孔明哈哈大笑,大声斥道:"你原是汉朝元老,我还以为有什么高见值得洗耳聆听,没想到,说出来的全是混账话……此次,我奉君命出兵,旨在讨伐逆贼,大义分明,日月可鉴。你胆敢站在阵前,厚颜无耻地大说天命如何,简直是荒谬透顶。你这个皓首匹夫,白须叛贼,想必即将奔赴冥府。到时候,你有何面目见汉朝二十四帝?!你且快快滚到一边,派出别人来一决胜负吧,丑恶如你,哪有在此撒野的资格?!"

孔明刚说完,王朗就气火攻心,口吐鲜血,落马毙命。

同是"受骂"之人,孔明能哈哈大笑,继而反唇相讥;而王朗却是怒不可遏、吐血而亡。究其原因,还是源于孔明面对挑衅能化怒气为士气,容忍在前,制胜在后。而王朗却是将性命葬送在了自己难以抑制的怒火之上,何其悲哉!

真正能成大事的人,在各种挑衅和责难面前,不会一马当先首当其冲去"应战",而是会选择退避三舍。这不是懦弱,而是一种大智慧,因为他们明白,易怒的人是莽夫,生活不会青睐一个有勇无谋的人,而是会对懂得忍让宽容的人青眼有加。

当代著名作家王小波说:"人一切的痛苦,本质上都是对自己无能的愤怒。"忍一时风平浪静,退一步海阔天空。人要懂得控制自己的情绪,一个不会控制自己愤怒的人,犹如处在火苗的包围圈里,一点即着,而本身也随着愈燃愈旺的怒火变得更加怒不可遏。

有个故事说,几个人一起坐在一间屋子里,谈论某人的品行。其中一个人说道:"这个人别的都好,只有两件事不好:一是他常常动火发怒;二是做起事来很鲁莽。"不料所说的这个人刚好从门外经过听到了这些话,立刻怒气冲冲,走进屋内,指着那个人大吼:"我什么时候动火发怒,什么时候做事鲁莽?!"众人面面相觑,许久才轻声说道:"你现在不是正在发怒鲁莽吗?"

被情绪奴役成了习惯的人,将体现在自己身上的任何情绪,都视为平常;而将他人表现出的一切言行,都视作过分。不良情绪是人之常情,无法彻底去除,然而却是可以控制。当一个人能够随意地控制自己情绪的时候,那么这个人就是难以战胜的。

俄国文学家屠格涅夫曾经劝告那些很容易爆发激情的人，"最好在发言之前把舌头在嘴里转上几圈"，通过时间缓冲，帮助自己的头脑冷静下来。这正是控制自己的情绪的最好办法。任何情绪都会随着时间的推移而逐渐归于平静。只要我们在情绪波动时，尽量不要说话、做事，等到情绪平复之后再说，那么就等于是很好地控制了情绪。

4. 怀疑自己，但从不怀疑信念

马丁·路德·金有句名言："这个世界上，没有人能够使你倒下。如果你自己的信念还站着的话。"可以毫不夸张地说，一个失去自己信念的人，就犹如跳跃的麋鹿失去了奔跑的本领，敏捷的灵猫被剪掉了胡须。

信念是一个人在实现梦想、追求成功路途中的一个强有力的支撑，能取得一定成就之人，无一不是在信念的支持之下达成心愿的。

有记者曾向马云提出这样一个问题："您如何解读信念这个词？是否有怀疑自己的时候，在怀疑自己的时候您又是如何克服的？"

马云说："我是经常怀疑自己的，我怀疑自己但不怀疑信念。因为信念和自己有时候是不一样的。我怀疑自己这个事做得对不对，我的信念我的目标从来没有怀疑过。阿里巴巴成立时说让天下没有难做的生意，这是我们的信念，这个信念没有错，但是我做得对不对，是不是按照这个路，我不断怀疑自己，然后不断拷问自己。"

接着，马云又详细地阐述了"信念"二字的涵义："什么是信念？'信'是感恩，信仰。我觉得真是这么回事……我们走到现在为止，活下来做得不错,我觉得有很多人帮助过我们。信仰的第二个字'仰'就是敬畏,很多东西你不知道但是你敬畏它,我和我的团队充满着感恩。"

"以前我也会说,十年以前我说感恩的时候,也像口号一样……有人也问过我,怎么样把握运气?运气从哪里来?如果你有感恩运气就会来,如果你有敬畏之心鬼神就会避开,所以这是我的理解。"

在苦苦坚持时,要学会把痛苦当作快乐去欣赏。即使重新来过,唯有当初信念不能割舍,也唯有坚定信念才能带领我们走向新的彼岸。这正如马云常跟员工提及的一句话:"要有像兔子一样的速度,像乌龟一样的耐心。"

成功的路上没有过不去的艰难险阻,创业也不是要为之疯狂,愿景、理想、使命与疯狂没有关系。一个人如果想要成功,就要明确自己有什么,要什么,为了它可以放弃什么——但信念却必须有着不容撼动的地位。

一支探险队进入了茫茫无际的撒哈拉大沙漠,连日来的长途跋涉,食物已经吃完,连壶里的水都见了底。一个严峻的事实摆在眼前:谁也无法确定还要有多长的时间才能走出沙漠。

就在这个时候,探险队长拿出一只水壶说:"这里还有一壶水,但在没有看到绿洲之前,谁也不能喝!"在这壶水的支撑下,他们终于走出了沙漠,脱离了死神的控制。然而,当脱险了的队员们小心地打开水壶盖时,里面流出的不是水,而是沙子!一壶沙子的"水"挽救了一群人,这便是信念的力量。

或许,在茫茫无际的大沙漠里,在看不到尽头并且丧失了水资源供给的情况下,每个人都在怀疑自己的命运——很可能要葬身在这大漠荒原之上了。他们在怀疑了自己的生命抵抗力之后,却又坚定了这样一个信念——还有水，我一定可以走出去。

信念创造奇迹，就是这样。

美国著名作家杰克，在19岁之前还从没有进入过中学，但他通过努力，使自己从一个小混混成为了一名文学巨匠，他靠的是执著的信念——成为一名伟大的作家。他的6部长篇小说和125篇短篇小说陆续问世，并得到了社会各界的一致好评。

但是，还有人说，当屡战屡败之后，自己原来的信念就逐渐在失败中泯灭了。其实不然。在遇到失败时，很多人只顾得垂头丧气，却忘记了思考自己为什么失败。打击与失败是人生的常态，当你试着接受它们以后，也便拥有了坚持下去的力量。因此，不是信念有问题，而是你失败的次数还不够多。

杰克·韦尔奇读高中的时候，是校冰球队的成员。在一次联赛中，杰克所在的球队开始连赢了三场，但随后却连输了五场。

到第九场比赛，双方各进两球，在加时赛，对方又进一球，杰克·韦尔奇他们又输了。

杰克·韦尔奇垂头丧气地回到更衣室，一言不发。这时，门开了，杰克的母亲大步走了进来，揪住他的衣领，冲着他大声说："如果你不知道失败是什么，你就永远都不会知道怎样才能获得成功。如果你真的不知道，你就最好不要来参加比赛！"

杰克·韦尔奇幡然醒悟，他懂得了前行中接受失败的必要，此后的每场比赛，他都能平静地对待，哪怕输了也不会灰心丧气。

路易士·宾斯托克说："真正的勇气就是秉持自己的信念，不管别人怎么说。"歌德也曾说："每个人都应该坚持走为自己开辟的道路，不被流言所吓倒,不受他人的观点所牵制。"很多时候,失败也是一种资本,垫起成功高度的资本。所以,不要再怀疑你的能力甚至当初立下的信念,那是因为你失败的次数还不够多。

5. 错了,就承认

说到"承认错误",我们往往要想到与之相关联的另一个词——承担后果。而这个"后果",在大多时候是个坏果子,也无怪乎许多人在责任面前最先想到的对策是逃避了。然而,现实却是,任何人都不喜欢那些推过揽功之人,包括我们自己。

能够发现自己错误的人是聪明的,能够主动改正自己错误的人是明智的。因此,我们最好能够虚心地承认自己的错误与短处,切不可靠夸张的豪言壮语把自己的过失掩饰掉。等到他人从你的夸夸其谈中明白过来时,你会连最起码的信任与尊重也失去。

马云认为,企业领导者应做到敢于承担责任,敢于承认错误,敢于发现人才。不愿意承担责任的人,永远不能成为领导。一旦出现问题,领导大胆地说"是我的错",而不是说"都是你",这一点对于一个创业团队来说是非常重要的。

马云有一个著名的CEO理论:"平时你不是CEO,只有在两种情况下你是CEO,一是你做决定的时候,二是你犯错的时候。CEO犯错误的时候要敢于承担责任,而不能说成功的时候就是我一个人的功劳,失败的时候是你们执行力不行。"

2001年是"互联网的冬天"，在那年的亚洲互联网大会上，马云做了一件他自己并没觉得怎样，却令在场所有人钦佩的事。他在会上说："我特别惭愧这两年我犯了无数个错误，但是我承认我就犯了那么多的错误。"

马云简单的一句话赢得了台下热烈的掌声。事后，他回忆说："没有想到台下所有的人一起为我鼓掌，有一个人说'互联网冬天'没有人承认自己犯错误，如果你承认自己犯错的时候，我相信你的同事，你的员工会对你表示尊重，因为人不怕犯错误，就怕不承认错误。"

在马云看来，承认错误并不是什么丢人的事。马云每年都会定下一个看似不可能的目标，在《新闻会客厅》栏目中，主持人问他如果这个目标大家都知道了，阿里巴巴却没有实现怎么办，马云很大方地表示："我错了，承认错误又不难为情。"

无论是一个企业，还是一个创业团队，都需要一个好的领导者，他可以不懂得专业知识，但是一定要懂得承担责任，知道什么时候应该作出什么样的决策。领导的决策不仅会影响员工的观念，还可能影响整个企业的发展。

说起"道歉"，很多人第一时间想到的便是难堪。其实，在人们看来，道歉并非自贬人格，更不是示弱服软，它是一种道义上的担当，是一个人自身涵养的体现。不信你看：

历代"下诏罪己"的君主，更增贤名；美国总统罗斯福在担任纽约市市长的时候，曾经当众坦承自己因一时不察，使通过的议案有判断失误之处，结果赢得更多人的尊敬；历史上有名的"将相和"，蔺相如能够"相忍为国"，固然赢得后人尊敬，但廉颇勇于认错，登门"负荆请罪"，同样千古流芳……

而那些犯了错误死不认账，梗着脖子极力辩驳、文过饰非的人，虽然摆出一大堆道理说得头头是道，但却往往得不到他人的支持，反而备受他人反感。这就恰到好处地印证了《论语》中那句话："君子之过也,如日月之食焉。过也,人皆见之;更也,人皆仰之。"

人在成功的时候,总是认为自己是高明的,而很少归结为运气;而出错时,却总是以运气不佳为借口,害怕承认错误,以致故态复萌,下次再犯,再推卸责任……殊不知错误本身都有其可以借鉴的价值,而只有那些善于从失败中总结经验教训,不怨天尤人的人才能避免重复犯错。

马云认为,在中国,或者是在全世界,很少有企业家敢于承认错误。有的领导即使愿意承认错误,也不愿意承担责任。由此,马云指出,恰恰是愿意改正错误、承担责任才会赢得更多的尊重。

当一个人有了承认错误的勇气,并能主动去改正它,其本身就具有了一种高贵的品质。因为,并不是每个人都能做到在睽睽众目之下向他人致歉的举动。因此,让我们也学着能够做到勇于致歉,为自己犯下的错误埋单,这不仅不会使我们抬不起头来,反而会为我们赢得更多的信任与尊重。

单纯的悔恨或者自责并不表示这个人具有责任感,采取补救行动才是责任感最重要的体现。因此,敢于承认只是"道歉"这件事情的开端,承认之后的承担与改正,或者补救,才是关键点。

6. 沉默是最好的疫苗

生活中,我们与流言蜚语成搭档也并不仅是短短的一年半载——当我们春风得意、誉满天下时,流言诽谤形影不离;而我们时运不济、命途多舛时,又会有痛打落水狗的呼声横空出世,大声斥责。

当一条谣言已经存在、并且引起轩然大波时，保持沉默是你最好的选择。不管其他人讨论得多么热烈，你都不应加入他们的行列，而如果这些流言的中伤对象很不幸的是你时，那就在说不清道不明的情况下保持沉默吧。因为，谣言是一种传染病，沉默就是最好的疫苗。

2008年汶川大地震发生后，社会各界开始纷纷加入捐款救援的队伍。恰此时，网络上大肆流传阿里巴巴CEO马云捐款一元的传闻，引起多方关注。

阿里巴巴集团给予否认，称马云在地震发生当日，已通过个人向地震灾区捐款100万元，并参与多个地震灾区爱心行动，并且有相关负责人表示，对于集团来说，为地震灾区的人民实实在在做一些事情才是最为关注的，因此并不理会谣言。

马云也给所有员工发送邮件，他对所有阿里巴巴的客户和员工的爱心表示感谢，也提到"关于外界的评论，我不想过多解释，清者自清，时间能检验一切真相。我仍然认为，与如何能更理性地帮助灾区从巨大的灾难中恢复相比，捐款的数目并不是最重要的。对灾难的关注，我深信更贵在行动。"

于是，集团宣布成立"阿里重建工作小组"，由阿里巴巴集团董事会主席马云担任组长，员工志愿报名参加，并呼吁大家实实在在为灾区人民做些事情，而不要把时间和精力浪费在误解和猜疑中。

有人笑言："根据可靠的消息指出，这个世界上根本就没有可靠的消息。"谣言止于智者，对智者固然要称道，对愚者也不应该嘲笑，至于对诽谤的最好回答，就是无言的蔑视。

马云遭遇流言"袭击"的事情不止一件两件，但每次面对流言他都能保持着从容镇定的姿态。在做客某档访谈节目时，他说："我们在做事，别人在说事。说的人最容易，而且前面先定论你就是这样的时候，你说不清。"既然说不清,那就保持沉默吧——这便是马云对付流言采取的手段。

每一个人都喜欢对他人进行评价,但是并非每个人的评价都是建立在客观事实真相上的。说到底,评价其实就是攫取别人的只言片语或者是不完整的真相编造的。即使是具备完整的真相,由于价值观和思想意识的不同,我们的行为也不可能让所有的人都对我们赞誉有加。所以我们必须学会接受来自别人的批评甚至诋毁。

有人对毕加索说:"大家都看不懂你的画,你坚持还有意义吗?"毕加索说:"听过鸟叫吗?""听过。""好听吗?""好听。""你听得懂吗?""……"生活属于自己,千万不能被他人的观点甚至恶意谣言所左右。

季羡林先生也说过:"好誉而恶毁,人之常情,无可非议。"也就是说,人人都希望得到别人的赞誉,而不希望听到别人对自己的诋毁。然而,名誉的好坏,是别人的看法,并不受我们的控制。如果我们因此而与他人进行争辩,那么就算我们再多生一千张嘴,也是不够用的,毕竟悠悠之口是堵不住的。

北宋著名政治家、改革家王安石就是一个不避毁誉的人。他曾经说"天变不足畏,祖宗不足法,,人言不足恤"。王安石当政期间,为了改变宋朝积贫积弱的情况,主持变法运动。他的变法运动得到了皇帝的支持和一部分有革新思想的人的坚决拥护。

王安石的变法取得了一定的成效。但是,他的变法运动触及到很多人的利益,由于用人不当,在执行的过程中也对老百姓造成了一定的伤害。遭到了来自太后和以司马光为首的保守派大臣的坚决抵制。

但是倔强的王安石在这冰火两重天中依然坚持自己的想法,誓死要将变法运动进行到底。后来宋神宗的去世让王安石失去了坚强的后盾,他也不得不退出了政治舞台。

王安石的这种坚持,这种在赞誉和诋毁中始终不动摇的精神是值得后人学习的。

寒山问拾得:世人有人谤我、欺我、辱我、笑我、轻我、贱我,我当如何处之?

拾得曰:只要忍他、避他、由他、耐他、不要理他,再过几年,你且看他。

过度在意别人的言论,只会徒生出许多烦恼来,而且当那些不一而足的说法一旦侵扰到你的内心的时候,它也在逐渐磨灭你向前迈进的勇气。

赞誉和诋毁总是相伴而生的,正如三国时期李康在《运命论》中说:"行高于人,众必非之。"成就大事者是不能受到这两方面的影响的,赞誉也好,诋毁也罢,都要坦然接受,接过所有对自己的评价,沿着自己选好的道路,继续前行。若是因为别人的赞誉或诋毁而摇摆不定,最终将一事无成。

庄子曾经说:"举世誉之而不加劝,举世毁之而不加沮。"真正的有修养的人,即使全世界的人都对他赞誉有加,他也不会自傲;即使全世界的人都诋毁他,他也不会沮丧。这种毁誉不惊的修养,是人生的极高境界。只有毁誉不惊才能够坚持自己的理想和信念不动摇。

因此,对于别人的评价,无论是赞誉,还是诋毁,我们都不要放在心上,只要我们认为自己所做的事情无愧于心,坚持做下去就行了。

第十一章

放下狭隘,心宽天地才宽

1. 胸怀是委屈撑大的

在生活中,受委屈是每个人都会遇到的事情,每个人,尤其是成功者,都是在辛酸和泪水,委屈和痛苦中成长起来的。

今时今日的马云,俨然以"创业教父"的姿态风光无限地出现在我们面前,殊不知,马云一路走来,受过的委屈不是一般人所能经历的。

马云刚开始创立"中国黄页"时,除了生活上的拮据,更加步履维艰的是,当时中国的互联网还不普及,大多数企业根本都没有听说过互联网,哪里还会相信什么"中国黄页"。所以,不论马云如何宣传、如何"兜售",中国黄页都迟迟不能打开局面。

一段时间之后,马云总算在朋友的帮助下,接到钱江律师事务所等一些单位和自己合作的意向,但是,最大的问题是中国国内还没有开通互联网。换句话说,马云出售的"商品"在别人眼中就是一种看不见摸不着的东西,哪个商人能够轻易相信这种"几乎不存在"的商品呢?马云甚至成了别人眼中的"骗子"。马云当时心中的委屈、创业道路的艰难可想而知。

不要以为苦尽就会甘来,至此,马云所遭受的磨难还远远没有结束。

到1996年，互联网终于成为了社会上的"热点"，许多人都参与到互联网中来，马云的"中国黄页"也蓬勃开展着，但难免遭遇强劲的竞争对手，局面可谓是烽火连天，激战正酣。

当时，马云最主要的对手是杭州电信。这显然不是一场公平的竞争：杭州电信的注册资本有3个多亿，拥有非常好的社会和政府资源；而马云的注册资本只有区区两万元，社会和政府资源是一片空白。如何才能寻找一条出路呢？面对这一场短兵相接的肉搏战，马云决定改竞争为联合，增强自己抵御风险的能力，他决定和杭州电信合作。

1996年的3月，两家"中国黄页"宣布合并，马云的"中国黄页"占30%的股份，而杭州电信占70%的股份。可是两家终究不是同路人，不久之后，问题就暴露出来了。杭州电信急于利用中国黄页来赚大钱，而马云则认为做互联网公司就如培养自己的小孩，不到时候不能够挣钱。双方分歧日益加深，资本和权势高的一方自然拥有决定权。马云觉得委屈，心里觉得不甘。但是，最后他还是硬起心肠，将自己当时拥有的21%的中国黄页股份送给了一起创业的员工，内心无比激愤地离开了重组后的"中国黄页"。

虽然这是马云创业以来最大的一次失利，但是马云从来没有为那次失败而掉泪。马云说："这些事太多太多。每次打击，只要你扛过来了，就会变得更坚强。我又想，通常期望值越高，结果失望越大，所以我总是想明天肯定更倒霉，一定会有更倒霉的事情发生，那么明天真的有打击来了，我就不会害怕了。你除了重重地打击我，又能怎么样？来吧，我能够扛得住。抗打击能力强了，真正的信心也就有了。"

就这样，将这些委屈深深地压在自己的心底，以大海一样宽广的胸怀迎接更大的挑战，才最终迎来了自己的辉煌。

有句话说得好，没让你死的，真的会让你变得更强大。一个人从创业到成功，往往要经历无数的艰辛、苦难、挫折和失败。只要把这所有的酸甜苦辣、弹痕伤痕、泪水和汗水、委屈和打击都克服了，你也就距离成功越来越近了。所以,今天那些准备踏上自己的创业之路的人,最应该记住的就是马云那句话:"人的胸怀是委屈撑大的!"

俗话说:"宰相肚里能撑船",其实就是说,职位越高的人,所承受的委屈也越多。有个大理石台阶抱怨佛像说:"你和我都是石头,凭什么你可以高高在上,被人供奉,受人膜拜,而我却要被这么多人天天踩来踩去。"佛像说:"你只是经受了四刀就成了台阶石,而我是经受了千刀万剐才有今天这个模样。"

有位学者说:"人下跪有两种结果:一种人下跪后,认为这是莫大的屈辱,尊严和自信被彻底摧毁,他们从此消沉下去,最后被所有的人遗忘;另一种人下跪后,努力从屈辱中摆脱出来,他们对成功的渴望与日俱增,最后成就一番事业。其实成功者并不见得比失败者聪明多少,但他们认识到一点,那就是——屈膝是为了跳得更高。"背叛者的存在,是上天给成功者的考验;也是因为小人的存在,才衬托出了他们的宽广胸怀。

一般来说,一个人能够承受的苦难和委屈的程度,和此人日后的成功程度是成正比的。某些人因为一些鸡毛蒜皮的小事与他人斤斤计较,他们从不允许让自己受一点委屈,这样的人很难成就什么大事业,因为他们已经习惯了"因小失大"。由此,想做一番大事业的你,从现在开始就锻炼自己受委屈的能力吧!

2. 自认为聪明的人是愚蠢的

一位云游法师路过一家客店借宿。客店的老板说自己有两个妻子,一个很笨,另一个很聪明。但是,他打心眼里喜欢那个笨的,却对那个聪明的比较讨厌。原因很简单,他在聪明的妻子面前,会觉得自己无所遁形,所有弱点都一览无余,虚荣心也得不到满足;而"笨"妻子却时时刻刻都用崇拜的眼光看着自己,给足了自己面子,感觉自己很"爷们儿"。

后来,法师回到寺院,语重心长地对弟子们说:"不要在别人面前显摆聪明,再也没有比炫耀自己更愚蠢的行为了。"

在人生的竞技场上,几乎没有人会大度地容纳一个处处比自己聪明的人。真正的聪明人,不会处处张扬他的聪明和才智,却懂得用愚蠢来掩饰自己的真本事。

提到"聪明",马云感慨良多:"这个世界上有小聪明的人很多。有一次我在上海五星级波特曼酒店宴请一位重要客户,当时一位很高很帅的服务员小伙子端着盘子进来,看到我说,啊呀我认识你,我用你们阿里巴巴的支付宝分期付账,仔细算了一下,可以省下一毛二分钱的利息呢。当时我就想,这种人就是太小聪明了,如果今天他不这么'聪明'算计,也许已经是总经理了。"

马云说,其实最愚蠢的人就是那些认为自己聪明的人。他以前跟同事玩过当时很流行的"杀人游戏",当时同事们串通好让他做"杀人者",表面上大家还装不知道,看他一个人在那自鸣得意地表演,以为大家都不知道他是"杀人者"。这次出丑让他明白了,永远不要把别人看作傻子。其实员工不会因为你不懂而看不起你,但会因为你说和做不一样看不起你。

当年阿里巴巴刚刚起步时,很难招到员工,马云开玩笑说,"是把大街上能走路的都招进来了"。后来这些人中很多"聪明人"离开公司去创业,真正成功的也没几个,倒是一直留在公司"没地方去的那些不聪明的人",随着互联网的迅猛发展,收入越来越高。所以马云感慨说,有时候小聪明还真不如傻坚持,守得住寂寞才能成器。

自以为聪明的人往往得不到好结果,反而会受尽嘲笑:坐久了井底的青蛙,你还能看到什么?你眼中别人的无能就是自己的不足,你眼中别人的愚笨就是你自己的可悲。大智若愚者笑看你的表演,真聪明者淡然你的得意洋洋,你的不屑与轻视会成为别人眼中的笑话。

著名小说家叶兆言先生曾说:"我觉得承认自己愚蠢,是一件非常愉快的事情。我知道一个人,如果总是逞能,就会显得太累。我相信我的作品是写给那些聪明人看的,因为我知道自己的智商不高,而很多人恰恰又不爱看聪明人写的东西。聪明人太聪明了,有时候,他们需要一些聪明之外的东西。"正是有着这样的想法,他不仅在写作上获得了可观的荣誉,也同时为自己赢得了良好的声誉。

《红楼梦》里,最精明者当属王熙凤,用书里的一句话说她"只怕有一万个心眼子"。但这样一个精明的王熙凤却不招人喜欢。别说是自己的丈夫贾琏,就是贴身丫头平儿亦对她心有畏惧。可以说,凤姐的心机实在太可怕,也实在太可怜。可怜到了没有一个人是值得她信任的,也没有一个人是真心爱她、帮她的。到头来,"机关算尽太聪明,反误了卿卿性命"。

有句话叫"小事装糊涂,大事不糊涂",实际是揣着明白装糊涂,这其实来源于历史上的一个典故:

北宋名相吕端,在当时人们眼中是典型的"糊涂蛋"。比如说,有一年,大臣李惟清认为是吕端使坏,让太宗将自己的职位变换,于是,他找了个机会告了吕端一个恶状。事情传到吕端耳中后,吕端不以为然,既没有去对皇帝澄清,也没有去找李惟清算账,而是说:"我又没有做什么对不起人的事,在意这些做什么?"这种心态曾一度被人认为是"糊涂"。

如此这般的"糊涂"事还有很多,但吕端却是个很能干的人,真正使他光耀史册的,还是由于他的"大事不糊涂"。

在太宗病危的敏感时期,吕端每天都陪着太子(真宗)到太宗床前探望。当时得宠的宦官王继恩担心太子继位后对自己不利,就先串通好了皇后,再暗中勾结了参知政事李昌龄等人,图谋拥立楚王赵元佐(太宗长子),一场宫廷政变在紧锣密鼓地展开着。

果然,太宗一咽气,皇后马上就派王继恩召见吕端,计划逼着吕端同意立楚王为君。然而,吕端却表现出鲜有的固执,死也不答应。并且在这时,谋变的关键人物王继恩早已被吕端控制了起来。接着,他趁热打铁,率领大臣共同保太子继位。

宋真宗登基后,垂帘接受群臣的朝拜,吕端先不拜,而是先让人卷帘,走过去确认是太子,这才降阶,率群臣拜呼万岁。此足见其大事之精明到何等地步。接着,他又把那几个犯上作乱的分子发配到外地,彻底平息了这场争端,确保了大宋政权最高权力的顺利交接。

吕端一生经历了北宋的三代帝王,在40年的宦海生涯中几乎没有受到什么冲击,最后软着陆得以善终,这在"伴君如伴虎"的封建王朝中着实不多见。这与他在大局、大节问题上毫不犯浑,但在事关个人利益的问题上却能"糊涂"了事的行事方式是分不开的。后人有对联褒奖之——诸葛一生唯谨慎,吕端大事不糊涂。

人一生不应对什么事都斤斤计较,该愚蠢时愚蠢,该聪明时聪明。小事装笨,而在关键时刻才表现出大智大谋的人,才是真正的聪明之人。正如英国19世纪政治家查士德裴尔爵士训导他的儿子时说的:"你要比别人聪明,但不要让人家知道,你当真比他们更聪明。"这不仅是一个人气度的提升,也是一种寻求自保的有效手段。

当然,如果遇上那些明明没有多少能耐却逞强好胜、好大喜功、目中无人之徒,就不需要再以"愚蠢"形象示人了,拿出自己的聪明功夫来,杀杀他们的锐气,刺刺他们无比强大的虚荣心,不失为痛快之举。

3. 坦率说"我不知道"

如果凡事都一无所知，心里便容易产生唯恐落于人后的压迫感，这也是人们常见的心态。于是，在绝不服输或"输人不输阵"的好胜心作祟下，一些一知半解的人处处装腔作势不懂装懂，以此来保全自己的面子。

但是，愈是爱表现的人，愈是无法精通每件事。而且，凡事都自以为是的人，必然得不到大家的尊敬；而那些时刻展现谦虚姿态，或者面对自己当真不清楚的事情坦率说一句"我不知道"的人，反而更受欢迎。

有网友问马云："建设到目前程度的阿里巴巴，已经获得很多荣誉和舆论的认可。那么你个人认为：阿里巴巴下一步急待解决的问题是什么？"

马云说："说实话，阿里巴巴有很多问题。每天我们解决了老问题，又碰上新问题。这就是生活，你不得不面对，做事不容易。关于什么是致命的问题，说实话我不知道。但我认为对我们最重要的是更好地了解我们的客户，以更好地服务他们。"

熟悉马云的人都知道他是一个坦率的人。在某期《赢在中国》节目现场，面对一位文凭实力相当强的女选手，马云实话实说："我觉得我挺钦佩你的学识，博士、博士后、科学家，这大概是我见过的女孩子中学历最高的一个，我都不知道该问些什么问题，你觉得我该问你一些什么问题？"这样的提问方式赢得观众席上一片掌声。

孔子在两千多年前就苦口婆心地教导弟子们："知之为知之，不知为不知，是知也。"意在劝诫大家要做个诚恳实在的人，因为打肿脸充胖子的行为确实没多少实用价值。

但是，仍有许多人不愿意说出"不知道"这三个字，认为这样做会让别人小看自己，使自己没有面子，结果却适得其反。对自己不知道的事情，坦率地说不知道，不仅不会让人小看你，还会赢得别人的尊重，认为你是一个谦虚的人。

爱因斯坦曾总结过这样一个代表成功的公式：a=x+y+z，其中a代表成功，x代表艰苦的劳动，y代表正确的方法，z代表少说空话。其实不管是事业上的成功还是生活中的好人缘，"少说空话"同样是必不可少的一点。

有一次，一位美国加州大学著名教授的公开课吸引了不少听众，许多人都慕名而来，要聆听这位教授的渊博学识。这堂课上，他提出他做的老鼠实验的结果。

此时，有一位学生突然举手发问，提出了自己的看法，并问这位教授：假如用另一种方法来做，实验结果将会如何。值得一说的是，这位学生提出的方法几乎没有条件完成，也不可能会得到什么科学的答案。

现场一片静默。这一刻，所有的听众全都看着这位教授，等着看他如何回答这个十分具有刁难性的问题。结果，这位教授却不慌不忙，直截了当地说："我没做过这个实验，我不知道。"当教授说完"我不知道"时，台下响起了经久不息的掌声。

也许在这时，千万句诸如"其实你这个问题目前没有任何讨论性"等辩论性的话，都没有一句"我不知道"来得爽快，同时也更能赢得他人由衷的赞赏与钦佩。因为，群众的眼睛是雪亮的，在事实面前，万般掩饰都不如实话实说有足以征服人的魄力。

心理学家邦雅曼·埃维特曾指出，平时动不动就说"我知道"的，不善于同他人交往，也不受人喜欢；而敢于说"我不知道"的人，显示的则是一种富有想象力和创造性的精神。埃维特还说，如果我们承认对某个问题需要思索或老实地承认自己的无知，那么我们自己的生活方式就会大大地改善。这就是他竭力提倡的态度，人们可以从中得到益处。

有时候，"我不知道"还能在人际交往中起到润滑剂的作用，例如，某人应邀到朋友家共进晚餐，朋友的太太却总是一副不高兴的样子。后来女主人端上来一道花花绿绿、刀工精致的菜，问大家知不知道这是什么菜，这人刚想回答菜名，另一个朋友马上接过话去，说："完全不知道！但一看就感觉很好吃，它们是用萝卜刻成的吗？"女主人露出了微笑。她向客人作了详细介绍，而且渐渐地变得喜笑颜开了。

与人交往时，在地域不同、文化背景各异的情况下，偶尔说一说"我不明白"、"没听说过"之类的话，会使对方觉得你富有人情味，真诚可亲，从而愿意与你合作。相反，趾高气扬，高谈阔论，锋芒毕露，咄咄逼人，很容易挫伤别人的自尊心，引起人家的反感。谦逊比精明逞强更能获得人们的帮助，细声小语有时反比伶牙俐齿更易取得成功。

生活中，我们不难发现，那些有着真才实学的人往往虚怀若谷，谦虚谨慎；而那些不学无术、一知半解的人，却常常骄傲自大，自以为是，好为人师。而结果是：前者由于不断充实自己，在才识上有了更深的造诣；后者却在"我很不错"的沾沾自喜中逐步落伍直至与外界脱轨——也许这真是应了那句老话：谦虚使人进步，骄傲使人落后。

例如，我们对欧阳修的名作《醉翁亭记》都不陌生，因其用字精炼，文辞优美，被人们传诵至今，殊不知此文曾得益于一位砍柴老樵夫的指教。

当初老樵夫一看到这篇文章就大叹罗嗦，指着"滁州四面皆山也，东有乌龙山、西有大丰山、南有花山、北有白米山"说："我砍柴时站在南天门，大丰山、乌龙山、白米山还有花山，一转身就全都映入眼帘，四周都是山！"欧阳修听后忙说："言之有理。"随即修改为："环滁皆山也"五个字——这就是我们今天看到的《醉翁亭记》言简意赅的开头。

由此可见，虚心助己上进，只有承认了与他人差距的存在，才能不断进步，我们还是抛弃那些"唯我独尊"的自负心态，常怀一颗谦卑之心对他人说一声"不吝赐教"吧！

4. 用显微镜找自己的缺陷

胡雪岩曾说："如果你拥有一县的眼光，那你可以做一县的生意；如果你拥有一省的眼光，那么你可以做一省的生意；如果你拥有天下的眼光，那么你可以做天下的生意……"眼光，自古就是成功商人的制胜法宝。比如温州人，他们拥有着天下的眼光，能从我们大多数人都日日可见的寻常事物中，看出其背后所隐藏的机会。

比尔·盖茨也说过："事实上我之所以成为世界首富，除了知识、人脉，微软公司很会行销之外，有一个前提，是大部分人没有发现的，这个关键就叫做眼光好。"至于为什么眼光好，比尔·盖茨说："我从来都是戴着望远镜看世界的。"而隐藏在这句话背后的潜台词就是，带着显微镜找自己的缺陷。

曾有人问马云，阿里巴巴最大的对手是谁，马云不假思索地表示："是沃尔玛。"不仅如此，马云还曾放出豪言："淘宝网交易量要在10年内超过沃尔玛全球。"马云从害怕沃尔玛到剑指沃尔玛、誓言超越沃尔玛，看似"大鸣大放、口出狂言"，实则体现了他基于现实境况做大做强电子商务的信心和决心。

2004年年度经济人物颁奖现场，马云说出了那句很经典的话："我就是打着望远镜也找不到对手。"然而，人们往往忘了后半句，那就是"用显微镜找自己的缺陷，生于忧患，死于安乐。"

一个张狂的人还有如此强烈的忧患意识，对他的对手来说简直就是一个噩梦。正是马云的这种忧虑和害怕意识，让阿里巴巴在发展的道路上越走越好。其掌管的B2B网站阿里巴巴、C2C网站淘宝网及支付宝和雅虎中国，在中国互联网领域举足轻重。

随着阿里巴巴的威名远扬，马云的影响力也越来越大。为什么马云能这么狂，因为他是在用显微镜找自己的缺陷。如果我们看到淘宝的疯狂成长，我们就不得不佩服马云的超人战略思维。

达尔文有句名言："能够生存下来的，既不是最健壮的，也不是最聪明的，而是最能够适应变化的物种。"而这个"最适应变化的"，也就是指能清醒地意识到自身缺陷、并时刻有着忧患意识的那个"强生物种"。

南通有家饭馆，叫"开一天"。每个人看到这个名字就狐疑：莫非此店明天就将歇业？但是踏进店里，却见宾客满座，生意兴隆，完全没有"即将停业"的气氛。询问经理，方知用"开一天"作店名，并非此店寿短，行将关门，而是未雨绸缪，自我加压，通过树立忧患意识，使企业胜不骄，败不馁。

心中常怀危机感，是每个企业所应具有的精神状态。生于忧患，死于安乐，这是亘古不变的真理。多少庞然大物般的商场转瞬之间灰飞烟灭，其中最主要的原因，就是企业缺少危机感。而那些成功的企业之所以能成功就在于他们把危机作为经营的动力。英特尔老总说自己每一天都谨小慎微，"恐惧"之情如影随形般地跟着他。正是这种"如履薄冰"的认真劲儿，才使得英特尔取得今天这般举世瞩目的成就。

这种忧患意识不仅对公司有着决定性的作用，对于个人同样有着不可替代的地位。曾有记者采访姚明,姚明连连喊累,但说的却是:"你看我这累的,估计这辈子也恢复不过来了。但这就是NBA,你必须去适应它,而不是它适应你。"当得知火箭队的4份合同有11名球员角逐时,记者说:"你不怕,有合同在身!"姚明却说:"我现在是有合同,可将来呢?是的,我是'状元秀',但这已是去年的事情了。在NBA,如果你没有真功夫,管你是谁,一样得下岗。在这里,谁也没有铁饭碗。"

荀子说:"学不可以已。"人如果停止学习,就会退步,就要被时代淘汰,你的生存就会受到威胁,就谈不上发展,更谈不上自我实现。

1994年,杨澜成为《正大综艺》的节目主持人,她把一个有着较高文化素养的青春少女的形象与富有细腻情感的职业妇女的形象统一在一起,为观众创造了一种既高雅又本色,既轻松又令人回味无穷的主持风格。

但杨澜在主持了《正大综艺》200期之后,跨越太平洋去了美国,攻读哥伦比亚大学国际传媒硕士学位。对此,当时很多人都不理解,因为在大家眼里,杨澜已经取得了令人艳羡的成功,她完全可以在她现有的地位上享受她已经获得的荣誉。

但是,越是有功底的人越能体会到功底和学识的重要,越能产生在功底和学识上进一步提升自己的渴望。所以,当杨澜再一次出现在媒体上时,她的形象发生了很大的变化。她的境界提升了,她在自己的人生道路上又上了一个台阶。

人都有个弱点,就是得过且过,贪图享受,安于现状,缺乏忧患意识。这也是很多人难以成功的真正原因。但是,人的潜能是很大的,成功没有止境,学习同样也没有。只有不断地学习,你才会有不断的进步,才能不断超越自己。

"赢球不代表一切,我们真的还有很多问题需要去解决。"在NBA打拼多年的姚明已经不再为一场胜利而狂喜,他更善于去寻找问题,发现自己的缺陷,再努力解决它。

让我们都树立忧患意识吧,时刻不忘拿着显微镜寻找自身缺陷,在缺陷面前提醒自己,勇往直前,不能懈怠。

5. 放下怀疑,选择信任

《三国演义》中有这样一起事件:曹操刺杀董卓事情败露后,与陈宫一起逃至吕伯奢家。由于曹吕两家是世交,吕伯奢为人又仗义,一见曹操到来,就想杀一头猪款待他。可是曹操因听到磨刀之声,又听说要"缚而杀之",便大起疑心,以为要杀自己,于是不问青红皂白,拔剑误杀无辜。

不得不说,这是一出由猜疑心理导致的悲剧,令人叹惋。猜疑是人性的弱点之一,历来是害人害己的祸根,是卑鄙灵魂的伙伴。尤其是当下社会,诚信问题越来越多地遭到老百姓的质疑,质量安全、食品安全、网络安全等问题屡见不鲜。人们常常抱怨社会诚信的缺失,也随之对每个人乃至每个商家甚至产品,都或多或少有着怀疑之心。

2013年5月10日,在淘宝十周年庆典上,马云正式卸任阿里巴巴集团CEO的职位,在其卸任演讲中,曾数次提到了"信任"二字。我们可以看到,一路走来,马云能成功、阿里巴巴能成功、淘宝能成功、电子商务能成功,都是因为人与人之间建立起的信任。

2002年,阿里巴巴集团推出"诚信通",这被认为是阿里金融思想的最初萌芽, 它通过为从事国内贸易的中小企业提供网上会员制贸易服务,以解决网络贸易信用问题。

2003年10月, 支付宝的出现极大地改变了网上金融支付的方式,它在解决网上支付的同时, 还可以为买卖双方确立信任。具体操作方式是:买家先把钱打到支付宝,支付宝通知卖家发货,买家收到货物并确认后,再通过支付宝支付买家。这在一定程度上可以解决买卖双方的信息不对称问题,并为以后的交易建立信任基础。

基于此,2004年阿里推出"诚信通指数",并建立起一整套信用评价体系和信用数据库。

2013年4月,阿里集团又与商业银行合作,向个人消费者提供"信用支付",实则由阿里集团与银行共同承担风险。

可以看出,阿里的成功是建立在夯实的信任基础之上的,否则,成功就化为空谈。

"信任"是决定一个企业发展进步的重要社会资本,这被认为是除物质资本和人力资本之外的第三个重要资本。从更大的角度来看,社会信任尤其对市场经济的正常运行至关重要, 较高的社会信任水平无疑会对经济增长起到积极促进作用。

但是当前,在各种诚信问题交织的背景下,人们常常在选择"信任"与"怀疑"的时候陷入两难:一方面抱怨社会信任的缺失;另一方面又往往步其后尘。一方面,要求其他人应该如何,另一方面,却不能反省自己……这实在是一个令人感到棘手的问题。

一个人一旦掉进猜疑的陷阱,必定处处神经过敏,事事捕风捉影,对他人失去信任, 对自己也同样心生疑窦, 这不仅会损害正常的人际关系,也会影响个人的身心健康。信任只是一种感觉,一种情感,更是一种连接人与人的纽带,甚至能决定人一生的成败。

1950年，美国兰德公司的弗雷德和德雷希尔两个专家提出了相关理论，后来由顾问艾伯特以囚徒方式阐述，并命名为"囚徒困境"。基本内容是：警察抓住了两个嫌疑犯，但证据不足，就给他们三种选择：一是两个人都不坦白，各判半年；二是一个人坦白并指证另一个人，坦白的无罪释放，不坦白的判十年；三是两个人都坦白，并相互指证，各判两年。

这个假设一经提出，就引起了广泛关注，直到今天还有很多专家在深入研究和广泛运用。在这种困境中，只有双方保持沉默，各判半年，才是最佳选择。但实验发现，很多人并不信任对方。为了避免被判十年的厄运，作出了坦白自己、指证他人，最后顶多判两年的选择。这从反面证明了：彼此信任才是最关键的，尤其对于集体而言。

懂得信任他人的人才会拥有朋友和良好的人际关系，而这些是决定一个人成功的不可缺少的因素。正如雷纳夫妇指出的："要想顺利开展工作，人们就必须构建相互信任的协作关系。"

当然，信任并非盲目，它是建立在一定把握范围之内的，正如马云在卸任阿里巴巴CEO前的最后一次公开演讲中所言："以前讲用人不疑，疑人不用，现在要讲究'用人要疑，疑人要用'，信任是结合了用人不疑、疑人不用、用人要疑、疑人要用这四个方面。"

其实稍作留意不难发现，马云最近的演讲，充满了对整个时代的信任，对变化中的机会的信任，对年轻人的信任，所以他说："我是信任的，因为我们这个年龄跨不过去，说不定他(指接班人)能跨过去。"

这都是从宏观层面讲的信任，但在微观上，要建立一个信任体系，并不容易。马云说："我们的同事说为什么乞丐不可以贷款，只要从今天开始愿意注重信用。但是你真做贷款，背后需要大量的技术，大量的思考，大量的人力在里面去支持它。以前改变世界需要用枪火、炮火，今天改变世界是用想法加技术，技术可以改变很多人的生活。"

不管怎么说，我们对待诚信问题，还是应当保持着积极的态度。在看到社会诚信缺失的同时,也应该看到城市信用环境的改善。只有树立诚信意识人人有责的观念,才能提高全社会的诚信水平,从而保证社会的良性运转。

6. 竞争对手不是仇敌

一说起"竞争对手",许多人第一反应就是"敌人"。因为显而易见,竞争通常是跟利益挂钩的,而人与人一旦在利益上发生冲突,那么面临的就是"争夺大战"。

但是,很多时候情况却并不完全是这样,尤其是在如今公司与公司之间一方面有着激烈竞争,另一方面又保持着一定合作的社会大形势下,竞争对手虽然在利益问题上对你有着威胁,但如果你能合理利用这个"威胁",兴许还能取得意料之外的惊喜。

新浪科技在采访马云时问:"阿里巴巴上市后最大的竞争对手是谁?"

马云说:"我确实不喜欢关注竞争对手,就像我几年前说过的大家可能听起来不太爽的那句话:我用望远镜看不到对手,因为我找的是榜样,你看全世界有那么多榜样你不去看,不去学习,干嘛一定要找对手呢?"

"在我看来,阿里巴巴有优秀的榜样,例如沃尔玛、IBM、微软、谷歌。如果你想去打败这些人,竞争心态一定会失败。因此,今天的阿里巴巴跟以往的阿里巴巴一样,还是会把精力用在客户和榜样身上。

"竞争者对阿里巴巴应该起到健康的作用，但如果把他们当作仇敌看待，天天扯他、骂他，自己也不会有出息。"

新浪科技又问："有媒体报道说，阿里巴巴上市推动了雅虎的股价，不知道杨致远先生有没有跟你说感谢。"

马云说："我对雅虎现在非常高兴，他上任之后做得非常不错。而且杨致远作为一个公司的CEO，不像我从第一天开始，就是当这个公司的管理者和执行者。但是令我惊喜的是，他做得非常好，我也表示祝贺。"

最后，马云表态说："我相信阿里巴巴是阿里巴巴，雅虎是雅虎，很多人觉得是雅虎控制了阿里巴巴，在我看来控制这家公司的永远是客户、是市场，不会让任何资本来控制。杨致远是我的朋友，他是我的伙伴，不是我的仇人。"

对于阿里巴巴所面对的竞争，马云一直强调是在做一个生态系统："其实没有对手也活得不简单，这是一个生态系统，不是把狮子全灭掉了以后，羊群就活得很好，未必，所以我觉得我们今天阿里在做的不是一家公司，我们更像一个生态系统，在这个生态系统里面，需要各色各样的动物，各色各样的植物，形成整个体系。"

不仅如此，马云还提出关键一点："消灭竞争对手未必会赢，想打败竞争对手的话，这个公司就变成职业杀手，对手可能在你走向成功和顺利的过程当中增加一些麻烦，但不是关键，关键的是怎么帮助你的客户成长起来。"

也许正是因为有着"竞争对手不是仇敌"，而是相互之间可以做到"互利共赢，和气生财"这个信念，马云才能在创业之路上越走越远，拥有了今天的辉煌成就。

英国首相帕默斯顿曾经说过，"大英帝国没有永远的朋友也没有永远的敌人，只有永恒不变的利益"，他的这句话曾被当做是外交界的至理名言。其实商场也是如此，在与对手发生利益竞争的情况下，如果同时对自己有益,那么化敌为友也未尝不可。

20世纪80年代,香港大富豪包玉刚看到九龙仓股票发展势头甚猛,他便与同僚商议,立即定下吃掉这块"大肥肉"的方案,开始大肆收购九龙仓股票。

当时李嘉诚早已看中九龙仓,并且要比包玉刚早一步收购股票,已夺得2000万股。当九龙仓股价由原来的十多元港币涨到40元港币时,李嘉诚居然主动以每股36元港币转让给包玉刚,令很多人感到惊讶。

他的下属不理解李嘉诚为何将到嘴的肥肉拱手让人,李嘉诚说:"做生意是为了赚大钱,但只要有门道就可以赚到,而友谊却很难用金钱来购买啊!"

李嘉诚帮助包玉刚收购九龙仓,又击败置地购得中区新地王,但是并未因此与纽璧坚、凯瑟克结为冤家。一场博弈之后,大家握手言欢,联手发展地产项目。李嘉诚和生意场上的许多人结成了合作伙伴、打成一片,创造了"只有对手而没有敌人"的奇迹。

生意之间的来往,有合作也有竞争。商人为了利益互相角逐,商场上少有情面可讲,这就是所谓的"同行是冤家"。李嘉诚却并不赞同,他一直认为"同行之间若既能各挣各的钱,又能保持友情,对事业有一定的帮助。"上面的例子很好地为我们证明了这一点。

孔子认为一个真正成功的人具备包容、恭敬、诚信、灵敏、慷慨五德,五者合一,便是豁达。生意人,不能为了个人利益,随便将同行变成生死敌手,否则将是无休止的对抗。须知,生意场上并没有永远的敌人。

因此,竞争与合作并不冲突,此时的竞争不代表今后没有合作的机会,商家因利益而有所牵扯,也会因利益化敌为友,一旦达成共识,合作是必然。所以,还是做一个胸怀豁达的生意人吧,多一个朋友向来比多一个敌人得到的好处要多上许多,哪怕是在商场之上。

7. 考虑如何帮助别人，而不是赚钱

如果一个人脑子里只想着赚钱，利益心太重，很难有朋友与你真心同甘共苦，也难有员工愿意一心一意追随你，因为他们害怕或者担心你见了利益自己独吞，失了利益撒腿就跑。

做生意要赚钱，但功利心越强越难赚到钱。相反，那些总是考虑如何为客户创造价值的人，反而能让钱不请自来。道理很简单，比如两个搞童装批发的生意人A和B，A为了利益斤斤计较，绞尽脑汁要把自己积压不好卖的货销售给你，为了降低成本不惜偷工减料，生意必做不长久。B则坚守诚信，还经常为客户出谋划策怎么宣传产品才好卖，款式怎么搭配才吸引人的眼球，客户赚得多了，他的生意难道不会日益兴隆吗？而马云的成功用的就是这一招。

马云在参加美国知名主持人查理·罗斯(Charlie Rose)的脱口秀节目时，查理·罗斯问马云："你认为你们的核心竞争力是什么？"

马云答："不是科技，而是文化！科技只是工具，我们更重视价值、使命和愿景。工作是为了帮助别人而不是赚钱，在我的公司里客户第一，员工第二，股东第三，这就是我们的信念。"

查理·罗斯又问："你已经拥有了一个非常成功的企业，那你还有什么其他梦想吗？"

马云说："我会投入更多时间鼓励人们创业，帮助更多中小企业以及企业家，另外我还想去学校讲学。在大多数商学院里，教授们教的都是如何赚钱、如何管理企业，但是我想告诉大家的是，如果你想经营企业，

那么首先你要提供价值、服务他人、相互帮助，这才是关键所在！我相信如果一个人脑子里总是想着赚钱，那么没人想和你交朋友。相反，如果考虑的是如何帮助别人、为他人创造价值，然后你就会赚钱。这就是我取得成功的方式。我努力让年轻人相信这个经营方式，而且我认为这是21世纪的主流。"

老子在《道德经》中说："将欲去之，必固举之；将欲夺之，必固予之。将欲灭之，必先学之。"我们现在将其概括为：欲想取之，必先予之。意思是想得到一些东西，就必须先给予一些东西。就像钓鱼，想要钓到鱼，必须先在鱼钩上放鱼饵。

做生意的道理也是一样，只有先帮助客户赚到钱，自己才会赚到钱。

乔治马修·阿丹曾经说过："帮助别人往上爬的人，自己也会爬得很高。"如果你帮助其他人获得他们需要的事物，或者帮助其他人壮大了自己，当他得了利、赚到钱之后，作为回报一定会反过来帮你赚钱，这时候，你得到的必然会比付出的多！

蒋友柏，他的曾祖父是蒋介石，爷爷是蒋经国，但他喜欢当个生意人。他说："我是个生意人，就是要帮客户赚钱。"

2003年秋天，蒋友柏和在纽约帕森设计学院的弟弟友常一拍即合成立了设计公司橙果，这是台湾第一家拥有国际设计师团队长期进驻的设计公司。

最初，橙果得以让"国际化"的头衔名正言顺正是因为与迈克·杨这位当之无愧的"头牌设计师"的合作，但随着橙果业务量的增大，二者发生了分歧，使得彼此的优势都无法得以发挥，蒋友柏以七位数的遣散费果断结束了与迈克·杨的合作。他说："客户来找我们，不是因为名，而是因为利。讲到利的话，就不会是因为某个人了。"

之后，蒋友柏更加明确了橙果的思路：一切以客户的利益为中心。蒋友柏说:"我可以随时随地告诉你我的公司有多少钱,明年的今天会有多少钱,做每一个案子会赚多少钱,你把这个案子交给我能赚到多少钱——这些在设计界绝对都是独一无二的。"

蒋友柏还说,自公司成立四年来,他让每个客户都赚到了钱。这年他三十一岁,营收预计可破亿。

大家一定都听说过著名的成功学推广家陈安之先生,他并不是一出生就直奔成功而来的。他曾经做过十八份工作,卖过菜刀,卖过汽车,卖过巧克力,甚至当过餐厅服务员……可是他没有尝到成功的甜头,他在银行的存款还是零。直到他21岁,遇到了他人生中的第一位恩师——世界潜能激励大师安东尼·罗宾。此后,他个人的特长、天分和强烈的爱心获得了真正的释放。

安东尼·罗宾究竟传授给了他什么成功秘笈?其实很简单,就是一句话,他说:"这个世界上赚钱的行业很多,但是没有哪一个行业可以比得上帮助别人成功和帮助别人改变命运更加有价值、有意义。"从此,陈安之立下了"以最短的时间帮助最多人成功"的使命……

埃·哈伯德说:"聪明人都明白这样一个道理,帮助自己的唯一方法就是去帮助别人。"帮助别人解惑,自己获得知识;帮助别人扫雪,自己的道路更宽广;帮助别人,也会得到别人友善的回报。

8. 学会和你不喜欢的人相处

无论是在从商过程中还是工作生活中,我们每天免不了要与形形色色的人打交道，在这些人中，难免会有自己不喜欢的人。比如你讨厌的老板，你不喜欢的长辈，你厌恶的同事，甚至与你素不相识的人。如果你与他们个个都要较真，你一天真的不知道要得罪多少人，也不知道要生多少气。

你不喜欢他，不代表他不存在。你将厌恶写在脸上，或者说话爱答不理，甚至是恶声恶气，只能说明你气量狭小。能容得下不喜欢的人，并与之和睦相处体现的不只是一个人的修养，更是气度和胸怀。《菜根谭》上面有一句话叫：有大胸襟者，方有大智慧。他的意思是说一个聪明的人，必然是一个拥有博大胸襟能够包容他人的人。

马云绝对是一个性情中人，在《赢在中国》节目里，他曾向一位选手坦言："我和你一样，不愿意和不喜欢的人交往。但是对于客户，哪怕你很不喜欢他，你也要尊重他，不要把客户当白痴。客户不喜欢你，一定有他的原因和理由。对于同事也一样，很多人因为不喜欢某个同事就不愿意跟他一起工作，你不喜欢他，可以不跟他做朋友，但一定要做同事。"

我们早就不是单纯的孩子，至少要懂得与人为善，不轻易树敌的道理，遇到不喜欢的人，适当的忍让，保持表面上的和谐，才能顾全大局。我们要清楚，在当今这个社会，很多事都必须通过跟人打交道，通过团队协作才能得到想要的结果。

虽然人的某种本能趋势就是与自己喜欢、欣赏的人靠近，而远离那些自己不喜欢、不愿意打交道的人，但是，生活中没有那么多的随心所欲，由于各种各样的原因，我们经常要与自己不喜欢的人，甚至是与自己相敌对的人打交道，这就需要用到一些技巧：用真诚的态度对待每一个人，包括你不喜欢的人。

被后世誉为"全世界最伟大的矿产工程师"的哈蒙从著名的耶鲁大

学毕业后,又在德国弗莱堡攻读了3年。当毕业后的哈蒙向美国西部矿业主哈斯托求职时,脾气执拗、注重实践、不太信任专讲理论的人员的哈斯托说:"我不喜欢你的理由就是因为你在弗莱堡做过研究,我想你的脑子里一定装满了一大堆傻子一样的理论。因此,我不打算聘用你。"

这时,哈蒙没有怒气冲冲地为此事争执,反而假装胆怯,对哈斯托说道:"如果你不告诉我的父亲,我将告诉你一句实话。"当哈斯托表示守约后,哈蒙便说道:"其实在弗莱堡时,我一点学问也没有学回来,我尽顾着工作,多挣点钱,多积累点实际经验了。"

听完哈蒙的回答,哈斯托连忙笑着说:"好!这很好!我就需要你这样的人。"

哈蒙了解了哈斯托的偏见后,并没有去斤斤计较,反而是尊重他的意见,维护他的"自尊心"并巧妙地消除了他的顾虑。

学会和不喜欢你的人相处,并不如想象中那么困难,摒除自己的偏见是最关键的。不喜欢某些人也并不代表一定就要完全讨厌对方,只要我们试着摆正心态,主动一点儿,就一定会将可能形成的敌对局面变成一片和谐。

1.要增加接触的机会,对对方好一些。也许你选择躲避这些人,但多接触也许会改善关系。

2.不要来硬的,要投其所好。如果对方喜欢喝点小酒,那么就私下请他喝点,如此可改善关系。

3.要主动地活跃气氛。大家在一起相处的时候,多讲讲笑话,大家一起乐一乐,虽然这样做可能不太容易。

4.保持适当的距离。与不喜欢的人相处时尽量不要表现出厌恶感,适当的距离可以避免不必要的树敌。

5.处事灵活。在关系僵持或恶化的时候,一定要主动表示友好,不要爱面子、难为情。

6.包容和忍让是最重要的。哪怕你善待对方,对方还是对你不好,你仍旧要继续保持与对方友好的态度,毕竟连草木、动物都有感情,更何况是人呢？只要心存善念不断地付出,对方一定会转变。

一个真正有智慧的人,在对待自己不喜欢的人时,也会示以尊重,笑脸相迎,友好相处。所以,为了不因对某人毫无理由的"好恶"而到处树敌,我们也应该去试着和自己不喜欢的人友好相处,尝试着去接纳对方,甚至要尝试和敌人微笑拥抱。这是气度,更是胸襟。

第十二章

放下名利,四十八岁激流勇退

1. 别躺在过去的荣耀里长睡不醒

霍桑说:"当背着太多过去的负担,那么在这世上,我们就没有时间欣赏生机勃勃而且就在我们周围的东西。"很多人都曾有过辉煌的过去,但却因为沉迷在过去的荣耀中,缺乏对现状的认识,因此让自己比常人背负了更多压力的同时,也承担着巨大的痛苦。

而马云在这方面是一个很清醒的人,他在事业正处于顶峰的时候,出人意料地卸任了。

2013年5月10日,48岁的马云正式辞去了阿里巴巴CEO的职位。此前,马云曾在公开信上说:"作为创始人CEO,退让CEO是个不容易的决定,因为这容易造成误解,特别是我这个年龄,还是常规意义上年富力强的时候。"

马云还说:"快50岁的人了,一半的、最好的黄金时间都已经过去了,等于爬到山顶上往下走了,下山要下得漂亮,你不肯下来,结果可能摔下来。"

2009年9月10日，阿里巴巴的十周年庆典晚会上，马云就曾说过："我们不希望背负过去的荣誉，明天我们将会重新应聘求职于阿里巴巴，和任何普通员工一样，从零开始，为下一个十年继续努力。"就在这一天，马云宣布了阿里巴巴18位创始人集体"辞任"，他们从此由阿里巴巴的创始人变成了合伙人。

马云希望通过这一变革，让这些创始人能够放下他们因为创始人的身份所承受的压力，从而更好地为阿里巴巴服务。

马云勇于放下自己的权力、不沉迷于过去荣誉的精神，无疑是值得我们敬佩的。他还告诫我们说："每个人心里都得有一张时间表，你得知道什么时候不行，而不是相信我永远行。"

昨天的鲜花再艳丽，成就再辉煌，也终究只是过去。如果我们沉浸在昨天的辉煌和荣誉里，就会阻碍我们今天的进取。躺在过去的荣耀里沉睡不醒，会羁绊我们今天的启程，甚至让我们丧失继续奋斗的激情和壮志。

有位哲人曾说："无法忘记过去的人，常常连今天也会失去。"生活不会因为你过去创造了辉煌，就给你永久的优待。只有忘记过去，把每一天都当做一个新的起点，我们才能不断进步，创造出更多辉煌的业绩。

提起唐灵生的名字，或许很多人并不陌生。1996年，在第26届亚特兰大奥运会上，唐灵生打破59公斤级举重的世界纪录并获得金牌，这是中国在此前的12年以来获得的第一枚奥运金牌。他还曾被称为中国的超级"起重机"。

获得奥运金牌后，唐灵生一时成为了一颗耀眼的明星，回国后受到了国家领导人的接见。他家乡的政府也给了他很高的礼遇。一时间，唐灵生春风得意。

然而，唐灵生在退役后，事业上却一直遭遇不顺。在屡次遭受打击后,唐灵生决定要忘记自己过去的荣誉,重新来过。这位昔日里的奥运冠军,开始在老家的深山里种起了柿子。

如今已成为柿子大王的唐灵生,原本不擅言辞的他在向别人介绍柿子时说得头头是道:"我们这个柿子品种,因为它不会腐烂,它可以保持很久,熟了以后摘下来可以做成柿饼。而且它可以做中药,现在我们种这柿子树,就算两毛钱一斤都有得赚。"

"过去我总把自己看作英雄,始终放不下冠军的架子,既静不下心干事,又经不起诱惑,"唐灵生后来感慨说,"也许,在别人眼里,我回乡种柿子很卑贱,可他们不知道,我现在做自己喜欢的事,却活得很快乐、很充实。因为,我现在找到了自己的事业,找准了人生坐标!"

对于现实的生活来说,荣辱得失都只不过是过眼烟云。无论你的过去多么辉煌,代表的都是过去,即便对你现在找工作有一点点制约,也是暂时的,它也绝对不能决定你的未来。

只有学会忘记和超越过去的荣耀,不断掌握新的技术和本领,增强自身的竞争力,我们才能找到今天和未来的人生坐标,从而取得新的成就,也重新获得他人的认可和尊重。

生活中总是有一些人整日哀叹过去的痛苦或者满足于曾经的辉煌,似乎生活对他们来说,永远都是过去式。殊不知,羁绊于过去之中,是很难洒脱地走向美好的明天的。

过去的生活,不管如何辉煌或者暗淡,都随着时光如流水般远去,留给我们的只有记忆。除此以外,它能影响你的又有什么呢?

马云说:"近几年的改革经验告诉我们,只有着眼于未来才能有美好明天。"不论功过、荣辱,过去的都不重要,重要的是现在你是不是能保证自己每天都在进步,别人在进步的时候,你没有进步,就等于落后了。而如果你认为落后是不可更改的,那么你注定将会被淘汰出局。忘记过去的荣耀和挫败,不断进取,明天的辉煌才会不再遥远。过去不管是美好还是坎坷，都已经是不可挽回的了，只有未来才是最值得我们期待的。

2. 给年轻人舞台——不败、不老、不糊涂的唯一办法

马云说："这世界谁也没把握你能红五年，谁也没有可能说你会不败，你会不老，你会不糊涂。解决你不败、不老、不糊涂的唯一办法——相信年轻人。因为相信他们，就是相信未来。"

对于自己辞去阿里巴巴CEO一事，马云在给员工们的信中说："我绝无偷懒之想法，尽管当阿里巴巴CEO绝非易事，我是看到阿里年轻人的梦想比我更美，更灿烂，他们更有能力去创造自己的明天。"

在辞任CEO的内部邮件中，马云写道："互联网是年轻人的天下，今年，阿里绝大多数生于60年代的领导者将会退出管理执行角色，我们将把领导责任交给70、80年代的同事们。"

马云此次辞职，有很多人说中国互联网创业的时代已经过去，留给年轻人的机会也越来越少了。而马云却不这么认为，因为他觉得中国互联网还没真正到来，年轻人的机会会越来越多。马云说："从心底里，我佩服今天的年轻人。对于互联网行业来说，48岁的我不再'年轻'，阿里巴巴的下一代比我们更有优势运营好互联网生态系统。"

马云称现在的年轻人比自己聪明，他说："今天自己解决不了的问题，不代表未来的年轻人解决不了。"马云还说："阿里立志发展102年，我们还有88年要走。没有健康、良好的年轻人接班制度，我们很难想象

我们会走到那一天。"

通常情况下，企业对于相对来说缺乏经验的年轻人不会特别感兴趣。特别是那些应届的毕业生，因为缺乏社会阅历，又没有工作经验，时常受到冷落。马云起初也认为他们没有受过什么磨练，太浮躁，一天三个主意，一年换三个工作。因此他在创业之初并没有考虑过让应届毕业生加入自己的团队。

但是马云在后来的工作中逐渐改变了自己对应届大学生的成见，他发现："他们都是一张白纸，容易接受新事物，成才概率相对比较高。"马云认为，只要是足够踏实的年轻人，也可以被当作猎犬型人才来培养，他说："如果一个年轻人今天和你说他要做什么，三年后依然说他要做这个，而且坚持在做，那你就一定要给这个年轻人一个机会。"

鲁迅先生曾说："关心我们自己的孩子，就是关心我们的未来。"只有我们愿意给年轻人一个机会，放手让他们去发挥自己的才能，多给他们一些信任和支持，他们才会有能力承担起未来的责任。

年轻人虽然工作经验相对来说没有那么丰富，但是他们年轻的思想是最富有创新精神的，因此也是最富有发展潜力的。在现实生活中，很多企业都是因为年轻人的加入而拥有了新鲜的血液，促进了企业向更好、更快的方向发展。

苹果公司成立之初，在短短几年内就发展成为一个能与IBM具有同等竞争力的电脑公司。在苹果公司刚成立的时候，他们的团队虽小，但是每个年轻人都有独当一面的能力，也正是因为有了这样的富于创新的年轻人的精英团队，才有了第一台个人电脑的问世，并且给整个电子行业都带来了革命性的巨变。在乔布斯的带领下，一个年轻的苹果团队充满了活力和创新思维。

乔布斯之所以选择这些有想法、有技术的年轻人作为自己的团队成员,是因为他相信这些年轻人可以成为他各种构想的实践者,他们都希望有机会创造出了不起的电脑产品,并希望在从事的工作中做出伟大的成绩,他们坚信乔布斯的眼光,因此他们精诚合作,共同创造高水准的产品。

既然要给年轻人机会,公司也要有心理准备——给他们犯错误的机会,给他们张扬个性的空间。假以时日,这些璞玉就会被琢磨成精美的上等好玉。每个人的"经验"都不是与生俱来的。他们的主要任务是做好知识储备,然后在工作岗位的"实践"中锻炼出真正的"经验"。

但是只有招募到优秀的年轻人,才能为企业带来好的转变。想要吸纳优秀的年轻人,就要了解他们对职业的需求。

第一,需要一份感觉不错的职业。

对于现在的年轻人来说,职业的好坏不仅仅指薪水的高低,主要是一种心理感觉。我们知道人都有与他人比较的喜好,比较之后如果自己属于佼佼者,心里就会美滋滋的;若是自己比别人差,就会有失落感。与同行业同岗位者的收入比,上岗后又同单位里的同一岗位的同事比,比较的结果是中等靠上就会感觉良好;处于中下等水平就难受。

第二,需要一个成长的空间。

有远见的年轻人在最初选择自己的职业的时候,并不是十分注重企业承诺给自己的职位,他们更注重的是自己以后的发展空间。

有远见卓识和危机意识的年轻人希望在工作中,除了自己的知识派上用场、能力发挥出来、智慧彰显出来的同时,还要求不断充电,以补充新鲜血液。只有让他们学到新的知识,提高了能力,增长了智慧,才能让他们感觉到自己在成长进步。否则,他们就会有被掏空的感觉,感觉到自己被企业组织所压榨,缺少安全感。对于那些只满足于现状、不求进取的年轻人,相信也不会成为企业选择的目标。

3. 放弃,然后才能轻装上阵

枯叶放弃树干,是为了期待春天的葱茏;河流放弃平坦,是为了回归大海的怀抱。蜡烛放弃完美的躯体,是为了带来世界的光明;心灵放弃凡俗的喧嚣,才能拥有一片宁静。

放弃,不仅是一种选择,更是一种智慧。只有懂得放弃,才会卸下沉重的包袱,轻装上阵,从而走得更远。

马云曾在发给公司员工的邮件中说:"在阳光灿烂的日子里修缮屋顶,只有敢于放弃今天的成功,我们才有可能更上一层楼!"

在事业发展的顶峰时期激流勇退的马云,对于自己的提前退休,他表示自己感到很幸运。马云在他的辞任演讲中说:"明天开始,我将有我自己新的生活,我是幸运的,在我48岁,我就可以离开我的工作,48岁之前工作是我的生活,明天开始,生活将是我的工作。"

要想得到永久的掌声,就必须放弃眼前的虚荣;要想得到小草的清香,就必须放弃城市的舒适。放弃了蔷薇,还有玫瑰;放弃了小溪,还有大江。放弃了一棵树,还有整片森林;放弃了驰骋原野的不羁,还有策马徐行的自得。放弃并不是失去,有时候反而是一种获得。马云放弃了自己在阿里巴巴的大权,同时却拥有了更多的闲暇时间来享受生活和做自己喜欢做的事。

马云说:"这世界很多事,我们做不了,这世界奥巴马就一个,但是太多的人把自己当奥巴马看。这世界每个人做好自己那份工作,做好自己感兴趣的那份工作，已经很了不起。"

　　过多的财富、权力和荣誉就如同身上的赘肉，让人颇感压力。许多人在金钱、成就、权力、利益、面子、学识等方面，怎么也放不下，因为觉得一旦放弃就意味着失去，却没有想过，或许在关键的时候懂得放弃一些东西，将会得到更多意想不到的收获。

　　美国好莱坞影星利奥·罗斯顿是好莱坞历史上最胖的演员。后来因为演出时突然心力衰竭，罗斯顿被送进急救中心。医生们拼尽全力，最终也没能挽回罗斯顿的生命。不过罗斯顿在临终前说的一句话，让急救中心的哈登院长颇受启发。临终前罗斯顿曾喃喃自语："你的身躯很庞大，但人的生命需要的仅仅是一颗心脏！"后来哈登院长让人把这句富有哲理的话刻在了医院大楼的墙上。

　　后来美国石油大亨默尔也因工作繁忙，导致心力衰竭而住进这个急救中心。即便是住院，默尔也放不下公司的诸多事务，甚至把公司搬到了医院。他包下了医院的一层楼，增设了用于联系事务的五部电话和两部传真机。

　　在医护人员的精心护理下，默尔渐渐康复。不过出院以后，默尔却没有回去继续亲自打理他的石油帝国，而出乎所有人意料地卖掉了公司，在苏格兰一个乡村买下了一栋别墅。

　　让默尔做出这种反常行为的就是医院大楼上那句"你的身躯很庞大，但人的生命需要的仅仅是一颗心脏！"后来他在自传中这样写道："富裕和肥胖没有区别，它们只不过是超过自己所需要的东西罢了。"

　　人生应该过得轻松和快乐一点，再显赫的名利不过是束缚自身的枷锁，生命之舟又能承受多少负荷呢？在生死抉择面前，什么又能比鲜活的生命重要，什么又能比幸福快乐的生活重要？放弃一些权力、财富，换来的却是身体的健康，这样的放弃物有所值。

很多时候，人因为不懂得放弃才会有许多痛苦。有时放弃一些东西反而能让我们进入一个新的空间，我们的心灵也会因此而豁然开朗。生活中，得到的同时，我们也在失去；选择的同时，我们也在放弃。

理智地放弃，就是及时地下车，这样才不可能一错再错。如果不是属于我们拥有的，我们就应该放弃。抱着祥和的心态，我们才能过得更轻松、坦然、充实，才能以新的获得来弥补我们的失去。

很多时候，梦想总是圆满的，而现实总是存在着这样或那样的障碍。在不得已的情况下，我们无计可施，只有放弃。放弃并不是失败，是我们成功的起点，是我们轻装上阵付出的代价。

在我们的生命中有太多的诱惑，太多的机会，太多的欲望。舍不得放弃，人生就会不堪重负，会痛苦不堪。

理智的放弃是一种智慧，也是一种勇气。拿得起，更要放得下。鱼和熊掌不能兼得，我们在选择一些东西的时候，必定会放弃另一些东西，只有在放下后，才能体会到轻松的愉悦。放下欲望的沉重包袱，我们才能轻装上阵，在人生的道路上步履如飞。

4. 不为赚钱才能把事业做大

马云说："我相信如果一个人的脑子里总是想着赚钱，那么没人想和你交朋友。相反，如果考虑的是如何帮助别人、为他人创造价值，然后你就会赚钱。"

马云说："很多人都懂得怎么赚钱，世界上会赚钱的人很多，但世界上能够影响别人,完善社会的人并不多,如果做一个伟大的公司,你就得做这些事。这个使命不是盈利、上市,而是改变世界,尤其是中国商业世界的规则。"

阿里巴巴创办初期,就把这当做是自己的梦想,但是在当时,很多人都觉得马云的想法不切实际,甚至有人称他为疯子。但是马云坚信自己的梦想一定会实现。马云后来的成功,充分证明了他当初的理念是正确的。

马云接受外媒采访时曾说:"我是一个信念坚定的人,我的信念就是帮助小企业,我为我们出生在互联网时代而感到荣幸,通过互联网可以帮助很多人,尤其是中小企业,这关系到千万家庭的希望与梦想。"

对于未来阿里巴巴的发展方向,马云表示要继续发展电子商务。马云认为,阿里巴巴的核心竞争力不是科技而是文化。他说:"科技只是工具,我们更重视价值、使命和愿景。工作是为了帮助别人而不是赚钱,在我的公司里客户第一,员工第二,股东第三,这就是我们的信念。"或许正是因为这一信念,今天的阿里巴巴才成为了一个商业帝国。

比尔·盖茨曾说:"没有财富,我们努力去得到它,是为了证明自己的价值,满足自己的需要。而有了它,我们就应该想办法让它发挥应有的作用。只有带着感恩的心,去利用财富,你才不会被财富所奴役。所以,不论任何时候我们都应该记住,财富只是一个证明,而不应该是我们的主人。"

马云也认为,做生意不能光想着赚钱,他觉得,社会责任一定要融入企业的核心价值体系和商业模式中,才能行之久远。换言之,一个企业的产品和服务必须对社会负责。如果卖的产品和提供的服务对社会有害,不管做得再成功也不行。

还是在刚开始踏入互联网行业的时候,马云就说:饿死也不做游戏。在他看来,如果孩子们都玩游戏的话,国家将来怎么办?而电子商务不同,他可以帮助中国的中小企业建立网上交易平台,并且还可以解决一部分中国人的就业问题。因此,马云选择了电子商务。

马云坚信,电子商务一定会改变社会,赚钱的游戏是任何社会玩不腻的健康游戏,阿里巴巴的产品和服务必须为中小型企业喜欢。也正因为如此,马云才公开表示,阿里巴巴有再多的钱也不会投资网络游戏,而在收购雅虎中国后,他更直接砍掉了虽然很赚钱但鱼龙混杂、泥沙俱下的短信业务。

马云曾在阿里巴巴十周年庆典纪念活动时说:"第一,我们希望为全球1000万家小企业提供一个生存、成长和发展的平台;第二,我们希望为全球解决一亿人的就业机会;第三,我们希望在全球培育十亿消费者,为他们的消费需求服务。"

可以说,马云最成功的地方,在于他是在企业使命、价值观层面上发挥领导力,而不是简单地带领员工去实现目标、利润。而在马云的感召下,阿里巴巴创业团队同马云一起,致力于打造中国最好的企业。

作为在世界上备受尊重的"杂交水稻之父",袁隆平解决了中国十三亿人口的吃饭问题,袁隆平可谓是功勋卓越。袁隆平的杂交水稻技术研发成功后,他生活上再也不用为缺少金钱而担忧,但他没有用自己努力得来的钱贪图安逸,而是继续着自己的科研工作。尽管他现在年事已高,但是他对科学的执著探索实在让人感到敬佩。

袁隆平并没有因为自己富有了而停止造福他人,他不为金钱所累的崇高人生追求值得我们学习。富有之后造福大家才是我们应该持有的正确的金钱观念和需要谨记的人生信条。对于真正的成功人士来说,挣钱已经不仅仅是一种目标,还是一种心理刺激和人生挑战。当你富有的时候,不要忘记"取之于民,用之于民",积极回报社会。

一个人如果只是为了赚钱而发展自己的事业,就很容易"掉进钱眼里"，甚至为了赚钱而丧失自己的良心、不择手段。这样发展起来的事业注定是短命的，三鹿奶粉就是一个最典型的例子。

不可否认，在这个世界上，金钱拥有最多的崇拜者，无数的人为了获得财富而绞尽脑汁！金钱的确让人为之着迷，金钱的确让人心生崇拜。崇尚金钱，是因为当你有了足够的金钱，就可以改善居住条件，改进自己的饮食状况……金钱在生活中的重要性不可否认，所以对金钱的崇尚、追求之心人皆有之，这无可厚非。

但是，崇尚金钱并不意味着你一定要被金钱"牵着鼻子走"，崇尚金钱并不意味着一定要为金钱所累。石油大王洛克菲勒说："我确信，金钱越多越能为我带来幸福，我承认金钱对每一个人的重要意义。但是，我不会因为挣钱而损害其他人的利益，我崇尚金钱，但绝不为金钱所累。"如果我们不能正确地对待金钱和财富，把金钱看得过重，以致沦为金钱的奴仆，则是我们做人的失败。

5. 看淡虚名："我不是传奇，我是平凡的人"

在很多人的眼中，马云是互联网界的一个传奇人物，他是电子商务在中国的开山之人，也是很多创业青年们心中的"偶像"，就连很多知名的企业家都对他敬佩不已。

马云却说："我不是传奇，我是平凡的人，我最怕别人把我看成圣人、教父，晕了。我跟大家没什么区别，是淘宝和阿里巴巴给了我光环，不是我给淘宝、阿里巴巴、支付宝光环。是两万多名员工帮了我，不是我帮了他们。"

马云在一次接受记者的采访时说："我不知道创业教父是什么东西，也从来没有想过做创业教父！"他表示，一开始的时候，自己跟所有人一样，把李嘉诚、比尔·盖茨当做自己的榜样，但是马云又说："后来发现他们不是我的榜样，没法学习，太大太强。真正的榜样一定在你附近，你做小饭馆，榜样就是斜对面的小饭馆，他们家为什么门口排队而我们家服务员比客户多？他是你的榜样。"

马云还告诫青年们说："希望以后大家永远觉得我们一样，事实上我们一样。我只是比你们早生了几年，我经历了一个好的时代，我有一些好朋友，有很好的一群人在帮我，我才会这样。十年以后你们也会，只要你说我也愿意这么去努力，肯定可以，没什么传奇的。"

真正有修为的人常常把"忍狂妄，忍猖介，耐清寂，耐不遇"作为自己的行为准则不渝地执行，从不为虚名所累。

《红楼梦》有言，"世人都晓神仙好，惟有功名忘不了"。滚滚红尘，人人都想活得潇洒一点，轻松一点，快乐一点，但终其一生也潇洒不了，轻松不了，快乐不了。因为他们被什么东西拖住了，缠住了，压住了，这东西就是功名利禄。

在没有名的时候，想出名，甚至不惜代价和手段。有了名之后，又战战兢兢，害怕失去，身心不得安宁。相对于没有出名前，出名后的心态更难调整，能放下身上那一圈光环的世间能有几人？

有一次，亨利·福特到英格兰去。在机场问讯处他要找当地最便宜的旅馆。接待员看了看他——这是张著名的脸，全世界都知道亨利·福特。就在前一天，报纸上还有他的大幅照片说他要来了。现在他在这儿，穿着一件像他一样老的外套，要最便宜的旅馆。所以接待员说："要是我没搞错的话，您就是亨利·福特先生。我记得很清楚，我看到过你的照片。"

那人说:"是的。"这使接待员非常疑惑,他说:"你穿着一件看起来像你一样老的外套,要最便宜的旅馆。我也曾见过你的儿子上这儿来,他总是询问最好的旅馆,他穿的是最好的衣服。"

亨利·福特说:"是啊,我儿子是好出风头的,他还没适应生活。对我而言,没必要住在昂贵的旅馆里,我在哪儿都是亨利·福特。即便是住在最便宜的旅馆里我也是亨利·福特,这没什么两样。这件外套,是的,这是我父亲的,但这有什么关系呢? 我不需要新衣服。我是亨利·福特,不管我穿什么样的衣服,即使我赤裸裸地站着,我也是亨利·福特,这根本没关系。"

成就和名利是分不开的,当我们在某个行业取得很高成就的时候,名利也就随之而来。重要的是,有了名之后,我们怎么对待它。

在93到94赛季,汤帅带领火箭夺得了总冠军。但到了94到95赛季,因为前一赛季已经夺得了冠军,队员们的心理开始膨胀,对荣誉的执著也开始下降。在这种情况下,火箭队的开局打得非常糟糕,成绩一落千丈,汤帅在媒体面前积累的声誉也一夜之间损失殆尽,对他和全队的批评纷至沓来。幸好在媒体的口诛笔伐下,汤帅和他的队员们重新振奋了精神,化压力为动力,最终成功卫冕。

钱钟书有"文化昆仑"的美誉,可见其影响之大,学问之高。然而,钱钟书却心甘情愿地在自己的一亩三分地里耕耘着,不曾望眼别处一分。也正是这颗淡泊且专注的心灵,才有《围城》和《管锥编》这样伟大的作品。

"文革"结束后,尤其是八十年代的到来,被恢复了名誉和职务的季羡林先生成了学界的香饽饽,各种邀请、聘任、采访纷至沓来。面对如此多的虚名实利,季先生却选择了躲避,对于这些他是能推就推,不能推掉的也尽量不让它影响到自己的正常生活。1981到1998年,十七年间当别人都靠着资历名望大赚外快、大捞实惠的时候,季先生却把自己关在书斋里,把全部精力都放在对《糖史》的撰写上面,十七年如一日。

到了老年,被誉为国学大师的季羡林说:"到了今天名利对我都没有什么用处了,我之所以仍然怕,是出于惯性,其他冠冕堂皇的话,我说不出。'爬格子不知老已至,名利于我如浮云',或可道出我现在的心情。"

唐代诗人杜牧说:"莫言名与利,名利是身仇。"陆游的《一壶歌》中这样写道:"看尽人间兴废事,不曾富贵不曾穷!"陆放翁一生坎坷,虽曾仕进朝廷,但未曾眷恋,他唯一的挂念便是黎民和国家。大彻大悟的陆游看透了滚滚红尘,他教导我们,人生中没有不能放下的东西,功名利禄不过浮云;当你参透了人生深邃,自然对得失就不再放在心上。

古典巨著《镜花缘》的作者李汝珍曾说:"看破红尘,顿开名缰利锁。"是啊,名和利不过是捆在每个人心头的缰锁,看淡看轻才能挣脱束缚,才能抵达人生的至境。

6. 过去已经过去,未来才值得期待

只有学会放下过去,才能轻装前进,进而收获到更多的东西。如果将一生的所得都背负在身上,哪怕你有一副钢筋铁骨,终究也会被重担压倒在地。

过去的辉煌和过去的痛苦一样,都很难从记忆中抹去。但无论过去承载的是财富、名利,还是哀伤、遗憾,都已经盖棺定论,没有任何更改的余地。聪明的人不会在过去千转百回,死拽着不放,而懂得把目光投向更广阔更值得期待的未来。

马云曾在谈到"商业的未来"这一话题时说:"我是1994年年底开始做互联网,那时候很多人不知道互联网是什么,做任何事,今天会成功的事情,我不会做。10年后成功的事情,我会特别有兴趣,因为坚定了方向,一步一步往前走。"

马云还说:"我觉得我脑袋小,所以要记很多东西很困难,所以记得快,忘得也快。有的人可以记得清清楚楚,但是我就是老记不住。我对十年以后、五年以后、八年以后的事情要做什么,我特别有兴趣。因为昨天的事大家拼的是记忆,未来的事大家拼的是想象,想象要的是理想,还有现实。"

在48岁就选择退出阿里巴巴一线管理的马云,对自己的未来有自己的打算:"我要建一所学校,培养中国民营企业家的学校。"对自己之前获得的成就,马云并没有沾沾自喜,他在选择遗忘过去成就的同时,更希望自己的未来能有所作为。

英国有句名言:"过去属于死神,未来属于你自己。"的确,过去的都已经过去,对我们来说,更重要的是未来会发生什么。

宏德法师曾用"红炉焰上片雪飞"来比喻人生之迅忽,生命之短暂。在人生路途中,只有放下过去,轻装上阵,才能更好地发现眼前和未来世界的斑斓美丽。

生于元末年间的朱元璋,他的父亲、祖父以及曾祖父等数辈人都是连赋税都交不起的穷人。朱元璋的父母死的时候,他们甚至连一块埋葬的土地都没有。如果朱元璋当初因为自己的贫苦出身,而放弃了对未来的努力,那他也就不会成为一代开国皇帝了。

生命是一张单程车票。只有起点,没有归途。无论你曾体验过怎样的苦辣酸甜,我们没有必要让过去的事情束缚自己的手脚,把那早该埋葬的是是非非、恩恩怨怨,从残碎的记忆中抽出来咀嚼、玩味、修补。对往事的过分认真和流连,只能显示出一种与实际年龄不相吻合的幼稚天真和不谙世事。

我国现代著名诗人聂绀弩,在"文革"期间一次次跌进痛苦的深渊。"文革"结束后,恢复了正常生活的聂绀弩先生似乎把之前受到的磨难忘了个一干二净,对那些曾经背叛过他的亲友们一如既往地给予关照和体贴。这正是聂绀弩先生的睿智所在。不管过去有什么怨恨和憎恶,过去了就是过去了,永远不可能再追回来,未来的生活还是要继续。与其纠结于痛苦的回忆不能释怀,不如彻底忘记,毕竟多一些朋友总比做一个锱铢必较的孤家寡人好。

我们只有忘记过去,才能走出心灵的牢笼,不要再一次次地晾晒那永远也晒不干的往事,该舍弃的舍弃,该遗忘的遗忘,相信未来一定会更美好。

美国新泽西州的一所小学里,一位叫菲拉的女教师为26个不良少年出了一道选择题,要他们根据自己的判断在3个候选人中选出一位日后能成大器的人:

A.笃信巫医,有两个情妇,有多年的吸烟史而且嗜酒如命;

B.曾经两次被赶出办公室,每天要到中午才起床,每晚都要喝大约一升的白兰地,而且有过吸食鸦片的记录;

C.曾是国家的战斗英雄,一直保持素食的习惯,不吸烟,偶尔喝一点啤酒,年轻时从未做过违法的事。

大家都选择了C。但是菲拉公布了答案:A是富兰克林·罗斯福,担任过四届美国总统;B是温斯顿·丘吉尔,英国历史上最著名的首相;C是阿道夫·希特勒,法西斯独裁者。

菲拉说:"过去的荣誉和耻辱只能代表过去,真正能代表一个人一生的,是他现在和将来的作为。从现在开始,努力做自己一生中最想做的事情,你们都将成为了不起的人!"——这番话改变了这26个孩子一生的命运,其中就有今天华尔街最年轻的基金经理人——罗伯特·哈里森。

新东方的创始人俞敏洪在同济大学的演讲中说："同学们，你们要记住一个真理，生命总是往前走的，我们要走一辈子。我们既不是只走过大学四年，或研究生，我们要走一辈子。可能走到80、90岁，虽然走到80、90岁时，人生到底怎么样你是不知道的，你唯一能做的就是要坚持走下去。所以我非常骄傲地从一个农民的儿子走到北大，最后又走到了今天。"

几米说过"错过的错过了，相逢的还是会相逢着"。过去，对于我们来说，已经可望而不可即。过去了，就没有再重温它的权利。我们的心理空间能有多大呢？背负太多的过往，就无法为未来留有一席之地。

只要我们愿意，不管过去有多少不堪的经历，我们都能够转过身去，把那些我们认为念念不忘的东西，统统给甩掉，磨灭得无影无踪。生活在继续，人生在绵延，我们总是要不断接受新的事物，接受新的观点。我们不需要为过往叹息，止步。我们应该挺起胸膛，站起来，坚强地迎接我们未来的日子。

附录一

马云个人履历

籍贯:浙江绍兴嵊州谷来镇,后父母移居杭州。

毕业院校:杭州师范学院外国语系,获文学学士学位。长江商学院EMBA。

毕业后任职:杭州电子科技大学英语老师。

历任机构职务:阿里巴巴集团董事局主席、软银集团董事、中国雅虎董事局主席、亚太经济合作组织(APEC)工商咨询委员会(ABAC)会员、杭州师范大学阿里巴巴商学院院长、华谊兄弟传媒集团董事、TNC(大自然保护协会)全球董事会董事、艺术品中国网商界合作顾问等。

个人经历及重要举措

1988年-1995年 杭州电子工业学院(杭州电子科技大学前身)英文及国际贸易讲师。

1995年-1997年 创办中国第一家互联网商业信息发布网站"中国黄页"。

1997年-1999年 加盟外经贸部中国国际电子商务中心,开发外经贸部官方站点及网上中国商品交易市场。

1999年至今 创办阿里巴巴网站,并迅速成为全球最大B2B电子商务平台,目前已成亚洲最大的在线交易平台。

2003年 创办独立的第三方电子支付平台,在中国市场位居第一。

2005年 和全球最大门户网站雅虎战略合作,兼并其在华所有资产,阿里巴巴因此成为中国最大互联网公司。

2006年 成为央视二套《赢在中国》最有特色、最具影响力的评委,还用中国雅虎和阿里巴巴为《赢在中国》官方网站提供平台。为千百万创业者提供平台。

2007 年 8 月　推出了以网络广告为赢收项目的营销平台"阿里妈妈"，阿里妈妈以支付的低端门槛吸引了大量的中小站长加入。

2008 年　阿里巴巴实行广告三包政策，再次掀起波浪。

2012 年 12 月 3 日　阿里巴巴集团在杭州宣布，截至 2012 年 11 月 30 日晚 9 点 50 分，其旗下淘宝和天猫的交易额本年度突破 10000 亿元。

2013 年 1 月 15 日　阿里巴巴集团董事局主席兼 CEO 马云向员工发出信件，宣布于 2013 年 5 月 10 日起不再担任阿里巴巴集团 CEO 一职，将全力以赴做好阿里巴巴集团董事局主席全职工作。

2013 年 5 月 10 日　马云宣布卸任阿里巴巴集团 CEO。这天正是淘宝网成立 10 周年的纪念日。他表示，在接下来的几年内，将主要负责阿里巴巴董事局的战略决策，协助 CEO 做好组织文化和人才的培养，"并将会和大家一起加强和完善阿里的公益事业"。

个人荣誉

2000 年 10 月，被"世界经济论坛"评为 2001 年全球 100 位"未来领袖"之一。

2001 年，被美国亚洲商业协会评选为 2001 年度"商业领袖"。

2002 年 5 月，获选成为日本最大财经杂志《日经》的封面人物。

2004 年 12 月，荣获十大年度经济人物奖。马云创办的个人拍卖网站淘宝网，成功走出了一条中国本土化的独特道路，从 2005 年第一季度开始成为亚洲最大的个人拍卖网站。马云是中国大陆第一位登上美国权威财经杂志《福布斯》封面的企业家。

2008 年 3 月，获选《巴隆金融周刊》2008 年度全球 30 位最佳运行长。

2008 年 7 月，获得日本第十届企业家大奖。该奖项过去只颁发给日本国内的企业家。

2008 年 9 月，获选美国《商业周刊》评出的 25 位互联网业最具影响力的人物。他也是唯一上榜的中国企业家。

2008 年 10 月 31 日,阿里巴巴有限公司和杭州师范大学合作共建杭州师范大学阿里巴巴商学院,任董事会董事长。

2009 年,在其 45 岁时,个人净资产达 80 亿,位列胡润富豪榜 77 位。

2009 年 11 月,获选《时代》2009 年度百大最具影响力人物。

2009 年 11 月,获选《商业周刊》2009 年度中国最具影响力 40 人。

2009 年 12 月 23 日, 获选 CCTV 中国经济年度人物中国经济十年商业领袖十人之一。

2010 年,入选中国国家形象宣传片人物。

2010 年 9 月,《财富》杂志以"智慧"和"影响力"为指标,评选出当今全球科技界最聪明的 50 人。马云先生以"阿里巴巴 CEO"身份入围"最聪明 CEO"第四名,颁奖词为"阿里巴巴的帝国正在向全球快速扩展"。

2012 年《财富》中国最具影响力的 50 位商界领袖排行榜,马云榜上有名,排名第八。

2012 年 CCTV 中国经济年度人物候选人。

2012 年度中国企业十大新闻之民企新闻人物。

2013 年新财富中国富豪榜以 200 亿元排名第十七名。

马云经典语录

﹡当你成功的时候,你说的所有话都是真理。

﹡好的东西往往都是很难描述的。

﹡男人的长相往往和他的才华成反比。

﹡孙正义跟我有同一个观点,一个方案是一流的 Idea 加三流的实施;另外一个方案,一流的实施,三流的 Idea,哪个好? 我们俩同时选择一流的实施,三流的 Idea。

﹡商业合作必须有三大前提:一是双方必须有可以合作的利益;二是必须有可以合作的意愿;三是双方必须有共享共荣的打算。此三者缺一不可。

﹡当你有一个傻瓜时,你会很痛苦;你有 50 个傻瓜是最幸福的,吃饭、睡觉、上厕所排着队去的;你有一个聪明人时很带劲,你有 50 个聪明人实际上是最痛苦的,谁都不服谁。

﹡其实,有的时候人的最大问题就在于他说的都是对的。

﹡那些私下忠告我们,指出我们错误的人,才是真正的朋友。

﹡我生平最高兴的,就是我答应帮助人家去做的事,自己不仅是完成了,而且比他们要求的做得更好,当完成这些信诺时,那种兴奋的感觉是难以形容的……

﹡注重自己的名声,努力工作、与人为善、遵守诺言,这样对你们的事业非常有帮助。

﹡我既要扔鞭炮,又要扔炸弹。扔鞭炮是为了吸引别人的注意,迷惑敌人;扔炸弹才是我真正的目的。不过,我可不会告诉你我什么时候扔鞭炮,什么时候扔炸弹。游戏就是要虚虚实实,这样才开心。如果你在游戏中感到很痛苦,那说明你的玩法选错了。

* 服务是全世界最贵的产品,所以最佳的服务就是不要服务,最好的服务就是不需要服务。

* 我没有关系,也没有钱,我是一点点起来,我相信关系特别不可靠,做生意不能凭关系,做生意不能凭小聪明,做生意最重要的是你明白客户需要什么,实实在在创造价值,坚持下去。这世界最不可靠的东西就是关系。

* 永远不要跟别人比幸运,我从来没想过我比别人幸运,我也许比他们更有毅力,在最困难的时候,他们熬不住了,我可以多熬一秒钟、两秒钟。

* 今天到北大演讲心里特别激动。我一直把北大的学子当做我的偶像,一直考却考不进,所以我想如果有一天我一定要到北大当老师。

* 看见 10 只兔子,你到底抓哪一只?有些人一会儿抓这个兔子,一会儿抓那个兔子,最后可能一只也抓不住。CEO 的主要任务不是寻找机会而是对机会说 NO。机会太多,只能抓一个。我只能抓一只兔子,抓多了,什么都会丢掉。

* 我们公司是每半年一次评估,评下来,虽然你的工作很努力,也很出色,但你就是最后一个,非常对不起,你就得离开。

* 在前一百米的冲刺中,谁都不是对手,是因为跑的三千米的长跑。你跑着跑着,跑了四五百米后才能拉开距离。

* 我们花了两年的时间打地基,我们要盖什么样的楼,图纸没有公布过,但有些人已经在评论我们的房子怎么不好。有些公司的房子很好看,但地基不稳,一有大风就倒了。

* 我们与竞争对手最大的区别就是我们知道他们要做什么,而他们不知道我们想做什么。我们想做什么,没有必要让所有人知道。

* 网络上面就一句话,光脚的永远不怕穿鞋的。

* 我觉得网络公司一定会犯错误,而且必须犯错误,网络公司最大的错误就是停在原地不动,就是不犯错误。关键在于总结反思各种各样的错误,为明天跑得更好,错误还得犯,关键是不要犯同样的错误。

＊中国电子商务的人必须要站起来走路,而不是老是手拉手,老是手拉着手要完蛋。

＊我是说阿里巴巴发现了金矿,那我们绝对不自己去挖,我们希望别人去挖,他挖了金矿给我一块就可以了。

＊我深信不疑我们的模式会赚钱的,亚马逊是世界上最长的河,8848 米是世界上最高的山,阿里巴巴是世界上最富有的宝藏。一个好的企业靠输血是活不久的,关键是自己造血。

＊互联网是影响人类未来生活 30 年的 3000 米长跑,你必须跑得像兔子一样快,又要像乌龟一样耐跑。

＊我为什么能活下来? 第一是由于我没有钱;第二是我对 Internet 一点不懂;第三是我想得像傻瓜一样。

＊发令枪一响,你是没时间看你的对手是怎么跑的。只有明天是我们的竞争对手。

＊如果早起的那只鸟没有吃到虫子,那就会被别的鸟吃掉。

＊听说过捕龙虾富的,没听说过捕鲸富的。

＊在我看来有三种人,生意人:创造钱;商人:有所为,有所不为;企业家:为社会承担责任。企业家应该为社会创造环境。企业家必须要有创新的精神。

＊三年以前我送一个同事去读 MBA,我跟他说,如果毕业以后你忘了所学的东西,那你已经毕业了。如果你天天还想着所学的东西,那你就还没有毕业。学习 MBA 的知识,但要跳出 MBA 的局限。

＊eBay 是大海里的鲨鱼,淘宝则是长江里的鳄鱼,鳄鱼在大海里与鲨鱼搏斗,结果可想而知,我们要把鲨鱼引到长江里来。

＊一个公司在两种情况下最容易犯错误,第一是有太多钱的时候,第二是面对太多的机会,一个 CEO 看到的不应该是机会,因为机会无处不在,一个 CEO 更应该看到灾难,并把灾难扼杀在摇篮里。

＊书读得不多没有关系,就怕不在社会上读书。

＊男人的胸怀是委屈撑大的。

＊创业要找最合适的人，不一定要找最成功的人。

＊一个创业者一定要有一批朋友，这批朋友是你这么多年来诚信积累起来的，越积越大，越积越大。像我账号的财富，如果碰上很多资金上的问题，这就是每天积累下来的诚信。

＊要有个性，个性不是喊口号，不是成功学，而是别人失败的经验！

＊你的团队离开你的时候，你要想到一点我们需要雷锋，但不能让雷锋穿补丁的衣服上街去，让他们沟通跟你分享成功是很重要的！

＊诚信不是一种销售，不是一种高深空洞的理念，是实实在在的言出必行，点点滴滴的细节，诚信不能拿来销售，不能拿来做概念！

＊少开店，开好店，店不在于多，在于精！

＊人要被狠狠 PK 过，才会出息！

＊创业这么多年，我遇到了太多的倒霉事，但只要有一点好事，我就会让自己非常开心，左手温暖右手。

＊如果我马云可以创业成功，那么大部分的年轻人也能够创业成功。这句话更适合 80 年代左右生的人，这个年代的人没有受过苦，一般的家里就算没什么关系和财力，也尽量让孩子过上好一点的日子，所以这个年龄的孩子往往更容易满足，这些人的成功很关键的一点就是，是否能建立自己的企图心。

＊有些人，创业初期是很有激情的，但激情来得快，去得也快，所以，我希望你们的激情能保持 3 年，保持一辈子……激情的来去都是正常的，我觉得激情在一段时间后就自动会灭掉，这时关键要看是否有新的激情又植入到你的体内，这也是我为什么创建"健康成功学"的原因，我要把健康理念持续不断地注入到人们的头脑中去。

马云的成功创业三问

创业板也是"创业者"

创业板让我特别感动的是整个金融危机在最危急的时候,它的诞生毫无疑问是一个相当了不起的创举,给中国无数的创业者、无数的在路上的那种小企业,给了他们非常大的信心和希望。

我自己是一个创业者,可能我这一辈子的时间、所有的精力都花在跟创业者和小企业打交道上,因为我每次参加他们的活动的时候,我看到的是希望、期待、信心。而跟大企业坐在一起的时候,我看到的是IPO、力量,我看到的是竞争,是KPI,当你看到这些的时候,其实你是很沮丧的。当你看到创业者的信心、毅力、希望,对未来的期待,你自己会莫名其妙地激情起来、激动起来。

我觉得创业板本身就是一个"创业者",它可能更难,它需要无数的风险投资、无数的PE。我们没有这样的经验,在这个创业的路上我们都是同类。

所以我今天想代表所有的创业者,对为此作出巨大贡献的所有的各个机构表示衷心的感谢!因为你们让中国有了希望,因为你们让中国的企业看到了明天,我是真诚地在这儿代表创业者向大家表示感谢!

正因为它只有一年,正因为它是个创业者,我觉得没有问题才是最大的问题。如果说今天创业板很好,没有问题,我觉得它就不会有未来。

我觉得,我们的职责是把这东西(做得)更加完善,没有问题是不正常的,有问题是非常正常的。而且今天的成功绝不是成功,今天的努力才是真正的成功,今天晚上干到4点钟,才是明天的成功,我想所有的创业者都懂得这一点。

我坚信,30年后的中国才会体会到今天创业板对中国经济的伟大贡献和作用,今天只是刚刚开始,它只是一个1岁的孩子。

美国纳斯达克也是经过了30多年才诞生了今天像苹果、微软、谷歌这样的企业,我相信中国也许不需要30年,但我们至少要准备拿出30年的努力诞生这样的企业。伟大的企业绝不是个目标,伟大的企业是一个结果,你做好了很多事情,自然就会诞生伟大的企业。

作为一个创业者,对着才1岁的创业板,我是怀戴着感恩、敬畏和完善的心态,因为我们确实生活在一个很好的时代。今天的成功,今天的任何成绩只是刚刚开始。

因为感恩,我们才能生存;因为对未来的敬畏,我们才能改变自己。只有每天的完善,才能让我们不断走向成功。听起来像是口号,但我确实觉得,创业板的成功绝对不是说多少企业参与了上市,而是多少上创业板的企业最后成了优秀的企业,成为可持续发展的企业,这才是创业板成功的真正目的所在。

上创业板绝不是目的

最近我感受到,很多人以上创业板为目的,我认为上创业板绝不是目的。在金融危机的前一年,我感受到世界金融会出很大的问题。所以我在危机之前的7月21日写了封信,题目就是《冬天的使命》。

我那时候预感(危机)会到来,其中有一个重要的迹象,那一年的前一年,所有我参加的,所有论坛上的主角全是银行家、保荐人,所有讨论的问题都是IPO、融资,没有人去讨论客户、员工、市场、发展(这些)基础的工作。

我也算是一个上市公司的创业者,我想在这儿跟大家分享一下,不管你企业做到多大,环境再好,创业板再好,假如你不好,还是轮不到你。

　　做一个优秀的企业,就要回到客户、员工、股东的基本点上。在整个公司的治理过程中,我坚信客户第一、员工第二、股东第三。我不是今天这么说,十年以来,我跟欧洲或美国(都是这么说),假如说阿里巴巴有一个原因是我们活下来的理由,那就是不管任何时候,坚持客户第一、员工第二、股东第三。

　　其实我们很多上市企业基本上在上市之前都是坚持的,因为客户给我们钱,因为员工创造了价值,因为股东信任我们。但是上了市以后,往往会颠过来说股东第一。假如股东第一,你就会压力变大,因为股东不了解你的企业,90%的股东不知道你在干什么,他们是从财务报表看你,你必须要知道你自己干什么。

　　所以,上了市以后,创业者仍旧是普普通通的创业者,必须服务好你的客户,让你的员工成长,对你的股东尊重。

　　把股东放在第三位不是看不起股东,而是在分配资源的过程中,是对股东资源的决策。但是,对股东必须透明,只要你透明、讲实话、讲清楚。做好了客户,做好了员工,我相信股东利益一定能得到保障。

成功创业三大拷问

　　大家都在想一个问题,21世纪什么是优秀的企业?到底该怎么做优秀的企业?这个问题也让我思考了很多年,我想今天跟大家分享一下我自己的看法。

　　为什么互联网发展得那么快?为什么互联网企业发展得那么快?我发现互联网有非常有意思的品质:第一开放;第二分享;第三承担责任;第四全球化。这四个基本的素质,使得互联网迅速发展。

　　假如你的企业希望在21世纪成为一家伟大、成功的企业,你要问自己:我够开放吗?我够分享吗?这分享不仅是员工内部的分享,(也是)跟员工财富的分享,跟竞争对手的分享。你是不是做得比别人好?你是不是愿意承担社会、环境、员工的责任？我认为，责任心有多大，你的舞台就会有多大。所以，责任心是关键。

还有是全球视野。我并不认为中国要有什么民族企业走向世界，我们要思考的是如何为这一代的人、这一代的企业家树立形象，而不是为中国的企业。我没看见微软说要为美国企业树立形象，或者是谷歌说为美国企业树立形象。只有具备为人类社会贡献价值的胸怀，有一天你才有可能成为为人类社会作出巨大贡献的公司。

另外一个，创业者从第一天就知道，我们是很辛苦的。我前一天在上海碰到一个企业家，他说我现在很辛苦，现在我公司上市了，钱越赚越多，人越来越痛苦。我不知道自己要干什么，但是每天要KPI，要(关注)利润、要审核、要上市，其实痛苦很多。

我觉得我们一定要问，我们做企业，做创业者，我们需要的是快乐，还是幸福感？我选择的是幸福感。什么是幸福感？我觉得，幸福感是你知道自己要做什么。做企业跟做人一样，我们一定要想清楚这几个问题：你有什么？你要什么？你愿意放弃什么？假如你什么都要，什么都希望得到，什么都不愿意放弃，你的企业一定不会做到很好。

我认为，21世纪不是在于寻找机会，而是解决社会问题，从为自己创造机会到为别人创造机会，只有这样的企业才能起来。

所有人都想成为世界500强，成为伟大的企业，但是我们看到，中国的企业积累财富速度非常之快，但是倒的速度也非常之快。我们跟别人的距离，不是在速度上面，而是我们的境界、心态、眼光、胸怀，在这些方面。

我上星期参加了芝加哥全球大自然保护基金的董事会，作为中国唯一的董事，我感慨万千。我是非常善于开会的人，但两天会开下来我差点要吸氧：22个董事有1/3是世界顶尖的企业家，1/3是顶尖的科学家，1/3是顶尖的社会学家，大家是从美国、全世界飞过去。

我参加过不少董事会，我也在一个国际公司的董事会做董事，但我没有见过因为NGO(非营利性慈善组织)那么认真而投入地开会的董事会。我觉得，中国在这方面距离还非常遥远，只有真心去相信、去做的时候，你才能把这事情做好。

所以，我觉得真正做大企业，不仅仅是做利润，而是去关心身边的人：关心你的员工，关心你的客户。以前我最了解的是客户，今天我不了解客户，因为我没有时间了解客户，那么谁了解客户呢？我的员工，我的同事。没有他们的成长，也不会有公司的成长。

机会永不青睐埋怨者

九年以前我听到一个故事，是讲丰田汽车怎么在美国打败当地企业，我经常跟同事分享这个故事：有一天，有一辆本田车在芝加哥暴雨中停在十字路口，因为刮雨器坏了，开不了，司机也不知道怎么办。突然雨中冲过来一个老人，把刮雨器修好。司机问他是谁，他说，我是丰田公司的退休人员，我看到我们公司的产品碰到这个问题，尽管我退休了，但是我有责任把它修好。

假如你有这样的员工，我相信你的公司会相当不错。九年以来你不断跟员工去讲，并且帮助他们，让他们成长起来，你的公司就会成长起来。所以，员工才是我们真正最大的财富。

做企业，除了利润以外，问问自己这个问题：你到底想要什么？很多人说阿里巴巴很奇怪，B2B，淘宝、支付宝做了一大堆，也没看你想要上市，也没看到你想要利润。我三天以前参加了支付宝的一个会议，听了三个小时，都没有听到说怎么赚钱，都是讲怎么为别人，我听了以后很骄傲。后来我问了我们的教授，他说讲了三天，一分钟都没提怎么赚钱，每个人都想我怎么为别人服务。所以你要花时间在员工身上，(让他们)为社会创造价值。

今天阿里巴巴给我带来的最大快乐是什么？不是挣了多少钱，腾讯、百度，都比我们挣钱。我们最大的快乐，是可以用互联网去帮助5千万中小企业，尽管挣的钱不多，但我心里踏实，因为他们这些人跟我一样。今天淘宝说没挣什么钱，但是淘宝最大的快乐是改变了中国传统的营销渠道。这是时代给了我们这样的机会，我们可以做点事，但做事的结果又让我们挣了很多钱。所以，我们会有种莫名其妙的幸福感。

最后想跟大家分享的和创新有关。在美国，有一个很著名的人问我说，你认为中国经济是不是在创新能力上会超过美国，中国一定会打败美国的创新机制？我说，在中国庞大市场驱动下，一定会诞生很多的技术创新，但是中国整体创新能力要超过美国，我们需要很长的时间。

创新是一种文化，而一种文化的培养是几十年，甚至是几代人的努力，我们还得脚踏实地。再伟大的公司也必须有一颗平凡的心，所有的伟大都是平凡的、重复的、单调的、实实在在的、脚踏实地的努力才有可能做到。

我们创立了创业板，麻烦才刚刚开始。没有创业板之前，大家埋怨没有它；有了创业板以后，我们埋怨创业板不怎么样——事实上，人类永远处于在埋怨之中。但是，会埋怨的人一定不会成功，只有去改变的人才会有机会。

附录四

我成功的唯一理由是"三多"

关于社会对 80 后 90 后的担忧、抱怨、埋怨,我最早是在前年的一次会议上听到的,后来是连续不断地听见,他们被认为是没有希望的、垮掉的一代。但引起我思考的是,阿里巴巴的人,淘宝的人,支付宝的人,腾讯的人,百度的人都是 80 后的,公司的建设靠他们。

就像(看到)刚才所有提出的问题(一样),我深为大家骄傲。我问我自己:在你 20 岁的时候,有没有这种水平、这种胆略、这种想法,提这样的问题? 没有。我坚信不移地认为,80 后比 70 后、60 后、50 后更加(有)成长(空间),更有希望。

社会上很多人说 80 后、90 后不听话,我们也要反思我们听了孩子们的话没有? 我觉得,80 后、90 后是我们的产品,我们没有理由,也没有权利去批判我们的产品,我们唯一有的权利和责任是完善我们的产品。

所以(对于)大家刚才提的问题,我是蛮感动,我更加坚定地认为,一代胜过一代。

最早我爷爷这一代是通过报纸来了解世界;我父亲这一代希望耳听为实,他们通过收音机来了解世界;我们这一代则是"眼见为实"——我们通过电视机了解世界。而你们这一代和你们后面那几代是通过互联网。你们告诉我们不希望听到别人告诉的,你们想参与,这就是社会的进步。

我们看到的是什么呢? 我们看到,抓出来的都是贪官,(一些)教授是(有)剽窃(行为)的,(一些)医院是不负责任的,但是社会(整体上)在进步。

我们永远要积极、乐观地看待未来。在我 20 岁、30 岁的时候,我也跟大家一样抱怨过,(譬如)我父亲为什么没有地位? 为什么不是局长? 我舅舅为什么不是银行里的？我为什么应聘三十几份工作没有一份录取我？

我去应聘肯德基擦盘子的（工作）也被拒绝过，我抱怨过，（但是）抱怨有什么用？

我相信在我20岁的时候，这个时代不是我们的；我相信40岁的时候，这个时代是我们的。为了40岁的时代，我从20岁开始寻找完善的机会，寻找未来而不是埋怨别人。

我感谢大家今天晚上来交流，因为你们来意味着每个人都关心未来，包括刚才90后的一个同学说，我不知道自己的未来是什么。这很正常，我在你这个年龄的时候我也不知道，30岁的时候也不知道。我创业做阿里巴巴开始的时候只是一个梦想，到今天为止，我越来越清楚我要干吗。

所以我想不知道（未来什么样）没关系，但是要心存理想，要坚信会找到。我们不断在思考这些问题，大家说社会到底怎么了，看到的全是坏的（一面）。但是我相信在座的以及今天在网上的人，假如你看到社会积极、正面的一面，你才会产生乐观的想法，去改变自己的另一面。我前面十年唯一没有放弃的是对未来理想的坚持，没放弃对别人的关注，但我放弃了自己很多喜欢的东西。

人就是这样，内和外。所以包括刚才问的所有的问题，我感谢这些问题，这些问题也许都没有解答，这个答案一定是要用你的人生去证明，你觉得是对的就去做。

创业永远挑选最容易、最快乐的事情做，创业不是为了赚钱，而是你要喜欢这个工作，你喜欢做这件事，那是最大的激情和最大的动力所在。如果你为了挣钱（而创业），我告诉你，永远有比你能想到的更挣钱的东西。你选择是因为你喜欢，喜欢就不要抱怨。

这个世界我们可以批判，但是你们一定会替我们找到未来。今天中国的问题，50年以前中国有过，60年以前中国也有过，600年以前中国还是有，这个世界丰富多彩就是因为有这些事。

不是每个80后、90后都会成功，但你勤奋有理想，完善自己完善别人，这样的人一定会成功。

　　所以没有什么抱怨的，坦荡地做自己。怎么做自己，要先问自己这些问题：我有什么？我要什么？我愿意放弃什么？我们这一世不是来创业的，不是来做事业的，我们是来体验生活的。

　　世界本来就是不公平的，怎么可能公平？你出生在农村，盖茨的孩子出生在盖茨家，你能比吗？

　　但是有一点是公平的，比尔·盖茨一天24小时，你一天也是24小时。这24小时有3个8小时，8小时你在路上走，你根本不知道自己干什么，这时候需要好的朋友。还有8小时你睡在床上不知道干什么，你需要有一个好的床，床上有一个好的人。还有一个8小时你知道自己干什么，那就是工作。

　　假如你工作是不开心的，讨厌这份工作，你做得不爽可以换，千万别(继续)做。娶了这老婆天天骂，又不离婚，什么意思？我觉得这些人是没有意义的，对不对？

　　所以我想每个人要清楚，世界不公平，你如果想改变它，告诉你，第一不可能，第二从政也不可能。只是人可以不一样，出生的条件不一样，但人是可以幸福的。

　　我们要让年轻人明白，不要怪人家富，不要怪人家有钱，而要改变自己，寻找快乐，寻找幸福感。创业不会给你带来幸福感，会给你带来快感，但快感的背后会带来很多痛苦，真正的幸福感是你知道自己在做什么，知道给别人带来什么，你会逐渐从痛苦中找到快乐。

　　我坚定不移地相信，你们会为我们，为这个国家找回价值体系，而这才是中国真正腾飞的时代，永远是如此，一代胜过一代，而最最高兴和骄傲的则是，我从你们眼光里看到了希望。

　　毛主席说世界是年轻人的，我今天觉得他讲得太对了，一定是你们的。所以今天请大家不要抱怨，这个时代还不是你的，如果你想成功，看任何问题要积极乐观。

　　我刚才就说了，你们有权抱怨，但你们没有资格抱怨；等你们四五十岁的时候，你们有资格抱怨但你无权抱怨，你必须把它干好。今天你没有坐到那个位置,你不知道那个位子有多么痛苦,20年以后别轮到我们抱怨你们。

所以我今天来讲创业,我的网站、公司将会全力支持大家。但是我不想谈具体怎么做一家公司,碰到这个问题可以交流,我们有个语音计划可以交流。

我不喜欢看成功学,我只看失败的,从失败中分析怎么去做,从成功中去反思,他为什么成功?学他的成功还是学他的精神。

人的心态决定姿态,从而决定你的生活状态,心态好(一切)自然会好起来的。你们要比的是20年以后,谁能够成为这样的人。

什么是最好的机遇?上一个世纪的商人抓住机会成功了,阿里巴巴、腾讯、百度、微博抓住了这个时代,下一个世纪,能解决社会问题的公司才是未来的真正公司,想一想你能为社会解决什么问题?这样的公司会成功。

没有人是完美的,社会也不可能完美,因为社会由所有不完美的人组成。你的职责是比别人多勤奋一点、多努力一点、多有一点理想,只有这样世界才会好起来。我就是这么走过来的,我能走到今天没有任何理由,唯一的理由是我比同龄人更加乐观,更加会找乐子,更加懂得左手温暖右手,相信明天会更好,就是这样。

附录五

2008 年北大光华管理学院马云演讲

我从 1995 年开始创业,阿里巴巴从 1999 年开始创建,走到现在,很多经历听起来很传奇,但我从来不敢有成功的想法。每次我说"成功"两个字,起码要倒霉一年。很奇怪,成功跟倒霉往往跟在一起。今天媒体上说我们,大部分是比较好的东西,把我们中间犯的无数愚蠢的错误忽略了。我想等我退休以后,会写一本书,叫《阿里巴巴的一千零一个错误》。

事实上,2000 年、2001 年阿里巴巴是极其糟糕的。为什么?互联网没人看得起,电子商务更不靠谱,阿里巴巴听起来古里古怪。那个时候招人真难,北大我都不好意思进去。我们说,只要街上不是太残疾的人我们都要(笑声)。我至今还记得,我们山东办事处的人来应聘的时候,他听说阿里巴巴不错,就到这个地方来应聘,当时我们办公是在当地的住宅楼里,他晚上七点钟走到了六楼,越走越怕,就打电话给老婆说,一会儿我进去,要是出不来你就报警(笑声)。当时招一个人太难了。

为什么阿里巴巴活下来了,我后面会讲。但我相信,绝大部分人通过媒体了解的阿里巴巴都不是很真实。第一,我们没有别人说得这么好,我们毕竟才九年的时间,九年的时间犯过的错误很多。高速成长的互联网对于任何国家、任何人都是新的行业。另外,我们员工的平均年龄是 26 岁,也都是犯错误的年龄,所以一路过来肯定有很多麻烦的事。当然我们也没有别人说得那么坏,中国人经常讲阴谋论,见什么事就说这家伙一定是这样的,或者是那样的,我们其实没这么复杂,否则也不会走到现在。

2001 年哈佛大学到我们公司来写案例,我觉得他们挺逗。有六七个人,在我们公司待了一个多礼拜,几乎跟每一个人都谈过,我也花了很长时间跟他们谈。之后写了一篇案例,说这就是你们阿里巴巴,让我签个字。我看了以后发现,那不是我们公司。他们说,这就是你们公司。讨论了两天,没有结果,最后说总得签个字吧,我就签了个字,后来就成了哈佛案例,所以我现在一般不太相信那些案例。

了解阿里巴巴最好的办法,是在这儿待过三年,我保证你能了解真正的阿里巴巴。所有加入阿里巴巴的员工,从 18 个人到现在已经有一万多员工,经历了九年的时间,几乎每一个人,我都花一个半到两个小时,就像今天的讲话一样,我把我的话讲完,你该问的问完。我不承诺你会有钱,不承诺你会成功;但我承诺你会很倒霉、会很委屈、干得很好还挨骂。这就是我的承诺。

阿里巴巴的创立和存活

阿里巴巴最早的想法非常简单。我在 1999 年前后做了一个判断,中国一定会加入 WTO,加入 WTO 之后,中国前五年一定以出口为主,后五年一定以进口为主,我们怎么帮助中国企业出口?就这么一个简单的想法。这个平台怎么来的?那时候我在北京工作了 14 个月,离开北京的前一个礼拜我去了一趟长城,看见长城的砖头上到处写着"到此一游",我就想,这是什么?这就是最早的 BBS,看来中国人就爱好这个。假设能够把我们的网站做到极其简单,相当于 BBS,一打开所有人都会上,能不能也帮助中国企业做出口生意呢?这就是阿里巴巴最初的想法。

我想了这个主意之后,和我们的技术人员发生了很大的冲突。我认为,BBS 必须进行人工管理,你今天想卖什么,想买什么,什么信息可以放,什么信息不可以放,要把它进行分类。我们的技术人员说,你违背了互联网精神。我说什么叫互联网精神?他说互联网精神就是自由、民主、开放。我说不行,必须给它分类。讨论了半天,僵持不下,最后我跟他说,立刻、现在、马上,按照我的方法去做。然后就有了阿里巴巴。

2003 年，我第一次去哈佛 MBA 演讲，谈到阿里巴巴存活下来的原因，我说主要有三个：第一，我不懂技术；第二，我没有钱；第三，我从来没有计划。

第一，我不懂技术。到今天为止我也不懂互联网技术，也不懂计算机；我到现在还不明白软件是怎么写出来的，为什么会跑，跑哪儿去了。但我没觉得不懂技术是一种耻辱。我坚信一点，技术是为人服务的，人不能为技术去服务。我要求工程师任何软件出来我先试试看，我如果不会用，意味着 80% 的人都不会用，你就扔到垃圾里，重新来过。正因为这个原因，我们的软件使用起来非常简单，中国 2000 多万中小企业的老板都会用。

第二，我没有钱。我们的创业极其艰难，从零开始，18 个人凑够了 10 万块钱，每花一分钱我们都极其艰难。我们知道没有钱的难受。今天阿里巴巴集团可能是中国互联网公司中最有钱的公司，但我们还是保留了当年的习惯。很多创业者犯错误不是因为没有钱，而是因为有太多的钱。想想看，就是这个道理：没有钱不会犯太多错误，有了钱乱犯错误。

1999 年我融资 100 万美金。有了钱怎么办？首先就想到请人，请最优秀的人。最优秀的人在哪儿？跨国公司的副总裁，MBA，最好是世界五百强的人。那些人进来之后，讲公司的战略、前景，讲得你热血沸腾。我们有一个副总裁负责营销，第一个月跟我谈市场预算的时候，说今年需要 1200 万美金。我很惊讶。他说很抱歉，以前最少要花 2000 万美金（笑声）。怎么办？你不听的话好像不尊重他，你要听他的话，我总共才融了 100 万美金。最后没有办法，还得请他离开。

这些错误使我们明白，办公司不是要找最优秀的人，而是要找最合适的人。波音 747 的引擎是很好，但如果你配的机器是拖拉机，发动引擎就爆炸（笑声）。企业发展是一步一步往前走，每一步走的时候，用的是脑子而不是钱。做企业拼的是智慧，拼的是勇气，拼的是团队的合作。假如企业家之间的竞争是靠钱的话，那银行更厉害，风险投资更厉害。有优势的时候钱就会来。很多创业者的计划书说，我什么都有，就是缺钱，那这个计划基本没用。

第三,我不做计划。从1999年做互联网到今天,我没有写过商业计划书——对了,写过一份,第一份商业计划书被风险投资公司给拒绝掉了,从此我就不再写计划书。计划书写得越厚,越容易脱离实际,说将来会这样、会那样,你也不知道在骗谁。你不按照计划书说的办,骗了投资者;按计划书呢,形势又在变化。你设想的某个东西,可能完全不是客户的需求,而且他的需求经常在变,所以我们不定计划。

这三个理由到今天我还相信。另外,我相信,一个公司不能经常讲两件事情:第一不能讲技术很好。你说自己技术很好,就有人来找你麻烦,天天来考验你。我技术不好,他才没兴趣。其实,如果技术不好,我们的网站怎么可能有2000多万家中小企业使用,一天的交易笔数是200万笔。第二不能讲服务很好。你服务很好,就来找你试试看,在任何时候都会被人家骂。你进去酒店的时候,标着三星级、四星级,发现服务是五星级的,会很高兴。假如五星级的宾馆,再好的服务都觉得是应该的。

关于领导能力和团队组合

互联网是一个综合的行业,是由服务、技术各方面整合起来的体系。走到现在为止,我们非常重视对客户的服务,但也要用强大的技术来支撑。

一个不懂技术的人怎么领导互联网公司?外行是可以领导内行的,关键是去尊重内行。我跟工程师从来不去吵架,很重要的一个原因是没法吵架,他跟我说什么系统、软件,我搞不懂,但是有一项东西必须搞懂:按照客户的需求去做。我代表着中国80%的不懂电脑的人,客户的需求就是我的需求。很多工程师说,你不能这么想,你怎么这么看问题。我说没办法,80%的人都跟我一样,你把它做出来,我告诉你要去哪里。

有矛盾的时候怎么解决?首先是互相理解和尊重。当然,也有必要的手段。美国前国务卿鲍威尔曾说,假设向你报告的人不按你所说的去做怎么办?第一,retrain him(重新培训);第二,remove him(调离),第三,fire him

(开除)。你不这么做的话,其他人会觉得泄气,心想我们干得累死,不干活的什么事没有。这样你的东西就会执行不下去。

要记住,领导永远不要跟下属比技能,下面的人肯定比你强;如果下面的人不比你强,说明你请错人了。但你要跟他比眼光,要比他看得远;读万卷书不如行万里路,眼光的高度要在领导的水平线上。第二,要比胸怀。男人的胸怀是冤枉撑大的。你对你的部下、员工、团队要包容;合作不是一天两天的事,如果你是对的,永远有机会去证明。第三,要比实力。你抗击失败的能力比他强。一块砖头掉下来,别人挨一下就倒了;你挨了一下,一点反应都没有。这就是优秀领导的条件。一个优秀的领导人的素质就是眼光、胸怀和实力。

说到团队,中国人都喜欢刘(备)、关(羽)、张(飞)、赵云、诸葛亮,但这样的团队很难找,千年等一回。我最喜欢的是西游记团队,唐僧、孙悟空、猪八戒,这些人很容易找。唐僧这样的人,能力没有多少,但目标很明确,就是取经,这样的领导你们单位有没有? 有。孙悟空是能力最强的,但是他的麻烦也很多,成功是他、失败也是他,这样的人你们单位有没有? 也有。猪八戒就更多了(笑声),干活的时候能躲就躲,有吃有喝的时候来得最快。沙和尚呢? 管它什么使命感、价值观,一天八小时打卡上班(笑声),挑着担就走。这样的团队到处都是,这是生活中实实在在的团队,但就是这样一个团队,经过了九九八十一难,取得了真经。

我这么总结:做人要像沙和尚,当领导要像唐僧,做事要像孙悟空,生活要像猪八戒。阿里巴巴从18个人发展到1万多人,我们越来越轻松。我们团队的文化核心是什么? 我们都是平凡的人,聚在一起做一件非凡的事。我们不要精英,阿里巴巴不欢迎精英。假如你认为你是精英,请你离开我们,因为我相信,如果有人说"我是精英",这个人肯定不是精英。一个真正是精英的人,会把自己看得很低;当他以平凡的心态加入团队的时候,才有可能做出成就。

我以前经常反对MBA,现在不反对。但他们刚来的时候,不要让他去做管理,可以把他们放在第一线去。有一些MBA来了阿里巴巴,我让他们去广东销售部做销售,6个月以后活下来的,你说任何话我洗耳恭听,如果你死了,see you next time(笑声)。就像打篮球,他们这些MBA的身材可能都是两米、一米九,非常高,但打篮球的时候不愿意蹲下去;我们这些人身材就是一米六,但天天在练,所以投球很准。当然,组球队的时候,不能老是找矮子,也要找一米八、两米的高个儿,关键是他们进来以后,要让他融入团队里。

现在我让很多同事去读MBA。他们在学校里听了课回来感叹,这些东西早该学了。我跟他说,早的时候学就没用了。我说,我不希望你们每门功课考优秀,重要的是选择你需要的东西,或者说按照自己的能力去选择学习的内容。学了以后,把自己所学的东西忘掉,你就毕业了。如果你跟我说,书上是这么说的,我们案例是这个样子的,那你根本没有毕业,因为知识还没有成为你的本能。他们回来以后,我发现,这些人的系统思考不一样了,看问题的角度不一样了,理论水平不一样了,确实很好。所以,请来的MBA,你得让他到第一线去干;而企业内部的人,必须送出去学习,这样的体系和制度非常重要。

管理一百个蠢人是容易的;管理一百个聪明的人很难,因为每一个聪明人都觉得自己特别能干,而且谁都不服谁。怎么管理这一百个聪明人?领导者要有超凡的眼光、胸怀和实力。聪明的人还是有弱点,或者想有名,或者想有利;只要有弱点,人都能管理。但和尚很难管(笑声),他没有欲望,给什么都没用,所以说"宁带千军,不带一僧"。我研究过宗教的管理,后来发现,最有效的管理是用文化去管理,而不是用制度去管理。你用文化体系、价值观体系告诉他,什么该做,什么不该做。我们从18个人发展到1万多人,靠的就是使命感、价值观、共同目标。

关于使命感、价值观和共同目标

在《水浒传》里，梁山好汉有一个共同的使命感：替天行道。很多人一说到阿里巴巴，就说我们喜欢马云，我们要为你工作。我一听，完了，这些人不能请，我的员工不能为我工作，要为我们共同的使命工作。假设梁山好汉没有一个替天行道的使命，这些人就会打起来。只有靠共同的使命感，员工才能长期共事，朝一个方向努力。

一百多年前，GE（通用电器）创业的时候说，要让天下亮起来；所有人都朝着这个方向，做的电灯泡越亮越好。迪斯尼要让全世界的人开心起来；拍了这么多电影，就是让你开心，包括员工也开开心心。假设你今后要建立一个公司，一定要有很强的使命感，我自己也是这么多年越来越悟出这个道理。所以，阿里巴巴内部定了一个使命：让天下没有难做的生意；通过互联网，让中小企业做生意变得越来越简单。很多人把使命贴在墙上，"为人民服务"，这基本上是一句空话。怎么让它不成空话？需要考核。要在确定使命之后，使服务、产品、制度都围绕这个使命去做，任何东西违背了我们的使命，就必须拿掉。

第二，必须要有价值观，约法三章。我们公司做人的道理要讲究诚信、讲究激情、讲究敬业；做事要讲究团队、讲究拥抱变化、讲究客户需求第一。这些东西不一定对，但到我们公司就必须按照这个价值观去做。你今天到了寺庙里见了菩萨，你不能说"上帝保佑"（笑声），你到了教堂里，也不能说菩萨保佑我。我们的价值观就是我们这儿的"经"，不一定对，但来了就得念，还得照着做。怎么做？我们每一条价值观都要打分。从2003年到现在，五年多了，我们每个季度都考核，纵坐标业绩，横坐标价值观，每一条进行打分。我相信中国没有一家公司像我们这么做。

假设你的业绩很好，价值观很赖，不讲究团队，讲究个人英雄主义，或者说欺骗客户、夸大其词，我们称之为野狗，这样的人不能要。有的人是价值观很好，关心同事，孝敬父母，但是没有业绩，这些人称之为小白兔，也得离开。只有两样都好，才有可能赢。我们是两个指标各占50%，每个季度考核，考核了五六年，就变成了日常行为。如果光说的话，就变成天天上课，没有多大用处。企业和学校有很大的区别，教授上完课，可能工作就做完了；但我们的课上完以后，工作还没有开始，还有很长的路要走。所以，我想告诉大家，必须对价值观进行考核。

我给大家讲一个例子，我们怎么坚持价值观的考核。2002年，我们提出全年盈利一块钱。因为前面我们都是亏损的，每年亏损几百万，所以盈利很困难。怎么盈利？从一块钱开始。一块钱目标很明确，人人可以帮忙，我多做一个客户，或者电省一点，完全可以做到。但我们碰到一个麻烦，2002年在中国做电子商务，给人做网页、做网站，尤其是针对中小企业，大部分必须给回扣。价值观告诉我们，不可以做这种事情。但是不做这个事情，你马上就死，因为你拿不到订单。怎么办？我们为此开了一天的会，绝大多数人都说，活下来再说，先活下来，明天把自己洗干净了就行；又有人说价值观很重要，这么做不行。最后到下午七点钟，我决定，宁可把公司关了，也永远不给回扣。大家说可以，那就这么走下去。一个月以后还行，第二个月突然发现了问题。当时我们一个月的营业额只有15万、16万，其中有两个销售人员就做了12万、13万，但是这两个人给回扣。怎么办？如果把他们两个开掉，我一个月只剩2万的营业额。后来我说，不管怎么样，一定要拿下。当时大家都认为不可能。怎么可能呢？最后，这两个人开掉了。这对所有的员工都是血的教训，从那个时候开始，大家知道，阿里巴巴的价值观是真的。

到今天为止，阿里巴巴最最值钱的就是价值观体系。很多人说跟阿里巴巴合作很放心，因为我们不给回扣，可以把钱用在如何帮助企业成长。所以说，价值体系的建设，赢得了中小型企业的信任，使阿里巴巴走向成功。更重要的是，这一帮人经过了价值观、使命感的锻炼，很容易形成一个共同的目标。如果你没有共同目标，他想往东走、他想往西走，谁也活不成。我们的共同目标有三点：

第一，我们要做持续发展102年的企业。102年听起来古里古怪，什么意思？你们给团队目标的时候一定要准确，目标越准确，实现的可能性越大。如果说我们做百年企业，又成了贴在墙上的口号，因为很多企业都说要做百年企业。我们诞生于1999年，我们想做到2101年，横跨三个世纪，所以是102年。102年以后跟我没有关系了，我看不到102年，但是提出这样的目标很明确，便于制定具体的制度和政策保证它能够实现，所以我们定出了102年的目标。

第二，要成为世界十大网站之一。1999年的时候，要成为十大网站之一是很难的，那个时候我们公司排到了大概第三十四万名（笑声），现在开始有一点儿靠谱了，雅虎、淘宝、阿里巴巴全加起来的话，全球十大网站之一还是有希望。

第三，我们希望成为一家真正打入世界五百强的中国民营企业。到今天为止，阿里巴巴没有向银行贷过一分钱，没有向政府要过一分钱，没有一分钱的负资产。假设我们真正凭借自己的实力打进世界五百强，说明中国的土壤上能够生长出世界级的企业；凭借价值观和使命感，我们可以诞生出让中国人骄傲的企业。所以说从今天起，我们所做的一切，必须符合这个目标。

价值观的塑造，就像一个人锻炼身体，身体好的时候一点感觉也没有；等你生病的时候，作用就发挥出来了。阿里巴巴最大的考验是在"非典"，我们一位同事到广东去，被怀疑带着非典回到杭州，我们公司五六百号人全部被隔离，我被隔离了八天。在隔离之前的半天，我判断我们可能会被隔离，因为我们那个女孩确实发烧了，也确实去了深圳。这种情况下，我们立即进行应急防范。我要求公司所有员工立即撤出办公室，把电脑搬回家，每个人在家里联上网络。互联网作为防范战争的发明，就是为了分散工作，跟各个地方联系。我们想，如果不被隔离，就当军事演习，一个礼拜之后大家再回来。结果，第二天果然被隔离了。一隔离起来，这六百人所发挥的作用是大家不可想象的。我们被隔离了八天，八天以内三五千万的客户打电话给阿里巴巴，包括E-mail，没有人知道我们被隔离。这几天挺好，有什么事就打电话到家里，你会听到员工的家人有时候帮着接电话，说："你好。阿里巴巴。"这时候让我极其感动。

最近的汶川地震也是这样。非典过后,我们想,如果当时在另外一个城市有一个备份就好了。于是我们后来就在成都的办事处做了一个支付宝的备份体系。没想到地震又来了。我们一百多名员工,本来每天在那儿接电话,发生地震以后,我们的设备还好,人也没有什么问题,但是不能上班了。这时候所有的电话迅速转回到杭州,杭州所有的员工,几乎原先做过客服的所有人,不管怀孕还是生病,全部自动跑到公司里接电话,否则这么多的电话冲到这个地方根本受不了。这是没有办法发文件要求大家做的,不能说大家赶紧回来上班,每个人都必须接电话。这是价值观告诉他们,必须回来,要为客户解决麻烦。

所以,价值观在危难的时候才会发挥作用。公司要走向世界、走向成功的话,使命感、价值观、共同目标一定要有,而且不是贴在墙上的,必须是在行为上去考核。

关于组织制度建设

八年前,我们开掉一个经理,结果很麻烦,很多人闹事,说他走了,我们也要走,跟地震一样。这是很多公司都碰到的问题。在制度建设的过程中,我学到一个很有意思的东西,我发现我们党的政策在这一块做得相当好,换一个省长说换就换,换一个市长说换就换,下面的人不说什么,都欢迎新领导上任。这是为什么?这是制度和体系的作用。接班人制度极其重要。中国也许需要三四十个的省长,但是可以当省长的干部有三四百个。NBA也是这样,场上有5个人,场下有20多个人,上面的人压力很大,下面的人不断地练,才有上去两分钟的可能性。所以NBA打得很好。

九年以来,我从来没有跟我们的CFO、COO坐同一架飞机,因为我们不允许坐一架飞机,万一飞机失事,四个人都没了,麻烦就大了。我们公司有一个体系的建设,每一个干部必须找到他的接班人。我会问他们,假如你今天被开除了,生病了,坐飞机失事了,谁可以接替你。然后他会告诉你说,这三个人是我的接班人。我一看，怎么是那三个人？中间那个人很烂，你怎么会把他作为接班人？要么你眼光有问题，要么我眼光有问题，要么你胸怀有问题，我们要好好讨论一番。假设他的判断跟我的判断差不多，那么很好，这三个人就进入到了我的组织部。

在党组织里，比如有位领导要提拔一个秘书——因为他跟了他五年了，总要给一个官做做，不然不好意思——但是组织部考察他，通不过，那就不行。我们公司副总经理以上的人属于我管，好比省部级以上的干部是中央组织部管（笑声），不能轻易开除，不能轻易晋升，所有的东西要组织部来考察。比方说我们今年要提升一个人为副总裁，我们这一帮人，坐在那里问他一大堆问题，听了半天，我说你像个消防队队长，天天去救火，我们要的是消防局局长，来防止城市里发生火灾，结果把他否决了。

公司发展有不同的阶段，创业最快的是二三十个人，因为你在房间一个人说话所有人都能听见，矛盾也不会太多。发展到八十到百二十来个人的时候就会很复杂，这时候好像有三层管理，你需要有一些职业经理人，但这些职业经理人不明白你要干吗，这个时候公司就出现了很大的困难。在两百名左右是最头疼的，到了三四百人的时候也许会有一些感觉了，到了七八百人的时候，觉得公司也就这么回事；上千人之后又会碰上困难，大部分公司是一千二百、一千三百开始往下走；到了两千人的时候，又有新的体会，企业原来是这样。

接班人制度在三五十人、七八十人的时候也许不用考虑；但到了一两千人的时候必须考虑。而且接班人必须由"中央组织部"考察，还必须到"中央党校"去学习。如果没有去过中央党校你能当省委书记吗？（笑声）不可能，必须去学习我党的使命感、价值观、管理方式、方法，然后才能去当领导。企业也是这样。大家不要笑这件事情，有人专门研究我们中国的组织管理体系，认为整套制度的体系建设是非常独到的。到今天为止，在美国谁搞得清楚五年之后谁当总统吗？但我们就可以。在公司里也是这样，有一个总监说我不想干了，马上会有六个人说我可以（笑声）。这是我觉得在中国的体系里一定要做的事情。你要建立这样的考察制度和体系，公司才能走得长远。

去年阿里巴巴上市以后，我做了一个很大的举动，让我们淘宝网总裁孙彤宇、阿里巴巴集团COO李琪、阿里巴巴集团CTO吴炯、阿里巴巴集团资深副总裁李旭晖离开公司，休假两年半。中国的阴谋论特别多，说我"杯酒释兵权"（笑声），以为企业一好赶紧把他们赶走。其实底下的人高兴得不得了。天天喊着休息，现在给你两年时间休息，不许回公司，公司拆了跟你也没有关系，你就该干什么干什么，我不管你。

为什么这么做？当CEO很辛苦，也许我从来不见一个客户，不谈一笔业务，但是我24小时都在考虑这些问题，真的太累了。我希望早点退休。但一看你的团队，这帮人跟了你九年、十年，他比你更累。九年下来，这些同事没有朋友——同事就是朋友，没有生活，没有兴趣爱好，整天就是上班。这样再过十年、二十年，回头看肯定后悔。人的一辈子还有很多东西，有自己的兴趣、有自己的朋友、有自己的生活，这样才有创新。每天只想着工作就不可能有创新。我想休息，就得先让他们休息。这些事要在形势很好的时候去做。就像修屋顶一定要选阳光灿烂的时候，不能打雷下雨的时候去修，那样会从屋顶上滑下来。现在公司上市了，手里有钱，品牌也不错，就该让他们去看外面的世界，去哈佛、北大念书，也许三四年以后，他们又充满了力量、激情回来了，成为我们的接班人，发挥更大的作用。当然，不回来我觉得也挺好（笑声）。你不要觉得他欠你什么，也不要觉得你欠他们什么；公司不能被任何人绑架，任何人也不能被公司绑架。……回来能不能当CEO，那另当别论，因为我们这个行业在不断地变化。但假如他们三年、两年以后真的回来，我才有机会实现我的退休计划，否则永远没有机会。

总之，我想告诉大家，你在使命感、价值观和共同的目标下，要建立相应的公司治理体系和制度，这些体系和制度的建设，使你的公司能够持久发展。作为一个企业家来说，衡量你是不是成功，看你能不能建立了一个制度体系，你离开了十年、二十年，依然运作得很好。我今天说，假设我离开阿里巴巴以后，它失败了，那是我一辈子的耻辱；假如我离开了以后，公司继续往前走，真正走上一百年，那才是真正的成功。

附录六

阿里巴巴十周年庆典马云演讲

感谢大家，其实我还没有从刚才的表演中恢复过来，从来没有想到自己可以在万人体育场表演。

表演之前呢，紧张了至少了十天，但是表演了两分钟就不肯下来，所有刚表演完下来的阿里巴巴高管都特遗憾，我们只有这么一点时间，所以一激动我们在后面聊了很长时间，需要我上来跟大家分享阿里巴巴十年的经历。为今天晚上我大概准备了十年，十年以前我设想过，十年以后我会如何对我们的员工讲话，如何对我们的客户讲话，如何对我的朋友讲话，讲些什么？

离十周年越来越近的时候，我心里面越来越亢奋，越来越希望讲，但是到这几天，我居然晚上都睡不着觉，因为我不知道自己要讲什么。

刚才在来之前，看到那么多阿里巴巴的人，那么多的阿里巴巴亲朋好友，我其实不需要讲什么，十年来所有阿里巴巴人的行为已经告诉我们了，感谢大家！

十年以前，在我的家里，我还有其他 17 位的同事，我们描绘了一个图，我们认为中国互联网会怎么发展，中国电子商务会怎么发展，我们讲了两个小时，从此就走上了这条路。

十年下来，没有任何理由我们会活下来，有无数的原因，无数次的坎坷，无数次的情况会让阿里巴巴一蹶不振，甚至消失在互联网世界。

我们自己也在问，是什么让我们活了下来，并且越来越强大。

我相信我们的人并不是能力最强的，我见过很多很多人比我们强，阿里巴巴今天的年轻人比我们十年前能力更强，我们也不是最勤奋的，有很多比我们更勤奋的人,我们肯定不是最聪明,因为比我们聪明的人有的是。

那么是什么让我们活了下来?让我们坚持走到现在?

今天我想在这里跟我们所有的阿里巴巴人,跟我们所有阿里巴巴的亲朋好友分享一下。

我认为我们是非常幸运的,我们幸运地生活在这个时代,我们幸运地生活在这个互联网时代,我们幸运地生活在中国。

所以我讲,从第一天起到现在,阿里巴巴一直充满了感恩之情,要感谢的人非常多。

我想,我首先要感谢我的 17 位同事,17 位创业者,他们一直都信任我,无论发生任何事情,他们总是坚定地站在我后面。我也感谢在座的所有的阿里巴巴同事,是你们的坚强精神让我们走到今天,感谢大家。

我感谢所有阿里巴巴的客户,他们帮我们成就了阿里巴巴的梦想。

我要感谢在座的阿里巴巴的家属,没有你们的支持,阿里巴巴的人就不可能日以继夜每天晚上干到十一点、十二点甚至两点、三点,为了一点点程序,为了一个问题,为了一个客户,日夜为之奋斗,感谢你们。

我当然也感谢我们的投资者,没有他们的信任我们不会走到今天,我更要感谢的是我的很多的朋友们,这些朋友们包含很多政府官员,今天我们在这儿有很多阿里巴巴的朋友,很多是政府官员的朋友,他们不仅仅是政府官员,他们更是我们的朋友,(因为)他们对电子商务的信任,对阿里巴巴的信任,对中国中小企业的信任,我由衷地感谢他们。

我相信要感谢的人很多,这几天我想了很多的人要感谢,很多的人要感恩,包括杭州的出租车司机,杭州西湖上划船的船工,没有他们的支持,没有他们不断地帮助宣传阿里巴巴,没有杭州市民支持我们,我们不会有今天。

所以感恩是阿里巴巴十年以来心里永远记着的事情。我记得在九年之前,在阿里巴巴的 100 名员工大会上说,我希望阿里巴巴成为杭州的骄傲,我希望杭州的老百姓愿意把自己的孩子,把自己的男朋友、女朋友、丈夫、太太送到我们公司来,让我们的公司越来越大,不仅成为杭州的骄傲、浙江的骄傲,甚至成为中国的骄傲和世界的骄傲。今天我们刚刚开始,后面的路还非常之长。

我也相信,不管任何原因,我们今天活了下来,但是我们还有92年要走,这92年,我们凭什么再走下去,前十年阿里巴巴只有两大产品,第一个产品就是我们的员工,第二个产品就是我们的客户。

我想,在这儿分享几样东西,未来十年阿里巴巴必须坚持的事情。

第一阿里巴巴是使命感驱动,价值观驱动的公司,八年多来阿里巴巴每个季度考核价值观,每个季度、每个月是靠自己的使命感,每一个人都是靠自己的使命感而坚持。

有人说阿里巴巴创办的是理想主义公司,我今天还是觉得,阿里巴巴是充满理想主义和充满现实主义的公司,阿里巴巴没有理想不可能走到现在。

未来十年我们永远是家理想主义公司,当然一定会脚踏实地,如果不充满现实主义地去做任何点点滴滴的事情,我相信我们也不会活到现在,我们永远会坚持客户第一、员工第二、股东第三。让华尔街所有的投资者骂我们吧,我们坚持客户第一、员工第二、股东第三。

我们坚持专注,我们专注电子商务,前十年我们专注电子商务,后十年还是专注电子商务,我们前十年专注中小企业,未来十年我们还是专注中小企业,因为只有专注中小企业,专注电子商务,才能让我们长久,因为中小企业需要我们,因为中国电子商务和全球电子商务需要我们。

今天阿里巴巴十周年,看到大家的激情,我从来没有那么担忧过,因为今天是一个前十年的一个阶段的结束,我们后面92年刚刚开始。

从昨天晚上到今天早上,我们收到了18个阿里创始人的辞职信,我们所有的18个人辞去了自己创始人的职位,因为我们知道,从9月11日开始,阿里巴巴将进入一个新的时代,进入合伙人的时代,我们18个人不希望背着自己的荣誉去奋斗。

我们今天晚上将是睡得最香的一个晚上,因为今天晚上我们不需要说因为我是创始人,我必须更努力,因为今天我们辞去了创始人,明天早上我们将继续去应聘、求职阿里巴巴,我们希望阿里巴巴再度接受我们,跟任何一个普通的员工一样,我们的过去一切归零,未来十年我们从零开始。

说实在的,收到这18个创始人的辞职信,看到他们讲着真诚的话,我非常的感动,我会在公司内网上分享公开每一封辞职信。

十周年阿里巴巴和大家一样,关注着世界在发生巨大的变化,互联网的发展,全球化的发展,金融危机,世界经济已经发生了很大的变化,我们在刚才三分钟的录像里看到,毒奶粉、大气变暖,所有的问题,世界在发生剧烈的变化。

我认为这世界在呼唤一个新的商业文明,旧的商业文明的时代就是企业以自己为中心,以利润为中心,创造最大价值,希望能够获取更多的利润,以自己而不是以社会为中心,21世纪我们需要的企业是在新的商业文明下在新的环境下面,如何对社会的关系,对环境的关系,对人文的关系,对客户的关系,重新的思考。

最近一两年来,纠结阿里巴巴管理层的是,未来十年我们阿里巴巴怎么走,我们需要变成一个什么样的公司。

我想不是我们想变成一个什么样的公司,而是世界需要什么样的公司,在21世纪我们需要有21世纪理念的公司,我们希望更懂得开放,更懂得分享,更懂得全球化的公司。

我相信互联网之所以发展那么快,是因为互联网懂得开放、懂得分享、懂得承担责任,有全世界的眼光。

今天任何一家企业,假如想在21世纪活好,必须学会开放、分享、责任、全球化,阿里巴巴就是希望成为这样的一家公司。

世界不需要再多一家互联网公司,世界不需要再多一家像阿里巴巴一样会挣钱的公司,世界也不需要持久经验的公司,世界需要的是一家更加开放、更加分享、更加责任,社会需要一家社会型的企业,来自于社会,服务于社会,对未来社会充满责任承担责任的企业,世界需要的是一种精神,一种文化,一种信念,一种梦想。

阿里人未来十年坚守我们的信念,坚守我们的文化,坚守我们的梦想。只有梦想、理念、使命、价值体系才能让我们走得远。

　　我们希望通过阿里人的努力,我们能够让互联网、能够通过电子商务,专注小企业,让全世界所有的企业在平等的、高效的平台上运作。

　　我们期望十年以后,在中国这个土地上,再也看不见民营企业和国有企业之间的区别,我们看到的只是诚信经营的企业,我们不希望看到是外资企业、内资企业的分别,我们只希望看到诚信经营的企业,我们不希望看到大企业和小企业的区别,我们只希望看到的是诚信经营的企业。

　　我们希望看到商人再也不是唯利是图的象征,我们希望看到的是企业再也不是以追求利润为目的,而且追求社会的效益,追求社会的公平,完善社会和效率,我们希望看到自己作为企业家,作为商人,在这个社会里面,我们承担着政治家、艺术家、建筑家一样的责任,成为促进社会发展主要的动力之一。

　　前面十年,通过我们全社会各位朋友的帮助,阿里巴巴使自己创业成功,未来十年阿里巴巴希望通过自己的平台帮助无数的企业成功,帮助无数的创业者成为阿里巴巴。

　　从18个人到今天17000个员工,我们将永远坚持员工第二,我们将永远不仅仅满足于创造更多的百万富翁,我们关注员工的幸福感,我们阿里人共同努力,在2010年我们设计、打造阿里人员工的幸福指数。

　　我们希望员工不仅仅是物质的富有,是精神的富有,我们希望员工有成就感,为社会认同,被社会尊重,我们永远坚持认真生活、快乐工作。

　　对所有的股东,所有支持阿里巴巴,信任阿里巴巴集团的股东们,我们以自己的行为保证,一定会给股东以丰厚的回报,但是我们回报的不仅仅是金钱,我们希望阿里巴巴所有的股东,最后感到骄傲的是,你们投资了一家对社会有巨大促进作用,对社会承担巨大的责任,帮助就业,成就梦想的公司。只有这样的公司,你投资你才会觉得有成就感。

　　最后,就像十年以前,我跟今天的杭州市委书记王国平书记在我的家里说,阿里巴巴十年以后,会成为一家市值50亿美元的公司,当时我们总共凑了50万人民币,非常之艰难。我看见王书记兴奋得点了点头,当然边上很多人觉得不靠谱。

十年以来，一直有很多人说，阿里巴巴讲的是故事，阿里巴巴这个做不到，那个做不到。但是十年了，阿里巴巴其中的一家公司已经在股市上市，已经超过 100 亿美金的市值，阿里巴巴已经从 18 个人变成一万多名员工，阿里巴巴也从中国遍布到全球两百多个国家和地区。

我今天当着两万七千名阿里巴巴的员工、阿里巴巴的客户、亲朋好友描绘一下十年以后，阿里巴巴如果做好新商业文明，我们未来的具体指标是什么。

第一个指标，我们将会创造一千万家小企业的电子商务平台，我们要为全世界创造一亿的就业机会，我们要为全世界 10 亿人提供消费的平台。

我们希望通过一千万企业的平台，通过我们所有企业的平台，让所有的小企业可以通过技术，通过互联网、通过电子商务，跟任何大型企业进行竞争，我们希望我们的消费者，能够享受真正的物美价廉的产品，我们更希望在我们服务面前，让任何一个老太太，不要因为少交了 60 元电费去银行门口排队，利用我们的服务，让他们跟工商银行的董事长享受一样的权利。

我相信，一千万家中小企业，一亿个就业机会，10 亿个消费者，一定会引来很多的非议、嘲笑、讽刺，没关系，我们阿里人习惯了。

我也相信世界也许一定会忘记我们，因为我们不是追求别人记住我们，我们追求的是别人使用我们的服务，完善自己的生活，促进社会的发展。

各位阿里人，92 年的路非常之长，来到阿里巴巴不是为了一个工作，而是为了一份梦想，为了一份事业。

我这儿想分享一下不断激励我自己，也是想激励大家的，我讲了 N 多遍今天还想讲一遍，今天很残酷，明天更残酷，后天很美好，绝大部分人死在明天晚上，看不到后天的太阳，阿里人必须看到后天的太阳。

所有阿里人记住，毛主席曾经讲过，自信人生两百年，会当击水三千里，世界给了我们这个舞台，全球给了我们这个机会，动动所有的智慧，所有的勇气，一切的努力去帮助一千万家企业去生存，创造就业机会，为 10 亿人真正提供物美价廉的平台。谢谢大家。

2013年5月10日马云卸任演讲

马云：大家晚上好！谢谢各位，谢谢大家从全国各地，我知道也有从美国、英国和印度来的同事，感谢大家来到杭州，感谢大家参加淘宝的十周年！

今天是一个非常特别的日子，当然对我来讲，我期待这一天很多年了，最近一直在想，在这个会上，跟所有的同事、朋友、网商，所有的合作伙伴，我应该说些什么？大家很奇怪，就像姑娘盼着结婚，新娘子到了结婚这一天，除了会傻笑，真的不知道该干什么。

我们是非常幸运的人，我其实在想十年前的今天，是非典在中国最危险的时候，所有人都没有信心，大家不看好未来，十几个年轻的阿里人一起，我们相信十年以后的中国会更好，十年以后，电子商务会在中国受更多人的关注，很多人会用。

但我真没想到，十年以后，我们变成了今天这个样子。这十年无数的人为此付出了巨大的代价，为了一个理想，为了一个坚持，走了十年。我一直在想，即使把今年阿里巴巴集团99%的东西拿掉，我们还是值得的，今生无悔，更何况我们今天有了那么多的朋友，那么多相信的人，那么多坚持的人。

其实自己在想是什么东西让我们有了今天，是什么让马云有了今天，我是没有理由成功的，阿里也没有理由成功，淘宝更没有理由成功，但我们今天居然走了这么多年，依旧对未来充满理想。其实我在想是一种信任，在所有人不相信这个世界，所有人不相信未来，所有人不相信别人的时候，我们选择了相信，我们选择了信任，我们选择十年以后的中国会更好，我们选择相信我的同事会做得比我更好，我相信中国的年轻人会做得比我们更好。

二十年以前也好，十年以前也好，我从没想过，我连自己都不一定相信自己，我特别感谢我的同事信任了我，当 CEO 很难，但是当 CEO 的员工更难。我从没想过在中国，大家都认为这是一个缺乏信任的时代，你居然会从一个你都没有听见过的名字，闻香识女人这样人的身上，付钱给他，买一个你可能从来没见过的东西，经过上千上百公里，通过一个你不认识的人，到了你手上，今天的中国，拥有信任，拥有相信，每天 2400 万笔淘宝的交易，意味着在中国有 2400 万个信任在流转着。

在座所有的阿里人，淘宝，小微金融的人，我特别为大家骄傲，今生跟大家做同事，下辈子我们还是同事！因为是你们，让这个时代看到了希望，在座的你们就像中国所有的 80 后、90 后那样，你们在建立一种新的信任，这种信任就让世界更开放，更透明，更懂得分享，更承担责任，我为你们感到骄傲。

今天的世界，是一个变化的世界，30 年以前，我们谁都没想到今天会这样，谁都没想到中国会成为制造业大国，谁都没想到，电脑会深入人心，谁都没想到互联网在中国会发展得那么好。谁都没有想到，淘宝会起来，谁都没想到雅虎会有今天。这是一个变化的世界，我们谁都没想到，我们今天可以聚在这里，继续畅想未来。

我们大家都认为电脑够快，互联网还要快，我们很多人还没搞清楚什么是 PC 互联网，移动互联来了；我们在没搞清楚移动互联的时候，大数据时代又来了。变化的时代，是年轻人的时代，今天还有不少年轻人觉得无数的像谷歌、百度、腾讯、阿里这样的公司拿掉了所有的机会，十年以前当我们看到无数的伟大的公司，我们也曾经迷惘过，我们还有机会吗？但是十年坚持、执著，我们走到了今天，假如不是一个变化的时代，在座所有的年轻人轮不到你们，工业时代是论资排辈，永远需要有一个 rich father，但是今天我们没有，我们拥有的就是坚持和理想。很多人讨厌变化，但是正因为我们把握住了所有的变化，我们才看到了未来，未来 30 年，这个世界，这个中国，将会有更多的变化，这种变化对每一个人是一个机会，抓住这次机会，我们很多人埋怨昨天，30 年以前的问题，中国发展到今天，谁都没有经验，世界发展到今天,谁都没有经验,我们没有办法改变昨天,但是30年以后的今天,是我们今天这帮人决定的,改变自己,从点滴做起。坚持十年,这是每一个人的梦想。

我感谢这个变化的时代,我感谢无数人的抱怨,因为在别人抱怨的时候,才是你的机会,只有变幻的时代,才是每一个人看清自己有什么要什么该放弃什么的时候。

参与阿里巴巴的建设14年,我荣幸我是一个商人,今天人类已经进入了商业社会,但是很遗憾,这个世界商人没有得到他们应该得到的尊重,商人在这个时代已经不是唯利是图的时代,我想我们跟任何一个职业,任何一个艺术家、教育家、政治家一样,我们在尽自己最大的努力,去完善这个社会。14年的从商,让我懂得了人生,让我懂得了什么是艰苦,什么是坚持,什么是责任,什么是别人成功了,才是自己的成功。我们最期待的是员工的微笑。

从今天晚上12点以后,我将不是CEO。(掌声)从明天开始,商业就是我的票友,我为自己从商14年深感骄傲!

看到你们,看到中国的年轻人,我不希望有一天我们这些人再来一个致我们逝去的中年。这世界谁也没把握你能红五年,谁也没有可能说你会不败,你会不老,你会不糊涂。解决你不败,不老,不糊涂的唯一办法,相信年轻人! 因为相信他们,就是相信未来。所以我将不会再回到阿里巴巴做CEO。

要我回也不会回来,因为回来也没有用,你们会做得更好!

做公司,到这个规模,小小的自尊,我很骄傲,但是对社会的贡献,我们这个公司才刚刚开始,所有的阿里人,我们都很兴奋,很勤奋,很努力,但我们很平凡,认真生活,快乐工作。我们今天得到的远远超过了我们的付出,这个社会在这个世纪希望这家公司走远走久,那就是去解决社会的问题,今天社会上有那么多问题,这些问题就是在座的机会。如果没有问题,就不需要在座的各位。

阿里人坚持为小企业服务,因为小企业是中国梦想最多的地方。这里,

14年前,我们提出了"让天下没有难做的生意,帮助小企业成长"。今天这个使命落到了你们身上,我还想再为小企业讲,人们说电子商务、互联网制造了不公平,但是我的理解,互联网制造了真正的公平。请问,全国各省、各市、各地区,有哪个地方为小企业、初创企业提供税收优惠,互联网给了小企业这个机会。有些企业三五年内享受了五六个亿用户,他们呼唤跟小企业共同追求平等,小企业需要的就是500块钱的税收优惠,请所有阿里人支持他们,他们一定会成为中国将来最大的纳税者。

感谢各位,我将会从事一些自己感兴趣的事儿,教育、环保,刚才那首歌《Heal the world》,这世界很多事,我们做不了,这世界奥巴马就一个,但是太多的人把自己当奥巴马看。这世界每个人做好自己那份工作,做好自己感兴趣的那份工作,已经很了不起,我们一起努力除了工作以外,完善中国的环境,让水清澈,让天空湛蓝,让粮食安全,我拜托大家!(马云单膝下跪)

我特别荣幸介绍阿里未来的团队,他们和我一起工作了很多年,他们比我更了解自己,陆兆禧工作了13年,在阿里巴巴内部,经历了很多岗位,经历了很多磨难,应该讲13年眼泪和欢笑是一样的多,接马云这个位置是非常难的,我能走到今天,是大家的信任,因为信任,所以简单!

我相信,我也恳请所有的人像支持我一样,支持新的团队,支持陆兆禧,像信任我一样信任新团队、信任陆兆禧,谢谢大家,明天开始,我将有我自己新的生活,我是幸运的,在我48岁,我就可以离开我的工作,在座每个人(你们)也会。48岁之前工作是我的生活,明天开始,生活将是我的工作,欢迎陆兆禧。